邪馬台国と初期ヤマト政権の謎を探る

塚口義信
TSUKAGUCHI Yoshinobu

原書房

邪馬台国と初期ヤマト政権の謎を探る

目次

はじめに

日本の古代国家は七世紀に成立する。しかし、そこに至るまでには長い形成史があったのである。では、その胎動期はいつ頃まで遡り得るであろうか。また、その頃の倭王を軸とした中央政権はいったい、どのような状態であったのだろうか。本書では、この点について考えてみたい。

紀元前後の頃には小国分立の状態であった倭人の社会は、その後しだいに統合され、やがて三世紀になると、二九国（三〇国とも）から成る強大な広域首長連合体が成立する。邪馬台《やまと》国を軸とした倭国の出現である。

『三国志』魏書東夷伝倭人の条によると、倭国はもともと男子が王であったが、やがて国内が乱れ、長らく戦乱の世が続いたという。そうしたなかで共立されたのが卑弥呼であり、宗教的権威によって人々を統率し、邪馬台国連合（倭国）を主導した。その社会には身分秩序があり、租賦（租税）の制もあった。強権的で、かつ、かなり整備された支配機構を構築していたと考えられている。

一方、後に律令国家を創出する政治勢力（ヤマト政権）の最高首長が、従属的な連合関係あるいは服属関係にあった地域首長から租賦を徴収し、列島各地の政治集団を統《す》べるようなシステムをつくるのは、三世紀後葉~四世紀前半頃まで遡ることができる。これは古墳を中心とした考古学研究や金石文・文献史料を中心とした歴史学研究が導き出した、有力な仮説の一つである。

そうすると、前者の邪馬台国と後者のヤマト政権とはどのような関係にあったのか、という問いが当然発せられねばならないことになる。そして周知のとおり、これは古くして常に新しい問題である。しかしながら、いまだにその詳細が明らかになっていない。というより、両者の関係だけではなく、両者の実態そのものが必ずしも明らかになっているとはいえない。今日なお諸説紛々たる状況なのである。そこで本書は、先学の研究に導かれながら、歴史学(文献史学)と考古学を軸とした、いわゆる学際的な研究を通じてその実相の一端を探ることとした。

ただし、古代伝承の研究はすこぶる難しい。たとえば『古事記』『日本書紀』(以下、『記』『紀』と略称するときもある)に書かれている系譜や物語は、基本的にはそれらが編纂された時代の所産とみるべきものである。編述者は彼らが生きている時代の社会通念から逃れられないという意味において、文章表現やそこにみられる思想なども、基本的には七、八世紀の所産とみなければならないからである。これは両書が「資料集」ではなく、編述者によって書かれた「編纂物」であるから、いわば当然のことである。それは意図的な改変以前の問題であり、〝無意識の改変〟ともいうべきものである。さらに『記』『紀』には漢籍による文飾や、編述者によって創作されたと思《おぼ》しき記事もある。他に弁析すべき史・資料がない場合、こうした記事から史実を探ることはきわめて困難だといわざるをえない。

また古伝承に依拠して書かれた記事であっても、それが歴史的事実を正しく伝えているかどうか、疑わしい点が少なくない。それは伝承が伝えられていく過程で伝承荷担者（伝承者）によって改変・潤色が行われ、姿を変えていく性質をもっているからである。これは伝承の属性といってよい。

特に本書で取り上げるような人物にあっては、伝承荷担者たちの思い（願望）によって真実がまげられ、英雄的な人物像に仕立て上げられている場合が少なくない。それは、聖徳太子信仰によって太子にまつわる様々な伝説が作られたり、判官びいきの人たちが源義経を哀惜して英雄伝説を創造したりすることと同じで、例をあげれば枚挙に遑がない。また英雄伝説には、非凡な事業を成し遂げたとされる幾人もの英雄的な人たちの話を理想化し、一人の人物の事業として語る場合もある。

要するに、伝承はあくまで伝承であって、正確な事実の記録ではないのである。伝承というものは生きものであり、かくあってほしいと思う伝承荷担者たちの願望に応じて姿を変えていく傾向を常にもっているから、厳密に史実を追求する歴史学的立場をもってすれば、信用するに足りるものはほとんどないといってもよいかもしれない。したがって問題は、そうした伝承の背後に、どこまでその実態を読み取ることができるか、ということになる。

だが一方において、伝承がもつ後代的要素や自家撞着的要素をもって、そのすべてを後代における机上の創作とみる説もある。しかし、こうした見方はきわめてイージーゴーイングな見方であって、容易には成立しないであろう。

もともと伝承というものは、少なからず後代的要素や不合理な要素をもっているものである。だからこそ我々は、それを歴史の客観的な記録類とは一線を画し、「伝承」というカテゴリー（範疇）で捉えているのである。史料批判の過程で、湯水とともに赤児まで流し去ってしまう愚をおかしていないかどうか、我々は常に自問自答を繰り返しながら、歴史の真実を追究していく姿勢を崩してはならないであろう。

本書は六編の論考から成っている。これらは個別に行った講演の記録であり、一つのテーマのもとに論述されたものではない。しかし、上述した時代の実相を探るという点においては共通性をもっている。そこで、これらを一書にまとめ、世に問うこととした。今後になお多くの課題を残しているが、本書によって皆様方が〝謎の三、四世紀〟を解明する手がかりを得ていただければ幸いである。

次に、本書に収録した論考の出典を記しておく。なお、収載するに当たって加筆・修正を行ったが、『記』『紀』に記されている系譜や物語についての分析視点や研究方法については旧稿と何ら変わっていないことを、念のため附記しておきたい。

第Ⅰ部　邪馬台国の謎を探る　第一章〜第六章
「講座・邪馬台国と倭女王卑弥呼――邪馬台国所在地論管見――」（『堺女子短期大学紀要』第四一・四二合併号、堺女子短期大学愛泉学会、二〇〇七年、二〇〇五〜二〇〇七年初出）

第Ⅱ部　初期ヤマト政権の謎を探る　第七章
「初期大和政権とオオホビコの伝承――稲荷山古墳出土鉄剣銘の『意冨比垝』私見――」（横田健一編『日本書紀研究』第十四冊、所収、塙書房、一九八七年）

第Ⅱ部　同右　第八章
「椿井大塚山古墳の被葬者と初期ヤマト政権」（網干善教・石野博信・河上邦彦・菅谷文則・塚口義信・森浩一編著『三輪山の考古学』所収、学生社、二〇〇三年、二〇〇〇年初出）

第Ⅱ部　同右　第九章
「桜井茶臼山古墳・メスリ古墳の被葬者について」（横田健一編『日本書紀研究』第二十一冊、所収、一九九七年）

第Ⅱ部　同右　第十章
「『丹波』の首長層の動向とヤマト政権の内部抗争」（『古代史研究の最前線　古代豪族』所収、洋泉社、二〇一五年、二〇一〇年初出）

むすびにかえて
「大和のあけぼの」（原田伴彦・作道洋太郎編『関西の風土と歴史』所収、山川出版社、

一九八四年）

本書を成すに当たって、実に多くの方々からご支援を頂戴した。なかでも荊木美行、水谷千秋、西川寿勝、生田敦司の諸氏には、ご多用のなか校正、図表・索引の作成等で大変お世話になった。また石野博信、白石太一郎、中司照世、平林章仁、宇野愼敏、田中晋作、安村俊史、高崎猛、山口武の諸氏からは多大のご示教とご支援を賜った。衷心より感謝申し上げる。最後に、本書の刊行を快く引き受けてくださった原書房社長の成瀬雅人氏に、厚く御礼申し上げたい。

二〇一六年一〇月

大和葛城の荒屋にて
塚口義信

凡例

●氏名の敬称や敬語表現は便宜上、省略しました。ご了承のほど、お願いいたします。

●史料はその史料の解釈を問題としている場合を除き、できる限り読み下し文か、現代語訳を掲載しました。

●『古事記』は以下の校注本を使用しました。
倉野憲司・武田祐吉校注『古事記　祝詞』（日本古典文学大系1　岩波書店　一九五八年）
荻原浅男・鴻巣隼雄校注・訳『古事記　上代歌謡』（日本古典文学全集1　小学館　一九七三年）
山口佳紀・神野志隆光校注・訳『古事記』（新編日本古典文学全集1　小学館　一九九七年）

●『日本書紀』は以下の校注本を使用しました。
坂本太郎・家永三郎・井上光貞・大野晋校注『日本書紀』上・下（日本古典文学大系67・68　岩波書店　一九六七・六五年）
小島憲之・直木孝次郎・西宮一民・蔵中進・毛利正守校注・訳『日本書紀』①②③（新編日本古典文学全集2　小学館　一九九四・一九九六・一九九八年）

●旧仮名遣いは現代仮名遣いに統一しました。ただし、史料の引用部分についてはこの限りではありません。

第Ⅰ部

邪馬台国の謎を探る

第一章　『魏志』倭人伝を読むにあたって

はじめに

　最初に、いわゆる『魏志』倭人伝に関する参考書として、名著のほまれ高い次の二冊を紹介しておこう。大庭脩《おおばおさむ》『親魏倭王』（学生社、一九七一年）と、山尾幸久『新版・魏志倭人伝』（講談社現代新書、一九八六年）である。以下の論はこの二書に多くを拠っている。あらかじめおことわりしておきたい。

　さて、『三国志』魏書東夷伝倭人の条は、『魏志』倭人伝という名称で一般に呼ばれている。しかし、中国正史に『魏志倭人伝』という書物はない。研究者が仮にそう呼んでいるだけのことである。ただし、『魏志』という名称は『日本書紀』（七二〇年撰進）にみえているから、おそくとも同書の編纂時代には用いられていた。おそらく北斉の魏収が撰述した『魏書』（中国の正史の一つ。五五四年成立）との混同を避けるため、この名称が用いられたのであろう。また「倭人伝」という言い方も、南宋の紹熙本《しょうきぼん》にそのような見出しがあるので、一二世紀まで遡ることができる（表1）。

表1　『三国志』の木版刊行本

王朝	名　称	刊行時期	備　　考
北宋	咸平本《かんぺいほん》	1002 ～ 03 年間	北宋の国子監が校定。現存せず。
南宋	紹興本《しょうこうほん》	1131 ～ 62 年間	魏書 30 巻のみ現存。
	紹熙本《しょうきほん》	1190 ～ 94 年間	咸平本の復刻。ただし、1～3 巻は散逸。他は日本の宮内庁に現存。
明	南京国子監本《なんきんこくしかんほん》	1522 ～ 66 年間と 1573 ～ 1619 年間の二種	現存。
	汲古閣本《きゅうこかくほん》	17 世紀中葉	現存。
清	武英殿本《ぶえいでんほん》	1739 年	現存。
	百衲本《ひゃくのうほん》（ひゃくどう）	20 世紀	上海商務印書館の影印本。紹熙本と散逸した 3 巻を紹興本で補い、復刻。数多く流布している。現存。

『三国志』は、『魏書』三〇巻、『呉書』二〇巻、『蜀書』一五巻の合計六五巻からなる。いわゆる『魏志』倭人伝（以下「いわゆる」の四文字は省略する）というのは、この『三国志』の「魏書巻三十・烏桓《うがん》・鮮卑《せんぴ》・東夷伝」のなかにある倭人の条のことを指している。

ところで、『三国志』は『魏書』（以下、他の『魏書』との混同を避けるため『魏志』と書く）にだけ帝紀（本紀）がある。これは魏朝を正統とする思想と不可分である。魏を継いだ晋（後に西晋・東晋に版図を縮める、図7・36頁参照）は、司馬炎《しばえん》が魏から禅譲《ぜんじょう》を受け、魏の王朝を継いだとする認識をもっており、魏朝を正統とみなした。したがって、『三国志』を編纂した西晋では『魏志』に帝紀を設けたのである。

同様に、中国周辺の諸種族の伝も、『魏志』にだけ記されている。ただし、魏・呉・蜀の各国は、それぞれ独自に周辺諸国に対して働きかけを行っており、実際に通交関係もあった。
『三国志』には記されていないが、たとえば呉は倭と通交関係があったと考えられている。日本の古墳から呉の紀年銘鏡が発見されているからである。呉の年号である「赤烏《せきう》七年」（二四四）の平縁対置式神獣鏡《ひらぶちたいちしきしんじゅうきょう》が兵庫県宝塚市安倉《あぐら》古墳（四世紀初頭〜前半）から出土している。また、山梨県西八代《にしやつしろ》郡市川三郷町の鳥居原《とりいばら》狐塚古墳からも、「赤烏元年」（二三八）の紀年を刻んだ平縁対置式神獣鏡がみつかっている。

このほかにも、魏の領域にはほとんど発見されず、呉の領域でのみよく発見される神獣鏡が鏡の研究者によっていくつか抽出されている。呉の紀年をもつ古墳副葬鏡などは、日本の政治集団が呉と何らかの関係をもっていたことを示すものかもしれない。ただし鳥居原狐塚古墳出土鏡の場合は、銘文の「赤烏元年五月二十五日」が、二三二年（呉の嘉禾元年）に呉の孫権《そんけん》と一時的に政治的関係を結んだ公孫淵《こうそんえん》が魏によって滅ぼされた二三八年八月の、わずか三ヶ月ほど前に当たる。そしてその翌年の六月、倭の女王の使者が魏の都洛陽に行ったというのである（24〜25頁参照）。これが偶然でなければ、公孫氏と深い関わりをもっていた倭が公孫氏を介して呉鏡を入手した可能性や、倭に移住した遺民の所有物であった可能性もあり得ることを附記しておきたい。

このように、魏も呉も周辺諸国と深い関わりをもっていた。それにもかかわらず、中国周辺の諸種族に関する伝は『魏志』にしか書かれていない。『魏志』巻三〇の「烏桓・鮮卑・東夷伝」がそれであり、この伝以外に周辺諸種族、たとえば西方や南方などに関する「伝」は設けられていないのである。

なぜ『魏志』にだけ外国伝があるのだろうか。『三国志』が編纂されたのは魏の後を継いだ西晋の時代である。前述のとおり、西晋は魏を正統な王朝と認めていた。したがって、外国の王を臣下としたのは魏の皇帝だけである、という論理がある。そのため外国の伝は『魏志』にだけ記載されたのではないか、といわれている。しかも、実際に魏は東夷に将軍たちを派遣していた。倭に関しても、帯方郡の役人を倭国に遣わしている記事が、倭人伝に出てくる。このように、魏は実際に東夷政策を展開していて、東夷に関する知識が豊富であった。だから、東夷に関するさまざまなことが記載されているわけである。

『三国志』は、その解釈や読みなどをめぐり、後世の人々によって補注が付されている。そのなかでもっとも古いものは裴松之《はいしょうし》（三七二〜四五一）による補注である。裴松之は南朝・宋の文帝の命をうけて補注を執筆した（図7・36頁参照）。その後、数多くの人々によって『三国志』は筆写されてきた。そして、一一世紀になると木版本が刊行された（表1）。

石原道博編訳『新訂　魏志倭人伝・後漢書倭伝・宋書倭国伝・隋書倭国伝』岩波文庫（以下、岩波文庫本）は、持ち運びしやすく値段も安いので、よく使われている。本書も原則としてこの本（第五五刷、一九九一年発行）から読み下し文を引用した。しかし、ここに記されている読み下し文は、石原による読み方であり、別の研究者による別の読み方も当然あり得る。読み方の違いからいろいろな説が出て、対立も生じる。また、異なる版本同士を突き合わせてみると文字が微妙に異なる場合がある。どれが正しいのか慎重な検討が必要である。このような議論の対立や、文字の異同などについて、次にいくつか例をあげてみよう。

「邪馬臺國」か「邪馬壹国」か

岩波文庫本には、その読み下し文のもととなった「百衲本《ひゃくのうぼん》」の影印がつけられている。「百衲本」は南宋代の紹熙本が大半で、紹熙本の散逸した一～三巻のみ紹興本で補って影印された『三国志』である。この影印では、「邪馬臺《と》國」でなく、「邪馬壹《いち》國」となっている。現在は一般に邪馬台国（邪馬臺國）とされている。しかし紹熙本では、「邪馬壹國」となっているのである。そうすると、「邪馬壹國が正しい、これを邪馬臺國と改めるのはよくない」という議論が当然出てくることになる。

一九六九年、古田武彦は「邪馬壹國」（『史学雑誌』七八―九）という論文を発表し、『三国志』の刊行本を詳細に検討した。その結果、「邪馬壹國」が正しく、「邪馬臺國」は誤りであると論じた。古田はその後、『邪馬台国はなかった―解読された倭人伝の謎―』（朝日新聞社、一九七一年）を刊行し、自説を補強した。学界に新風を吹き込んだ古田の研究は誠に精緻であり、それまでの研究に反省を迫るものであった。しかし、結論的にいうと、私はこれまでどおり「邪馬臺國」でよいのではないかとする説に賛成している。木版本が現れたのは年代的に新しく、一一世紀以降である。しかし、それ以前の『三国志』に基づいて書かれた『後漢書』や『隋書』などでは、「邪馬壹國」ではなく、「邪馬臺國」と表記されている。ということは、もともとの『三国志』は「邪馬臺國」と書かれており、それを写して書かれた『後漢書』や『隋書』などは「邪馬臺國」となっているというわけである。ところが、一一世紀以降に木版印刷が出てくると、そこで「邪馬壹國」に変わってしまった。「壹」が「臺」と文字が似ているために間違いが生じ、それ以降、「壹」と書かれた本が流布してしまったと考えられる。特に草書体は、「臺」と「壹」の字が非常によく似ている。したがって、本書でも「邪馬壹國」は以下、邪馬台国と書くことにする。同様に、卑弥呼の死後登場する「壹与」についても、『梁書』や『翰苑』(20頁参照)の記述を尊重して、台与とみておく。

ただし、古田が「壹」とする論拠は誤写かどうかという問題以外にも、多岐に及ぶ。しかし、それらについてもすでに批判されているので、ここでは割愛することとしたい。

帯方郡治の所在地

『魏志』倭人伝の冒頭に、「郡より倭に至るには、海岸に循《したが》って水行し……」とある。郡とは帯《たい》方郡《ほうぐん》をさす(図1)。帯方郡は、公孫氏が朝鮮半島(韓半島)支配のために設置した。もともと、半島北部周辺には衛氏《えいし》朝鮮(紀元前一九五年頃～紀元前一〇八年)という国があった。これを前漢の武帝が倒して紀元前一〇八年に楽浪郡(北朝鮮の首都平壌市)を設けた。ところが、その後、遼東から朝鮮半島北部の地域を公孫氏の勢力が支配するようになる。やがて、楽浪郡の南まで勢力が拡大し、帯方郡が設置された。倭の遣使は、この帯方郡を通じて魏の都である洛陽《らくよう》(河南省洛陽市)と倭とを往来した。

ところで、帯方郡治の所在地は確定していない。現在の韓国の首都ソウルと考える説がある。その一方、黄海道鳳山郡の智塔里土城《ちとうりどじょう》(古唐城)附近ではないかとする説もある。智塔里土城は、

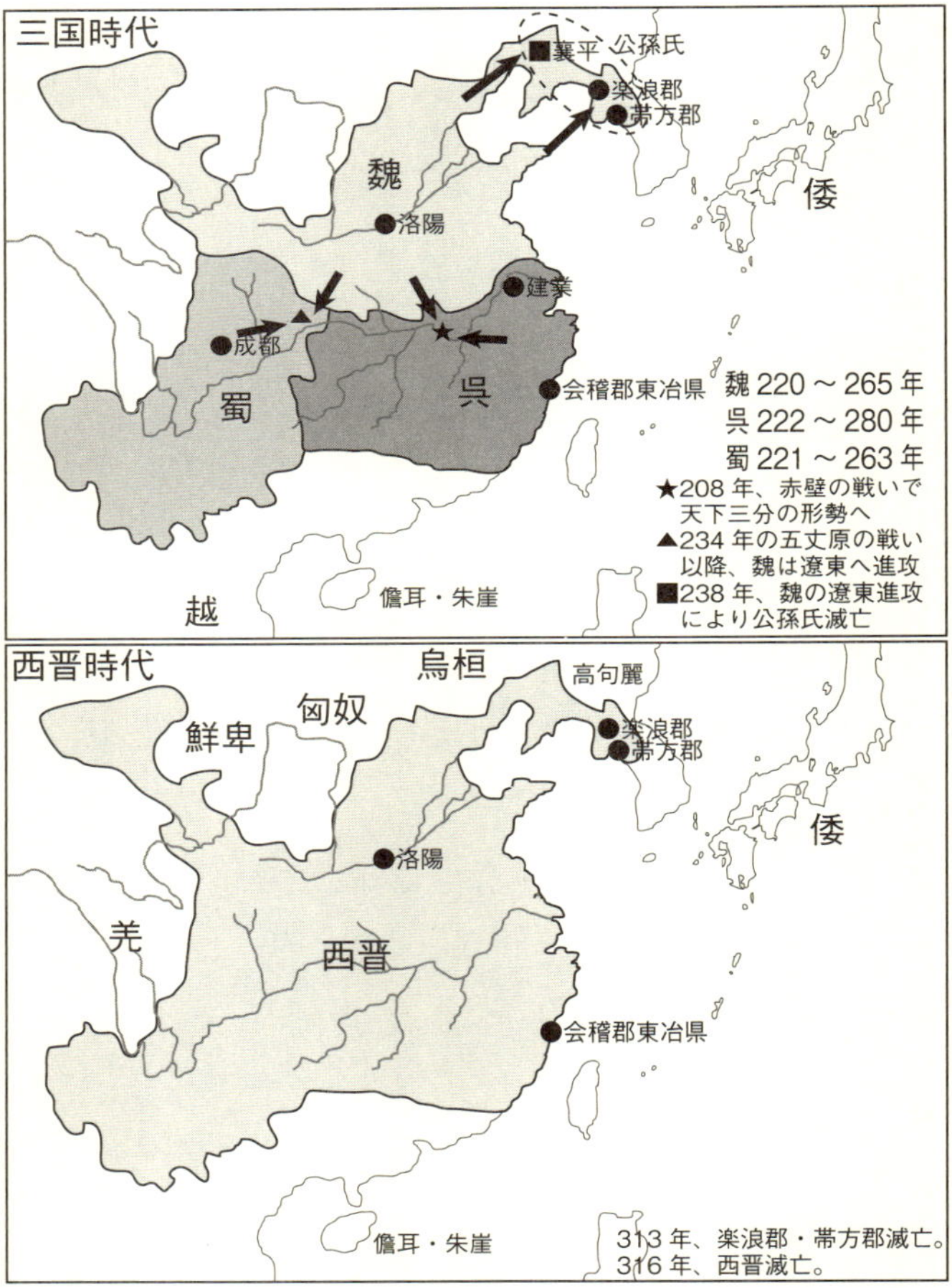

図1　3・4世紀の東アジア

現在の平壌《ピョンヤン》の南、約六〇キロメートルにあった。楽浪郡《らくろうぐん》跡とされる楽浪土城と共通する瓦などが出土している。そして、この附近の黄海道鳳山郡文井面九竜里の磚室墳から戦前（一九一一年・一九一二年）の調査で「帯方太守張撫夷《たいほうたいしゅちょうぶい》」銘の磚《せん》が出土している。磚とは、墓室の壁面を飾るレンガ状の土製品である。この墓の約四キロメートル南に智塔里土城がある。

これに対し、ソウル説は現在のところ、それを裏づける考古資料が検出されていない。したがって、帯方郡治は智塔里土城附近とみる研究者が少なくないのである。

しかしながら、一方で、これに反対する意見も根強い。『漢書』地理志には帯方県のことが記され、「帯水が西して、帯方に至り海に入る」とある。したがって、大きな川の河口附近と推定される。同書は、大同江を「列水」と記すので、半島を西流する大河は限られる。それで「帯水」を漢江と推定し、その河口部のソウルこそが帯方郡治と考定するのである。帯方郡治の所在地については、なお今後の課題としておこう。

「一大国」か「一支国」か

『魏志』倭人伝は、対馬国の次に、「また南一海を渡る千余里、名付けて瀚海《かんかい》という。一大国に至る」と記す。「一大国」について、岩波文庫本の読み下し文の注は、「一支国の誤。壱岐《いき》である」と断定する。確かに木版本（百衲本）は「一大国」となっている。しかし先ほどの「邪馬壹国」の場合と同様に、木版本以前の『三国志』に基づいて書かれた『梁書《りょうしょ》』『北史』、あるいは『翰《かん》苑《えん》』所引の『魏略』などは、「大」ではなく、「支」という字になっている（図2右）。これらからみて、もとの『三国志』では「一支国」と書かれていた可能性が大きいと私も考える（よって以下、「一大国」は一支国とする）。

なお、『翰苑』とは、唐代の張楚金《ちょうそきん》が六六〇年頃より執筆し始めた類書（漢籍の内容を事項によって分類・編集した書物）で、三〇巻からなる。この三〇巻目の写本が太宰府天満宮に残されている。この写本はその書体からみて、九世紀頃に写されて、日本にもたらされたと考えられている。現在は国宝に指定されている。

「景初二年」か「景初三年」か

『魏志』倭人伝に、「景初《けいしょ》二年六月、倭の女王、大夫難升米《なしめ》等を遣わし郡に詣り、天子に詣りて朝献せんこと

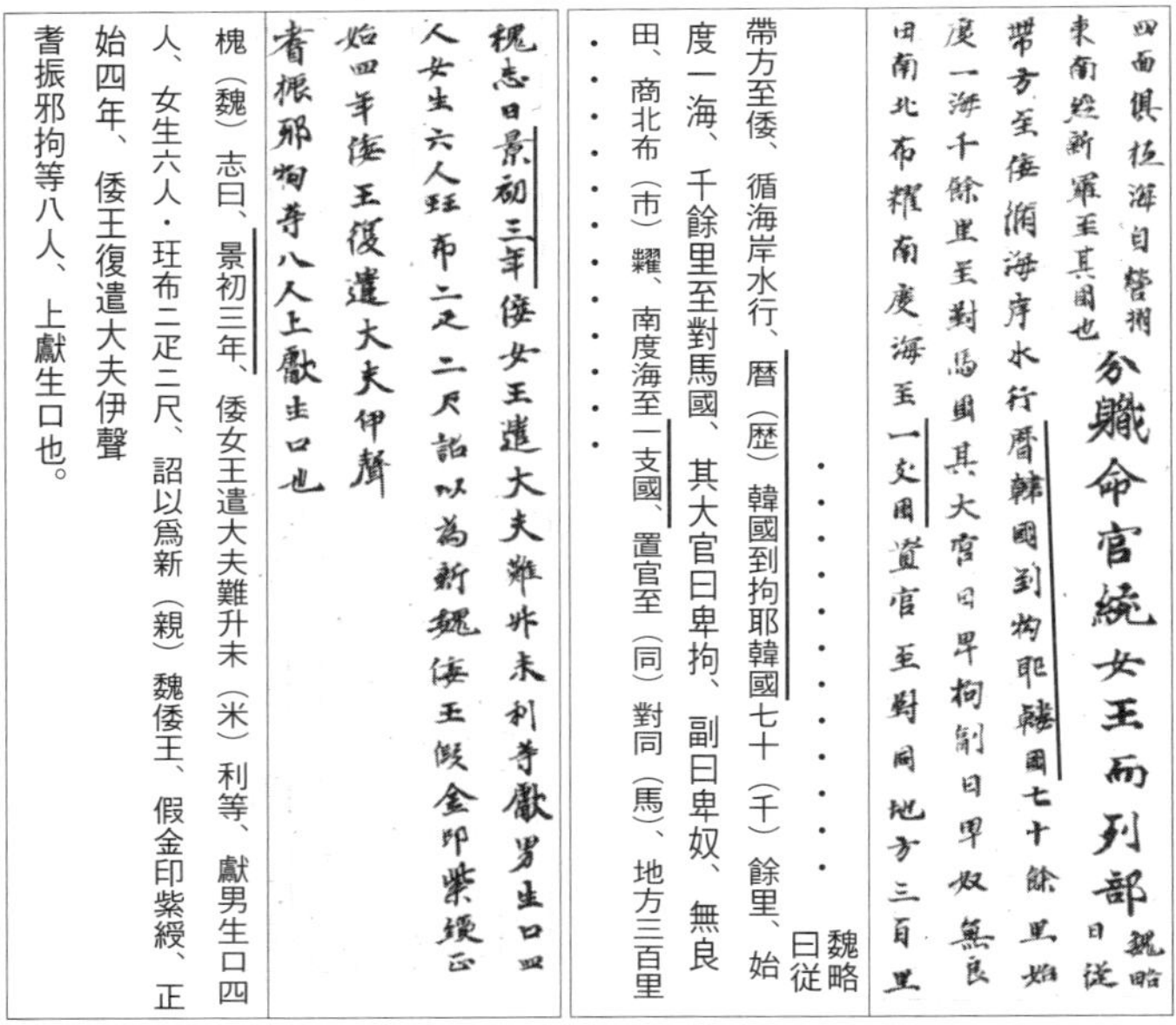

魏略曰従
帯方至倭、循海岸水行、暦（歴）韓國到拘耶韓國七十（千）餘里、始
度一海、千餘里至對馬國、其大官曰卑拘、副曰卑奴、無良
田、商北布（市）糴、南度海至一支國、置官至（同）對同（馬）、地方三百里
……

槐（魏）志曰、景初三年、倭女王遣大夫難升未（米）利等、獻男生口四
人、女生六人・班布二疋二尺、詔以爲新（親）魏倭王、假金印紫綬、正
始四年、倭王復遣大夫伊聲
書振邪拘等八人、上獻生口也。

図2　『翰苑』記載の「一支国」「景初三年」

を求む。太守劉夏《りゅうか》、吏を遣わし、将って送りて京都に詣らしむ」という一節がある。この「景初二年（二三八）」について、岩波文庫本の読み下し文の注は、「明帝の年号。景初三年（二三九）の誤。『日本書紀』所引の『魏志』および『梁書』は三年とする」とある。

三年の誤記とする理由は二つある。まず、『日本書紀』神功皇后摂政三十九年是年条に次のような記事がある。

「三十九年。是年《ことし》、太歳己未《たいさいきび》にあり。魏志に云《い》はく、明帝の景初の三年の六月に、倭の女王、大夫難斗米《なんとまい》等を遣《つかは》し、郡《こほり》に詣《いた》りて、天子に詣り朝献せむことを求む。太守鄧夏《とうか》、吏《り》を遣して、将送《ゐておく》り、京都《けいと》に詣らしむ、といふ」[1]

『日本書紀』の編者は、手許にあった『三国志』を参考に、この文章を書いたのであろう。『日本書紀』は西暦七二〇年に完成しているから、それ以前の『三国志』では、松下見林が『異称日本伝』（一六九三年刊）で指摘したように、景初二年ではなく、景初三年と書かれていたのである。[2]

また、『翰苑』所引の『魏志』にも「景初三年、倭女王、大夫難升米、未利等を遣わして……」と記されているので、このことは誤りないと思われる（図2左）。したがって、その後に作られた木版本の系統を引く『三国志』で景初二年となっているのは、誤記の可能性が大きい。

ちなみに、『三国志』巻三にある魏の明帝の記事をよく読んでみると、次のようになる。すなわち、景初三年一月一日に明帝曹叡《めいていそうえい》が亡くなった。時に年齢三五歳であった。そのあと、いわゆる少芳帝《しょうほうてい》（曹芳《そうほう》）が八歳で即位する。したがって、景初三年六月は明帝の時代ではなく、少芳帝の時代である。そうすると、『日本書紀』が「明帝の景初三年六月」という書き方をしているのは誤りということになる。『日本書紀』の編者が参考にした『三国志』そのものには、おそらく「景初三年六月」となっていたであろう。ところが、景初というのは明帝時代の年号であることから、わかりやすくするために『日本書紀』の編者が「明帝の」という文字を附加したものと推察される。

また、『三国志』本紀では明帝曹叡の没年を「時年三十六」とする。しかし、裴松之の補注では、明帝が建安一〇年（二〇五）生まれであることから、没年を三五歳に訂正している。

半島情勢からも遣使の派遣が景初二年ではなく、景初三年であることが説かれている。公孫氏は、後漢代の末には遼東の太守であった。その後、後漢が衰退し、動乱の状態になって周辺に対する統制が緩んでくると、徐々に独立の状態に近づいていった（図3・表2）。

公孫氏は公孫度《こうそんたく》から史料に活躍がみられる。度の死後は、子どもの公孫康《こうそんこう》があとを継ぎ、楽浪太守になる。そして西暦二〇五年頃には、楽浪郡の南の帯方県を中心に帯方郡を設置した。この頃、『魏志』韓伝によると、「倭・韓は遂に帯方に属す」とある。これは、倭と韓（朝鮮南部の諸国）が、公孫氏の支配下にあったとまではいえないとしても、その管理下にあったことを意味する。当時の倭人は、盛んに朝鮮半島まで渡海して、朝鮮半島の鉄を交易していた。これを監督していたのが公孫氏である。

公孫康のあとは、弟の公孫恭《こうそんきょう》が継いだ。魏の太和《たいわ》二年（二二八）、公孫康の子どもの公孫淵《こうそんえん》が、叔父の公孫恭を追いだして位につく。これ以降、朝鮮半島北部の支配者は公孫淵である。

表2　中国の動乱と倭

西暦	魏・呉・蜀	遼東・朝鮮半島	倭
184	黄巾の乱。		この頃、倭国乱れ、たがいに攻伐。
189	董卓（後漢）、献帝をたてる。	公孫度が独立。	
190	董卓、長安遷都を強行。		この頃、卑弥呼を共立。
196	曹操（後漢）、朝政を掌握。		
204		公孫度の死、康が嗣ぐ。 公孫康が帯方郡を設置。	倭韓遂に帯方に属す。（『三国志』韓伝）
208	赤壁の戦：天下三分の形勢。	公孫康が袁煕・袁尚を斬り、魏の左将軍となる。	
220	献帝退位：曹丕（文帝）が魏朝を建てる。 後漢滅亡。	魏が公孫恭に車騎将軍、没した康に大司馬を贈る。	
221	劉備が蜀を建国。		
226	魏の文帝死去、明帝へ。		
228		公孫淵が恭から実権を奪う。	
229	孫権が呉を建国。蜀と天下を分かつ論。	呉の孫権が淵に使者を派遣。	
230	魏の主力が西部戦線へ。	魏が淵を車騎将軍とする。	
232		呉が淵に使者を派遣し、淵を呉の燕王とする。	
233		淵が呉の使者を斬り、魏から大司馬に任ぜられる。	
234	五丈原の戦：蜀の諸葛亮の死で魏が優位に立つ。		
237		毋丘倹が公孫淵を攻撃する。 淵が自立して燕を建国。	
238		司馬懿が公孫淵を滅ぼす。 魏が帯方郡を手中にする。	
239	魏の明帝死去。		卑弥呼が魏に遣使、「親魏倭王」の称号を得る。
240			梯儁等を遣わし、倭王に拝仮す。
243			卑弥呼が魏に遣使。
245			魏の少帝、難升米に黄幢を賜う。
247			張政等を遣わし、難升米に拝仮せしめ、檄をつくって、これに告喩す。 この頃、卑弥呼死す。 この頃、台与が王に。

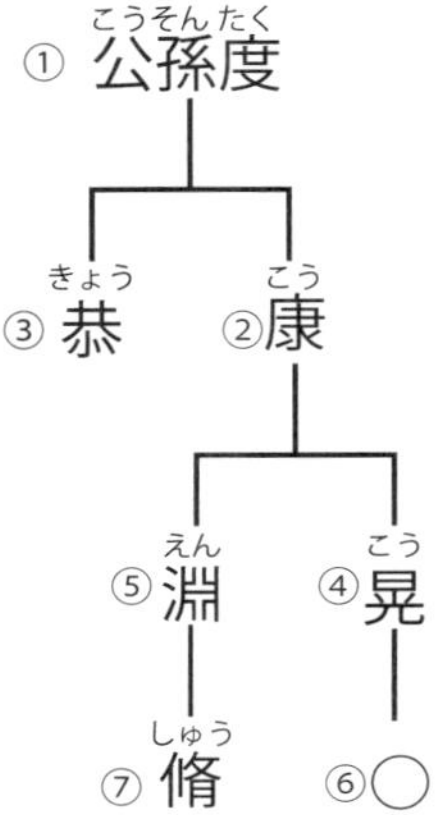

① 後漢より遼東太守に。
189 年、後漢より独立。高句麗や烏桓《うがん》を攻める。
曹操に推薦され、武威将軍永寧郷候《ぶいしょうぐんえいねいきょうこう》を授位。
② 204 年、度が没し、康が継いで楽浪太守に。その後、帯方郡設置。
208 年、曹操と敵対した袁熙《えんき》・袁尚《えんしょう》を殺して首を差し出す。襄平侯左将軍《じょうへいこうさしょうぐん》を授位。
③ 220 年頃、康が没し、恭が継いで太守に。
⑤ 228 年、恭を脅して位を奪い、太守に。恭・晃は洛陽に逃れる。
232 年、呉の使者を受入れ、燕王《えんおう》に。
237 年、魏の毌丘倹《かんきゅうけん》による攻撃を退け、自立して燕国を建てる。
238 年、魏の攻撃を受け降伏。斬首。
④⑥ 238 年、反乱の連座、洛陽で処刑。
⑦ 238 年、淵とともに降伏後、斬首。

図3　公孫氏一族

二三二年（呉の嘉禾元年・魏の太和六年）、公孫淵は呉の孫権《そんけん》の諸侯となることを受け入れ、ここに一時的にせよ、公孫氏と呉との政治的関係が成立した。孫権は淵を燕王《えんおう》に封じて厚遇し、翌二三三年（呉の嘉禾二年・魏の青龍元年）、将兵一万人を遼東《りょうとう》に送って、そのうちの四〇〇人ばかりを公孫氏の都の襄平《じょうへい》（遼寧省遼陽市）に至らしめた。ところが公孫淵はこのときの呉の使者である張《ちょ》弥《うび》・許晏《きょあん》を斬って、その首級を魏に送った。そこで魏は公孫淵を楽浪公という地位に封じた。

呉との親しい関係を断って、魏に封じられた後、公孫淵にとって思わぬ事態が生じた。青龍二年（二三四）、魏と蜀《しょく》が戦いを始め、五丈原《ごじょうげん》（陝西省岐山県）で対峙する。この戦いの最中、蜀の諸葛亮《りょう》（孔明《こうめい》）が亡くなり、その後、蜀の勢力は急速に衰える。西方の蜀の勢力が衰えると、魏は東西両にらみ政策をあらため、東方のみに注力する政策へと転換できることとなった。

このような状況変化を背景に、景初元年（二三七）、魏の毌丘倹《かんきゅうけん》（倹）が公孫淵を魏皇帝のもとに召し出そうとした（図4）。しかし、公孫淵がこれに応じなかったので、魏は討伐の兵を出したのである。しかし討伐軍は連日の大雨に妨げられ、結局、毌丘倹は兵を引いた。

この段階で、魏と公孫淵は決裂してしまう。翌年の景初二年（二三八）正月、魏は司馬懿《しばい》に四万の大軍を授けて公孫氏を討つべく出兵させた。なお、この司馬懿は、のちに魏のあとを継いだ晋王朝の初代皇帝、司馬炎《しばえん》の祖父に当たる人物である。

司馬懿は、景初二年六月に遼東に到着した。八月七日には公孫淵の首をはね、さらに大量の殺戮を行った。これによって公孫氏勢力は滅亡し、司馬懿は、遼東・玄菟《げんと》・楽浪・帯方の四郡を制圧して魏のものとした。

そうして、『日本書紀』の神功皇后摂政三十九年是年条によれば、景初三年（二三九）六月に倭の女王の使者が魏の都洛陽に行った、というのである。もしこれが、版本にあるように、景初二年（二三八）六月であったとすれば、ちょうど魏の司馬懿が遼東に到着し、魏と公孫氏が戦闘状態の真っ最中にあたる。このような時に倭の女王の使者が帯方郡から洛陽に赴くことはきわめて困難だろうと思われる。

以上より、景初二年六月は誤りで、景初三年六月が正しいと考えられる。私もこの見解を支持している。

正始三年高句麗反・・・
督七牙門討句麗五年一無・・・
複遺寇六年五月鍦師・・・
討寇將軍魏烏丸單於寇婁敦・・・
威寇將軍都亭侯・・・
行裨将軍領夫菟太守王頎・・・
行裨将軍・・・

※毌丘倹は公孫氏を攻撃するとともに、その北方の高句麗にも派兵したことが『魏志』高句麗伝に記されている。これを裏づける石碑の断片が高句麗の首都、丸都城のあった現在の中国集安県で1906年に発見された。毌丘倹の功績をたたえる碑で、魏の正始三年（243）建立である。

ところで、この石碑は断片で、「毌丘倹」の文字部分が欠損し、『三国志』の木版では「毌」（かん）か、「毋」（ぶ）か名前が確定していなかった。2005年、山西省で、今度は毌丘倹とその一族を祀った別の石碑が発見された。この石碑には毌丘一族18名の姓名と、「難主毌丘倹」があった。「難」とは、晋の司馬師に反旗して敗死した難を意味する。西暦400年頃の石碑とされる。

図4　毌丘倹の石碑

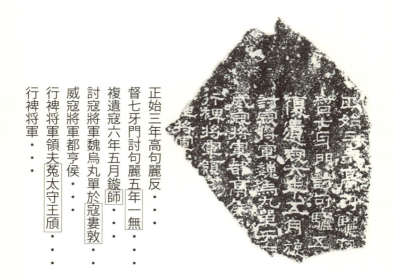

「景初四年」の実在性

前述したように、魏の明帝は景初三年正月一日に亡くなった。したがって、景初年間は三年で終わり、景初四年という年号はないはずである。ところが、不思議なことに、日本の古墳から「景初四年」銘鏡が出土して大きな問題となっている。景初四年の実在性については、現在も決着がついていない。

実は、故・末永雅雄《すえながまさお》に考古学を学んだ研究者の一部は、ほかに「景初四年」銘鏡があることを知っていた。その鏡は、兵庫県の辰馬《たつうま》考古資料館が所蔵するもので、宮崎県持田《もちだ》古墳群から発見されたと伝える鏡である。普通なら、景初は三年までしかないのだから、「景初四年」銘鏡は贋作《がんさく》である、と片付けてしまいかねない。しかし、末永は、これはどこかの古墳から本当に出てきたものだ、と考えていた。

あとになって、「景初四年」銘鏡が京都府福知山市の広峯《ひろみね》一五号墳（墳丘長約四〇メートル、四世紀前半）から出土し、これを辰馬考古資料館所蔵のものと比較すると、同じ鋳型《いがた》から作られた鏡、すなわち同笵鏡《どうはんきょう》であることが判明した（図5）。

発掘調査によって「景初四年」銘鏡が知られるようになり、大きな問題になったのである。ところで、『魏志』倭人伝には、倭の女王の卑弥呼が魏の皇帝から「銅鏡百枚」を賜る記事がある。この鏡について、三角縁神獣鏡と考える研究者とそうでないとする研究者が論争を続けている。「景初四年」銘鏡をどう扱うかも、この論争のなかで議論されている（第八章163頁以下参照）。

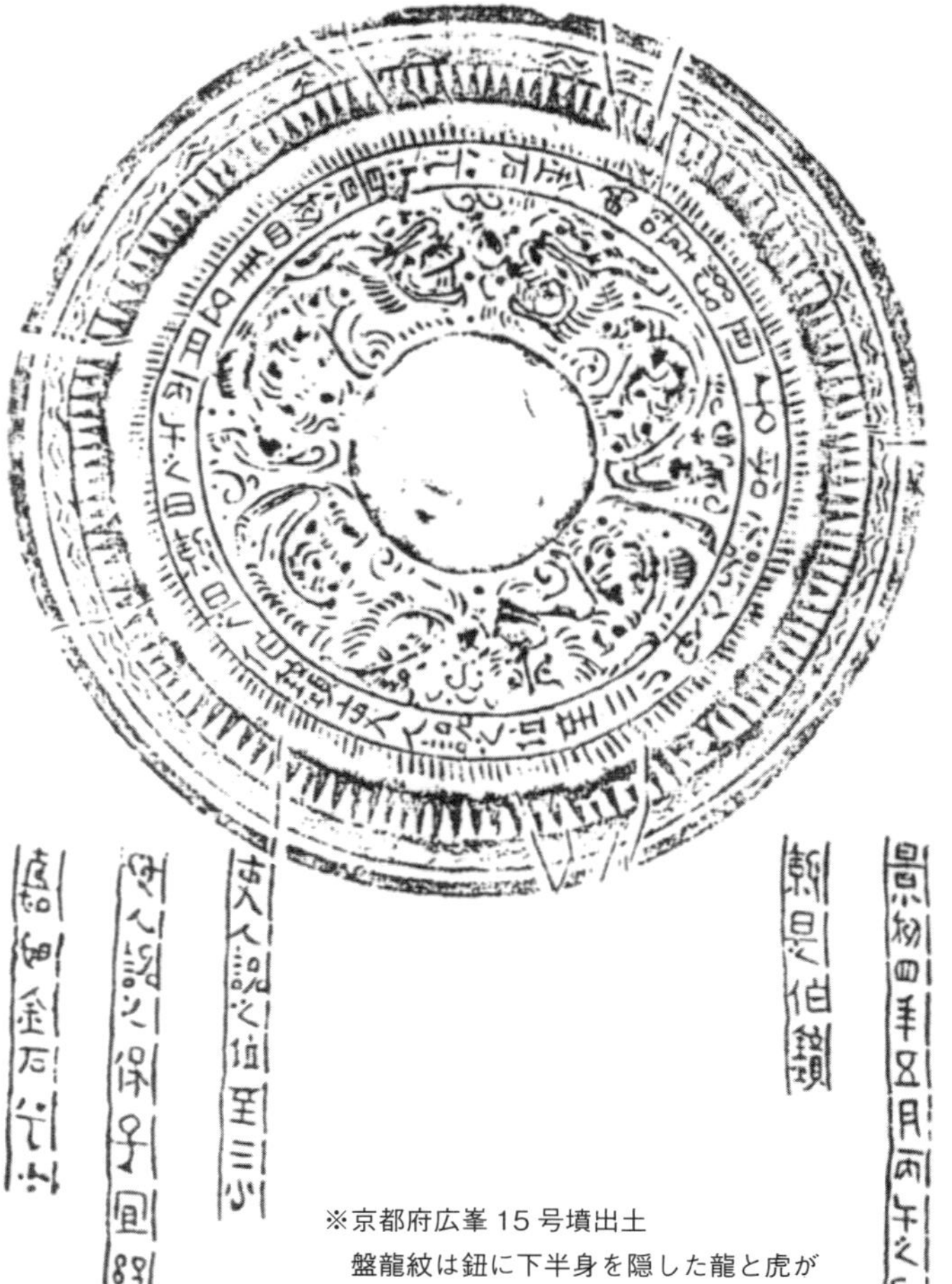

※京都府広峯15号墳出土
盤龍紋は鈕に下半身を隠した龍と虎が向かい合う図像

図5　「景初四年」銘盤龍鏡

「遣使」か「遣吏」か

『魏志』倭人伝の、卑弥呼に与えた制詔《せいしょう》のなかに、次のような一節がある。「親魏倭王卑弥呼に制詔す。帯方の太守劉夏《たいしゅりゅうか》、使を遣わし汝の大夫難升米・次使都市牛利を送り、汝献ずる所の男生口四人・女生口六人・班布《はんぷ》二匹二丈を奉り以て到る」

大庭脩は、帯方郡太守の「使」は、「吏」でなければおかしい、とする。その理由として、次の二つをあげる。

まず、皇帝の官僚である帯方郡太守が、皇帝に対して「使を遣わす」ということはあり得ない。郡の太守が皇帝に人を遣わして報告する必要があるときは、当時の制度からいえば当然、部下の「吏を遣わす」ということでなければならない。

次に、この文節のすぐ前に、「景初二年六月、倭の女王、大夫難升米等を遣わし郡に詣り、天子に詣りて朝献せんことを求む。太守劉夏、吏を遣わし、将って送りて京都に詣らしむ」という一節がある。この場合は「吏を遣わし」である。ごく近い文中で二様の文字が使い分けられている。これは「吏」に統一すべきだった、というのである。説得力に富む見解といえる。

「建中校尉」か「建忠校尉」か

『魏志』倭人伝には、次のような一節もある。「正始《せいし》元年、太守弓遵《きゅうじゅん》、建中校尉《けんちゅうこうい》梯儁《ていしゅん》等を遣わし、詔書・印綬を奉じて、倭国に詣り、倭王に拝仮し、ならびに詔をもたらし、金帛《きんはく》・錦罽《きんけい》・刀・鏡・采物《さいぶつ》を賜う。倭王、使に因って上表し、詔恩を答謝す」

太平二年歳在丁
丑七月六日建中
校尉会稽剡番（潘）
億作此墓
圖冢師未（朱）珖
所處

太平二年歳在丁
丑七月六日建
中校尉会稽
剡番（潘）億
作此圖冢
師未（朱）珖處

※太平２年は呉の年号で 257 年。

図6　墓誌の「建中校尉」銘

大庭脩は「建中校尉」の文字も、「建忠校尉」の間違いではないかとする。『三国志』の『呉志』には呉の将軍に「建忠中郎将」と「建忠都尉」が登場する。『魏志』にも魏の将軍に「建忠将軍」がある。しかし、「建中将軍」はない。

しかしながら、浙江省嵊《じょう》県浦《ほ》口《こう》鎮で発見された呉の太平二年（二五七）墓から「建中校尉」と書かれた墓誌が見つかっている。[3]これは呉の官名であるが、三国の官職名は共通しているものが多いので、魏にも「建中校尉」はあったのではないかという考え方もできる（図６）。

一方、『日本書紀』の神功皇后摂政四十年の条には、「魏志に云はく、正始元年に、建忠校尉梯《てい》携《けい》等を遣し、詔書・印綬を奉りて、倭国に詣らしむ」とある。『日本書紀』編者の手許にあった『三国志』には「建忠校尉梯携」という文字があったものと思われる。そうすると、『魏志』倭人伝にある「建中校尉」は「建忠校尉」とするのが正しいであろう、とも考えられる。

以上、現在知られる『魏志』倭人伝は、写本や版本により、いくつか読み方のゆらぎがみられる。ほかにも、倭国の植生を記した、「その木には枏《だん》・杼《ちょ》・予樟《よしょう》・楺《ぼう》・櫪《れき》・投・橿《きょう》・烏号《うごう》・楓香《ふうか》あり」と記されたうちの「投」は「柀」の誤記で、スギを表すという説がある。また、正始四年の遣使が献上した生口や錦のほかに「木⿰犭付・短弓矢」とあるのは、「木弣《もくふ》」の誤りで、弓の握り手部分の「弝《ゆづか》」を示すという説がある。

そのほかにも、さまざまな解釈や議論があり、「これが正しい」ときめつけることは難しい。以上のことを念頭に置いて、次章以降で『魏志』倭人伝を解釈していきたい。

第二章 『魏志』倭人伝の原史料

『魏志』倭人伝は何を典拠にしたのか

『三国志』は西晋《せいしん》の陳寿《ちんじゅ》が編纂したものである。ただし、陳寿自身が倭国に行ったわけではない。編纂にあたっては、何か拠《よ》るべき史料を手許においていたはずである。手許にあった史料には、信憑性の高い史料もあっただろうが、必ずしも正しいとはいえないようなものも含まれていたであろう。したがって、『魏志』倭人伝の信憑性は、編者の手許にあった原史料の史実性いかんにかかっているといってよい。

まず、どのような種類の史料が用いられていたのか、推定してみよう。私は大きく四種類に分けることができると考えている。

第一に、倭に派遣された魏の使者による復命書があったに違いない。帯方郡の役人には倭国まで行った者がいる。役人は帯方郡に戻ると、復命書を上官に提出したはずである。復命書は公文書として宮廷に保管され、それが『三国志』の編者である陳寿の手許に至った可能性が大きい。『魏志』倭人伝は倭に派遣された帯方郡の使者として、以下の二人をあげる。

一人は、正始《せいし》元年（二四〇）に卑弥呼の遣使が倭国に戻った時に同行した梯儁《ていしゅん》（『日本書紀』では梯携《ていけい》）である。もう一人は、正始八年（二四七）頃の狗奴国《くなこく》との交戦中、詔書と黄幢《こうどう》をもたらし、檄《げき》を飛ばした張政《ちょうせい》である。そして二人には従者もいた。これらの使者の復命書が『魏志』倭人伝の原史料として使われたことは、ほぼ間違いない。

第二に、倭国遣使が魏の宮廷に来朝したときの公的記録である。『三国志』を編纂するに際しては、当然諸々の公的記録が利用されたであろう。そのなかでもっとも重要で、信頼性が高いものは魏の皇帝の詔である。

『魏志』倭人伝には皇帝の詔が登場する。「その年十二月、詔書して倭の女王に報じていわく……」とある。詔の内容をすべて記すと「親魏倭王卑弥呼《しんぎわおうひみこ》に制詔《せいしょう》す。帯方の太守劉夏《たいしゅりゅうか》、使を遣わし汝《なんじ》の大夫難升米《なしめ》・次使都市牛利《としごり》を送り、汝献ずる所の男生口四人・女生口六人・班布《はんぷ》二匹二丈を奉り以て到る。汝がある所踰《はる》かに遠きも、乃《すなわ》ち使を遣わして貢献《こうけん》す。これ汝の忠孝、我れ甚だ汝を哀《いつく》しむ。今汝を以て親魏倭王となし、金印紫綬《しじゅ》を仮し、装封《そうほう》して帯方の太守に付し仮授《かじゅ》せしむ。汝、それ種人を綏撫《すいぶ》し、勉《つと》めて孝順をなせ。汝が来使難升米・牛利、遠きを渉《わた》り、道路勤労す。今、難升米を以て率善中郎将《そつぜんちゅうろうしょう》となし、牛利を率善校尉《こうい》となし、銀印青綬《せいじゅ》を仮し、引見労賜《ひっけんろうし》し遣わし還《かえ》す。今、絳地交竜錦《こうちこうりゅうきん》五匹・絳地縐粟罽《こうちすうぞくけい》十張・蒨絳《せんこう》五十匹・紺青《こんせい》五十匹を以て、汝が献ずる所の貢直《こうちょく》に答う。また特に汝に紺地句文錦《こんちくもんきん》三匹・細班華罽《さいはんかけい》五張・白絹五十匹・金八両・五尺刀《ごしゃくとう》二口・銅鏡百枚・真珠・鉛丹《えんたん》各々五十斤を賜い、皆装封して難升米・牛利に付す。還り到らば録受し、悉《ことごと》く以て汝が国中の人に示し、国家汝を哀むを知らしむべし。故に鄭重《ていちょう》に汝に好物を賜うなり」である。

詔は官府にきちんと保管されていて、この文章はそれを写した可能性が非常に大きい。ということは、この部分は、『魏志』倭人伝のなかでもっとも信頼のできる部分だといってよい。

ちなみに、この詔の最後にある「好物」とは、「卑弥呼が好きだったもの」という解釈もあるが、「好物」の本来の意味は「良きもの」であるから、この場合もそのように理解したほうがよいであろう。ただし、魏帝は卑弥呼の好きなものを知っており、それを与えたということを否定するものではない。

第三に、『三国志』に先行する国史などの歴史書がある。編者の陳寿は、これまでの国史を参考に『三国志』の構成や記述内容を整えていったのであろう。先行する国史などには僅かながら、倭人の情報がある。倭人について記す先行の書物としては、以下のものがある。

もっとも古い書物は『山海経《せんがいきょう》』である。中国古代の神話や地理が書かれている。戦国時代に作られ、さらに秦・漢時代に内容が附加されたといわれている。ここには古代中国人の世界観が示されており、中国世界の外の東方にはいくつかの種族がいるとされる。「蓋国《がいこく》は鉅燕《きょえん》の南、倭の北に在り、倭は燕《えん》に属す」とある。蓋国は不詳だが、一説には濊《わい》に通じるという。ここにみえる倭が本当に倭（日本）の人々かどうかはわからない。

『淮南子《えなんじ》』は前漢時代の淮南王《わいなんおう》、劉安《りゅうあん》が作らせた思想書で、二一編のみ現存する。

『論衡《ろんこう》』は後漢の王充《おうじゅう》（二七〜?）が書いたもので全三〇巻からなる。「周の時、天下は太平であった。越裳《えっしょう》は白雉を献じ、倭人が朝貢して鬯草《れいそう》・暢草《ちょうそう》を献じた。成王の時においても、越裳は白雉を献じ、倭人が朝貢し暢草を献じた」とある。周の時代に遣使が薬草をもってきたことを記す。

　これらの書物に倭あるいは倭人に関する記事が出てくるから、当然陳寿はそのことを知っていた。しかし、先行の書物のなかでもっとも重要なものは、『漢書』地理志である。

『漢書』は『前漢書』とも呼ばれ、前漢時代のことを記した紀伝体の史書である。後漢の班固《はんこ》(三二〜九二)が父の班彪《はんぴょう》の遺志を受け継いで編纂し、西暦八〇年頃に成立したとされる。地理志は巻二八下、倭伝は第八下にある。

『漢書』地理志と『魏志』倭人伝とを比較すると、倭人の風俗などの記事は表現が非常によく似ている。したがって陳寿は『漢書』を手許に置き、『漢書』の文言を使って倭人伝を仕上げたと思われる。以下、『魏志』倭人伝の一節について、『漢書』地理志と同じ文字が使われている箇所を圏点(◎)で示す。

「その風俗淫ならず。男子は皆露紒《ろかい》し、木緜《もめん》を以て頭にかけ、その衣は横幅、ただ結束して相連ね、ほぼ縫うことなし。婦人は被髪屈紒《くっかい》し、衣を作ること単被の如く、その中央を穿ち、頭を貫きてこれを衣《き》る。禾稲・紵麻を種え、蚕桑緝績し、細紵《さいちょ》・縑緜《けんめん》を出だす。その地には牛・馬・虎・豹・羊・鵲《じゃく》なし。兵には矛・楯・木弓を用う。木弓は下を短く上を長くし、竹箭はあるいは鉄鏃《てつぞく》、あるいは骨鏃なり。有無する所、儋耳・朱崖と同じ」

　これをみると、陳寿は『漢書』を参考にしながら、このあたりの文章を書いていることがわかる。ただし、一見この文章は『漢書』からの引用だけで成り立っているようにみえるが、実はそ

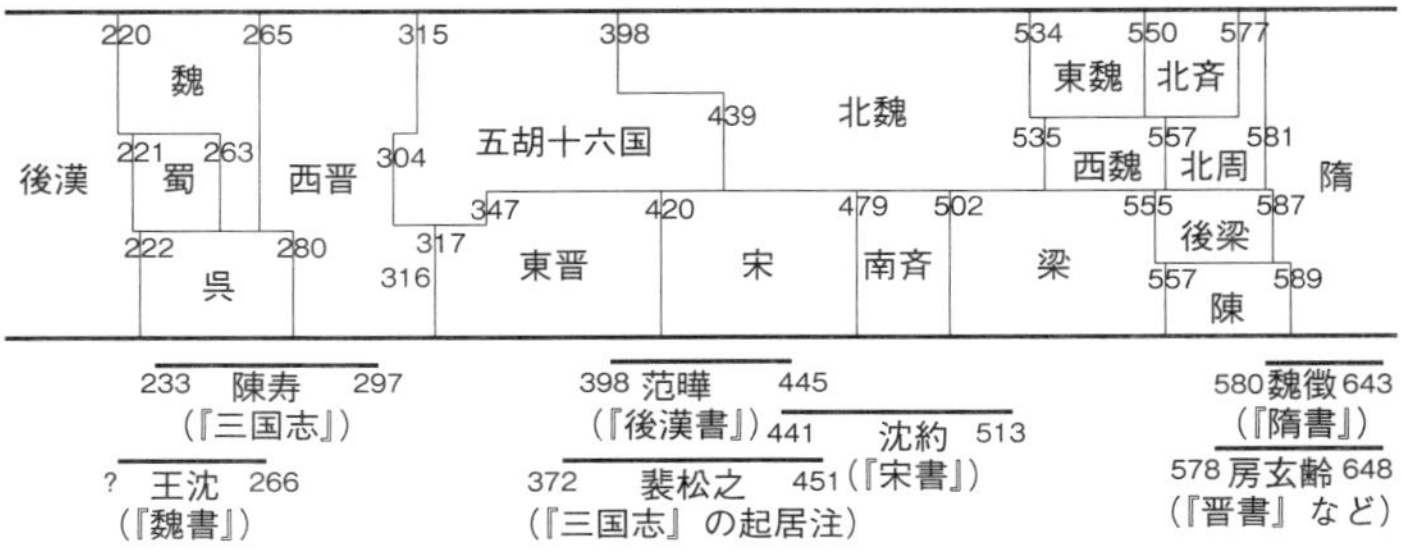

図7　魏晋南北朝の王朝と歴史書

うではない。『漢書』にない文として「木弓は下を短く上を長くし」があるが、この記述は、日本独特の弓の形状を紹介している。[1] 古今東西どこの国でも弓の真ん中に矢をつがえるのが普通であるが、日本だけは違っている。弥生時代の銅鐸《どうたく》に描かれた絵でも、弓は「下を短く上を長くし」という形で描かれている。その後もずっとわが国ではこの独特の弓の形状が受け継がれてきており、現代の日本の弓道でも真ん中より下に矢をつがえる形となっている。

ところで、儋耳《たんじ》・朱崖《しゅがい》とは、中国の南西海上にある海南島《かいなんとう》に属する郡名である。海南島は香港《ほんこん》より南で、華南より交趾《こうち》（現在のベトナム）に近い。倭がその「儋耳・朱崖と同じ」ということは、倭人の住んでいる日本列島が、はなはだしく南に延びているという認識があったことを意味する。この点は非常に重要なので、後に詳述したい。

晋（西晋）の王沈《おうしん》（?〜二六六）による、四八巻からなる『魏書』がある（図7）。この書も史料として用いられたと考えられているが、否定的な見解もある。[2] 現存せず、裴松之《はいしょうし》の注釈に引用された断片的な文章などが残されているのみである。

『魏略』は陳寿とほぼ同世代の魚豢《ぎょかん》によって書かれたとされる。この書も散逸して完本は伝わらない。しかし、裴松之の注釈の引用をはじめ、『芸文類聚《げいもんるいじゅう》』『太平御覧《たいへいぎょらん》』など、唐・宋代の類書に引用されており、佚文はかなり復元されている。『三国志』はこの書の成立後のもので、有力な史料として引用したとする研究者が多い。私もこの説に左袒《さたん》している。

第四に考慮すべき書物として、呉の史料がある。魏は敵対する呉の情勢についても非常に注目していた。先ほど、海南島と倭とを比較した記述があることを述べた。魏の南には呉があり、海を挟んで呉の東側に倭人たちが住んでいるという認識があった。先に述べたように、日本の古墳から呉の鏡も出土している(第一章14頁参照)。日本列島の倭人が呉と正式に通交していたかどうかということまではわからないが、呉と関係をもっていた集団が実際にいて、倭国の状況が呉の公文書などに記録されていた可能性もある。

次に、『三国志』を編纂した陳寿(二三三〜二九七)について述べよう。陳寿は元康七年(二九七)に六五歳で亡くなったと伝えられる。四川省の生まれで、初めは蜀に仕えていたが、二六三年に蜀が滅んで職を失った。それで晋に仕えることとなり、佐著作郎《さちょさくろう》という役についた。これは国の公文書を扱う著作郎《ちょさくろう》の補佐役であった。その後、昇進して著作郎になり、現代風にいえば、主任歴史編纂官の地位にまで登りつめている。

『晋書』陳寿伝によれば、西晋の佐著作郎となった陳寿は、蜀の宰相《さいしょう》であった諸葛亮(孔明)に関する書物を撰し、これが認められて著作郎に昇進した。なお、陳寿の父親は、蜀の馬謖《ばしょく》の下で従軍したが、諸葛亮によって馬謖が斬られたとき(有名な「泣いて馬謖を斬る」の事件)、これに連坐して断罪されている。

さて、著作郎が国史の編纂を行うにあたっては、皇帝の起居注《ききょちゅう》と、官僚や軍の指示書・報告書類が整理されたと思われる。起居注とは、皇帝の毎日の起居・言動をこと細かく記録した日誌である。中国では古くから起居注が作られていたようだが、これが制度化されたのは、隋・唐代とされている。明〜清代の起居注が今に伝わっている。

『後漢書』の倭国

歴史的な推移からみると、後漢（二五〜二二〇）の末に黄巾《こうきん》の乱（一八四）が勃発し、内戦状態となる。皇帝は自らの軍をもっていたが、民衆の反乱を抑えることができず、各地の私軍を頼りにする。やがて私軍の離合集散がおこり、最終的に魏（二二〇〜）・蜀（二二一〜）・呉（二二二〜）が誕生し、三国時代に入る。

後漢の成立から滅亡までを書いた歴史書が『後漢書』である。『後漢書』は『三国志』より古い時代のことを書いているから、成立も古いと思われがちである。しかし、そうではない。『三国志』が西晋の陳寿（二三三〜二九七）によって編纂されたのに対し、『後漢書』は南宋の范曄《はんよう》(三九八〜四四五）によって編纂された（四三二年頃成立)。したがって、『後漢書』の編者は『三国志』を読める立場にあったが、逆に『三国志』の編者は『後漢書』を読むことができなかったということになる。

『後漢書』倭伝のなかに、『魏志』倭人伝とよく似た表現が数多くあるのはそのためである。以上のことを確認したうえで、『後漢書』倭伝を検討したい。

『後漢書』倭伝に「建武中元二年、倭の奴国、奉貢朝賀す。倭人自ら大夫と称す。倭国の極南界なり。光武、賜うに印綬を以てす」という一節がある。建武中元二年（五七年）に、倭の奴国からの朝貢があり、後漢の光武帝は印綬《いんじゅ》を賜った、という内容である。

江戸時代の天明四年（一七八四）、折しもわが国では天明の大飢饉《だいききん》の真っ最中であった。この時、博多湾の志賀島《しかのしま》の大石の下から金印が掘り出された。印面の文字は一般に「漢委奴国王」（かんのわのなのこくおう）と読まれている。この四角い印判の大きさは、ちょうど漢代の方寸に当たる。印判の頭には、紐《ひも》を通して腰にぶら下げるための鈕《ちゅう》がつく。鈕は蛇形《へびがた》の装飾である。国宝に指定されており、現在は福岡市博物館の所蔵となっている。印面は一辺二・三センチメートルの方形、重さは一〇八グラムである。

かつて、この金印は出土場所が特定できず、偽物だろうという説もあった。最近では、本物と考えて間違いないとする説が有力となっている。蛇の形をした鈕をもつ金印が、一九五六年に中国雲南省の石寨山《せきたいざん》六号墓で出土したからである。この金印も前漢から下賜されたと考えられ、印面に「滇王之印《てんおうのいん》」と刻まれている。[3] さらに、一九八一年、中国江蘇省の甘泉《かんせん》二号墓から出土したとされる「廣陵王爾《こうりょうおうじ》」の金印は、五八年に光武帝の子劉荊《りゅうけい》に下賜されたものだった。[4] この印は亀形《かめがた》の鈕であったが、円い鏨《たがね》の表現や字体が奴国王の金印と似通っていることから、同じ工房で製作された可能性が大きいと考えられている。厳密には、広陵王の墓とされる甘泉二号墓の発掘調査は一九八〇年に実施された。金印は翌年に調査地から離れた排土中から見つけ出されたとされる。ただし、この金印がこの墓に伴うことは確実視され、兄弟印の発見によって、志賀島出土金印の贋作説《がんさくせつ》にはほぼ終止符が打たれたといってよい。

ところで、金印の読み方については、「かんのいとこくおう」と読むべきだという説もある。しかし、私は「かんのわのなのこくおう」という読み方でよいと思っている。そうだとすると、この金印は漢の皇帝から奴国王に与えられたものだ、ということになる。そうして、前述の『後漢書』倭伝の記事からみて、この金印は後漢の光武帝から与えられたものと考えることができるわけである。

奴国は博多の平野部周辺にあったと推測される。事実、『日本書紀』斉明天皇七年三月条に出てくる「娜《な》の大津」とは博多湾の港のことである。志賀島は博多湾上にある。『魏志』倭人伝には、奴国という記述が二回出てくる。一回目は「東南奴国に至る百里」という記述であるが、この奴国について、岩波文庫本の注では「儺県《なのあがた》、那津《なのつ》。今の那珂郡博多《なかぐんはかた》附近」としている。

ところで、前述の『後漢書』倭伝では、倭の奴国のことを「倭国の極南界なり」としている。なぜ志賀島が倭国のいちばん南の端ということになってしまっているのか。これは、『後漢書』の編者である范曄《はんよう》が、『魏志』倭人伝を誤読して書いた可能性が大きい。『魏志』倭人伝には、次のような一節がある。

「女王国より以北、その戸数・道里は得て略載《りゃくさい》すべきも、その余の旁国《ぼうこく》は遠絶《えんぜつ》にして得て詳《つまび》らかにすべからず。次に斯馬国あり、次に巳（已）百支国あり、次に伊邪国あり、次に都（郡）支国あり、次に弥奴国あり、次に好古都国あり、次に不呼国あり、次に姐奴国あり、次に対蘇国あり、次に蘇奴国あり、次に呼邑国あり、次に華奴蘇奴国あり、次に鬼国あり、次に為吾国あり、次に鬼奴国あり、次に邪馬国あり、次に躬臣国あり、次に巴利国あり、次に支惟国あり、次に烏奴国あり、次に奴国あり。これ女王の境界の尽くる所なり」

すなわち、「これまで述べてきたところの、女王国より北にある七国については戸数や道里などを略記できるが、それ以外の女王国の旁国については遠絶なところにあるため詳細を明らかにすることができない」という。それで「斯馬国……奴国」と国名だけを掲げているのである。してみると、斯馬国以下の二一国は女王国の北にはなかった国々であるとの解釈が成り立つ。そこで、これらの国々は、女王国のおおよそ南の方向にあると考えれば、女王国の境界の尽きるところにある奴国は、倭国の最南端に位置すると解釈することができるのである。ただし私は、この記事によって対馬国以下の七国が女王国より北に所在したと考えられていたことはわかるが、南方の遠絶なところにあった女王国の北に位置する旁国（そばの国の意）がなかったとはいえないと考えている。陳寿はそうした事柄も含めて「遠絶不可得詳」と述べているとみる。この点については第五章に詳述する。

ここにある奴国は、『魏志』倭人伝としては二回目の奴国の記述である。『後漢書』の編者である范曄は、なぜか一回目の奴国の記述を無視して、この二回目の奴国だけを採り上げていることになる。つとに三宅米吉が指摘したように、范曄は、おそらくこの奴国の地理観により、印綬を賜った「倭の奴国」を「倭国の極南界なり」と誤って考証してしまったのであろう。

「その北岸」とは

『魏志』倭人伝の最初のほうに、次のような一節がある。

「郡（帯方郡）より倭に至るには、海岸に循《したが》って水行し、韓国を歴《へ》て、乍《しばらく》は南し乍は東し、その北岸狗邪韓国《くやかんこく》に到る七千余里。始めて一海を度る千余里、対馬国に至る」

ここで問題なのは、「その北岸」の「その」という指示代名詞が何を指しているのかということである。以前から二つの説がある。一つは、韓国を指しているとする説で、もう一つは倭を指しているとする説である。まず、韓国を指しているとする説についてみると、「韓国の北岸の狗邪韓国」とはどこになるのだろうか。朝鮮半島の南にある岸は北岸とはいわない。常識的にみて、「その北岸」を「韓国の北岸」と考えることには無理がある。

次に、「その北岸」を「倭の北岸」とみる説である。文法的にそう読むのが正しいと私も思う。ただし、そう読むと、一つ問題が起こる。すなわち、「倭の北岸の狗邪韓国」と読むならば、狗邪韓国は倭に含まれるという意味にも受け取れる。言い換えれば、狗邪韓国は倭の領土ということで、三世紀の倭人は朝鮮半島南部にまで進出し、そこを自分たちの領域の一部にしていたということになる。こうした考え方は、今でも一部の研究者の間で支持されている。

『日本書紀』には朝鮮半島南部に任那日本府があったとする記事があり、これらのことが相まって、かつては朝鮮半島南部倭国経営論が唱えられていた。内藤湖南・喜田貞吉などもこのように説き、わが国では有力な学説であった。しかし、現在では、日本が朝鮮半島南部に活動の拠点としていたような地域はあったであろうが、『日本書紀』に記されているような意味での任那日本府は存在しなかったとする考え方が、ほぼ共通の認識になってきているように思われる。

したがって私は、「その北岸の狗邪韓国」を倭の領域、あるいは倭の一国とみる説は成立しないと考えている。理由はほかにもある。

第一は、「倭人は帯方の東南大海の中にあり。山島に依りて、国邑をなす」や「倭の地を参問するに、海中洲島の上に絶在し、あるいは絶えあるいは連なり、周旋五千余里ばかりなり」という『魏志』倭人伝の記事と、齟齬《そご》をきたすからである。陳寿は、倭人は中国や朝鮮半島と陸続きではなく、帯方の東南大海の中にある島々に住んでいる、と明言している。はたして、朝鮮半島南部の地域を「大海の中にあり」と表現するであろうか。そのようなことはあり得ない、と私は思う。

第二は、すでに指摘されているように、「女王国より以北、その戸数・道里は得て略載《りゃくさい》すべきも、その余の旁国《ぼうこく》は遠絶《えんぜつ》にして得て詳《つまびら》かにすべからず」という記事とも矛盾する。すなわち、陳寿は「女王国より以北」に所在する倭の国々についてはその「戸数・道里」を略載できると述べているにもかかわらず、狗邪韓国については戸数が述べられていない。このことは陳寿が狗邪韓国を倭国の一国と認識していなかった有力な証左となし得る[5]。

第三の理由は、これもすでに指摘されていることだが、『魏志』韓伝に狗邪韓国を意味する弁辰《べんしん》狗邪国《くやこく》（慶尚南道の釜山・金海附近）が記載されていることである。すなわち狗邪韓国は倭国の一国ではなく、あくまで弁辰十二国のなかの一国とされているのである。だからこそ、その国名に「韓国」が付いているのである。

第四に、「倭の地」を「周旋五千余里ばかりなり」と記していることである。『魏志』倭人伝によれば、帯方郡より女王国（邪馬台国――この点については後述参照）までが「万二千余里」、同じく帯方郡より狗邪韓国までが「七千余里」であるから、「周旋五千余里」とは狗邪韓国の南岸から女王国（邪馬台国）までの距離をいっていることになる。そうすると、陳寿は狗邪韓国の南の海を倭の領域とみ、ここから倭の地が始まると考えていたのである。だからこそ陳寿は巨済島附近にあったとされる讀盧《とくろ》国[6]について、「倭と界を接す（與倭接堺）」（弁辰伝）と述べているのである。

このようにして狗邪韓国が倭の地ではないとすれば、「その北岸」の意味はいったい、どのように解釈すればよいのであろうか。この疑問についてもっとも明快に説いたのは、日野開三郎であろう。日野は昭和二七年（一九五二）に「北岸」という論文を発表した。[7]日野は、「其北岸」という言葉のうち、「其」は紛れもなく「倭」のことであるとし、一方、「北岸」の解釈をめぐっては、狗邪韓国は倭の領土とする説とそうではないとする説とが大きく対立しているとして論を進めている。

「今でもそうだが、当時にあっても釜山から北部九州にかけての地域には、海に生活の基盤をもつ人たちが沢山いた。そうした人たちの感覚では、『その北岸』という場合の感覚が、陸地で生計を立てているような人たちの感覚とは違っていた。したがって、『その北岸狗邪韓国』というのは、『倭と海を距ててその北岸』に当たる狗邪韓国の意味に理解すべきであろう」と。

「その北岸」が海からみた言葉、海の民に起源がある言葉かどうかはともかく、倭を中心にしてみた対岸のことを表現しようとすれば、このような表現も大いにあり得ると思う。こうした「北岸」の用例を裏づける史料がある。時期的にはかなり新しいものではあるが、『新唐書』地理志（一〇六〇年撰）における用例がよく知られているので紹介しておく。[8]

「……又西して硤《きょう》を出ず。三日にして葛葛僧祇国《かつかつそうぎこく》に至る。佛逝《ぶっせい》の西北隅の別島に在り。国人鈔暴することと多く、舶に乗る者これを畏憚す。其の北岸は則ち箇羅国なり」

ここにいう「其の北岸」とは「海を隔てた、北方の対岸」の意味にほかならない。ちなみに、九州の太宰府天満宮に保管されている『翰苑《かんえん》』のなかに引用されている『魏略』には「歴韓国、到拘耶韓国」とあって、「その北岸」という言葉は入っていない（図2右・20頁）。

ここで、いわゆる倭国連合の三〇国について吟味しておこう。『魏志』倭人伝の初めに、「今、使訳通ずる所三十国」とある。この三〇国とは具体的に、どの国々を指しているのか。『魏志』倭人伝にある倭の国々を列挙してみると、次のようになる。

対馬国・一支国・末盧国・伊都国・奴国・不弥国・投馬国・邪馬台国の八国と斯馬国・已百支国……烏奴国・奴国の二一国、合計二九国である。

すなわち、狗邪韓国をいわゆる倭国連合の一員として数のなかに入れなければ、総計三〇国にはならないのである。しかし、前述した理由により、狗邪韓国を倭国連合のなかに入れることには無理がある。

そうすると、三〇国とは二九国の誤りなのか、一国記述が漏れているのか、二九国以外に倭の国々を総称した倭国連合の名称（たとえば倭国）があったのか、などといろいろな疑問がわいてくる。今後の課題としておこう。

尺度と卑弥呼の墓

『魏志』倭人伝の基本的な問題の一つに、尺度《しゃくど》がある。距離の単位である尺度は時代によって少しずつ違っている。概して、時代が新しくなるにつれて長くなる傾向がある。文献史料・考古資料を参考に、魏の時代の一尺を約二四・三センチメートルとみておく（図8〜10）。藪田嘉一郎編訳注『中国古尺集説』（綜芸社、一九六九年）と山尾幸久『新版・魏志倭人伝』（講談社現代新書、一九八六年）などによる。

跬《き》という単位がある。片足だけを前に出した長さ、すなわち半歩の長さをいう。右足を出してさらに左足を出すと、歩く状態になる。これが歩《ぶ》である。すなわち、歩は跬の二倍である。そして、一里《り》は三〇〇歩《ぶ》、一歩《ぶ》は六尺《しゃく》である。

さて、魏晋代の一里はおおよそ四三七メートル程度である。ところが、『魏志』倭人伝に書かれている里数を今の地図にあてはめてみると、全く距離があわない。そこで、これ以外に別の長さの単位があったのではないか、という説もある。しかし、当時の尺度は前述のもの以外に考えるべきではないだろう。そうすると、現在わかっている正確な地形と距離をそのままあてはめて、『魏志』倭人伝の地理観や距離の里程を検討しようとする発想そのものに問題があることになる。現在の地図ではなく、『三国志』編纂当時に陳寿の手許にあったであろう地図を復元して考えなければならないということである。

『魏志』倭人伝による日本列島は、海南島を引き合いに出しているように、東北ではなく南方に長く延びた地理観だったと推測される。この地理観は明らかに間違っているのだが、陳寿がその

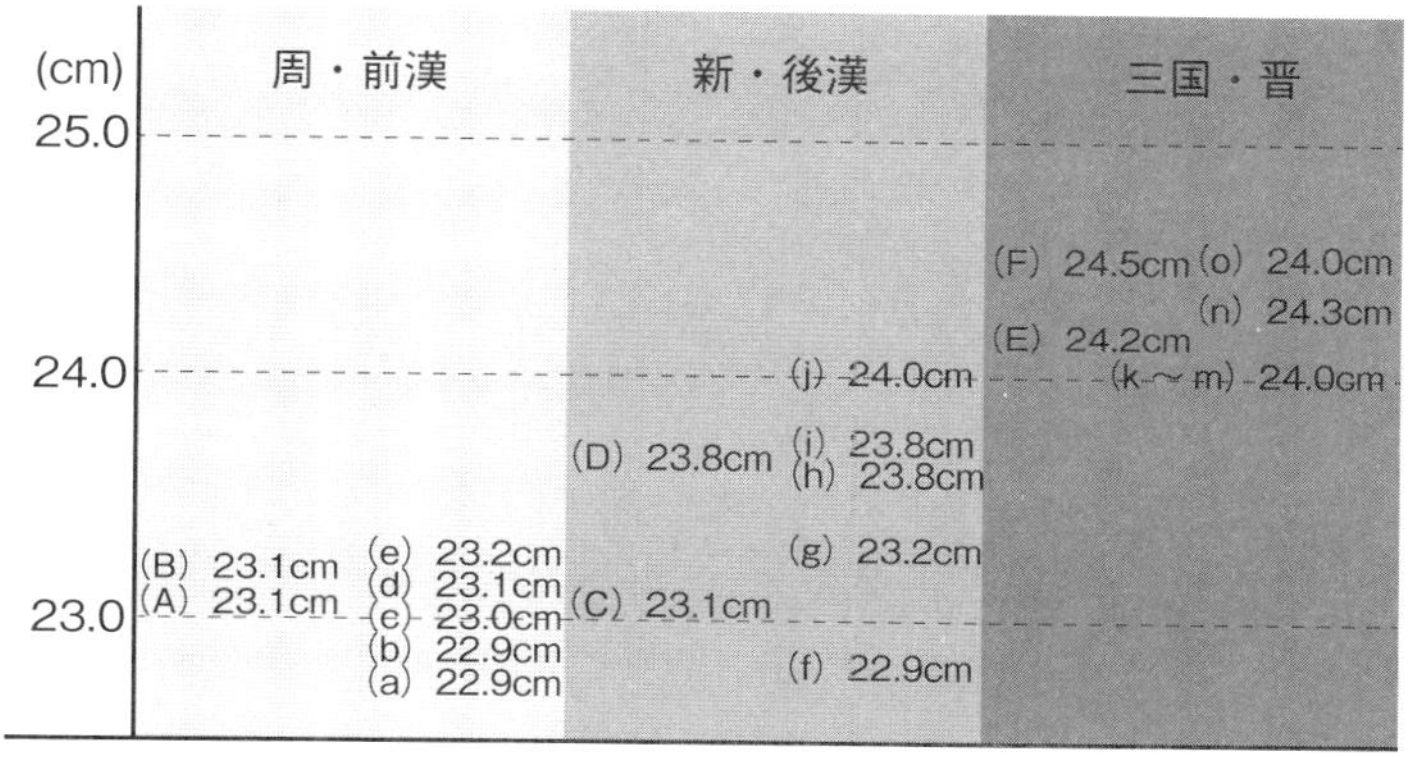

文献史料による一尺の長さ

(A) 周 (B) 前漢　(C) 新 (王莽) (D) 後漢　(E) 魏 (F) 東晋

出土資料による一尺の長さ (図9・10参照)

(e) 河北省中山靖王劉勝夫人墓
(d) 内モンゴル沙金套海M13
(c) 広西自治区貴県羅泊湾M1
(b) 内モンゴル納林套海M3
(a) 広東省広州市M5039
(j) 伝中国、金青石象嵌鉄尺
(i) 甘粛省嘉峪関新城M2
(h) 甘粛省嘉峪関新城M2
(g) 河南省洛陽市石橋M11
(f) 河南省洛陽市石橋M15
(o) 河南省洛陽西郊孫世蘭墓
(n) 弩器形青銅尺
(m) 広西自治区梧州市南朝墓
(l) 山東省鄆城市劉宝墓
(k) 遼寧省遼陽西晋墓

※経年変化によって、乾燥地出土の骨尺は縮小している可能性あり。逆に、湿潤地の木尺や鉄尺は膨張している可能性あり。
(c) この墓からは同寸法と思われる竹尺片も出土している。
(e) 劉勝夫人は太初元年 (紀元前104年) 死去。
(l) 劉宝墓には西晋「永康二年」(301年) 銘の墓誌あり。
(o) 孫世蘭墓には西晋「永寧二年」(302年) 銘の墓誌あり。

1里＝300歩＝600跬＝1800尺

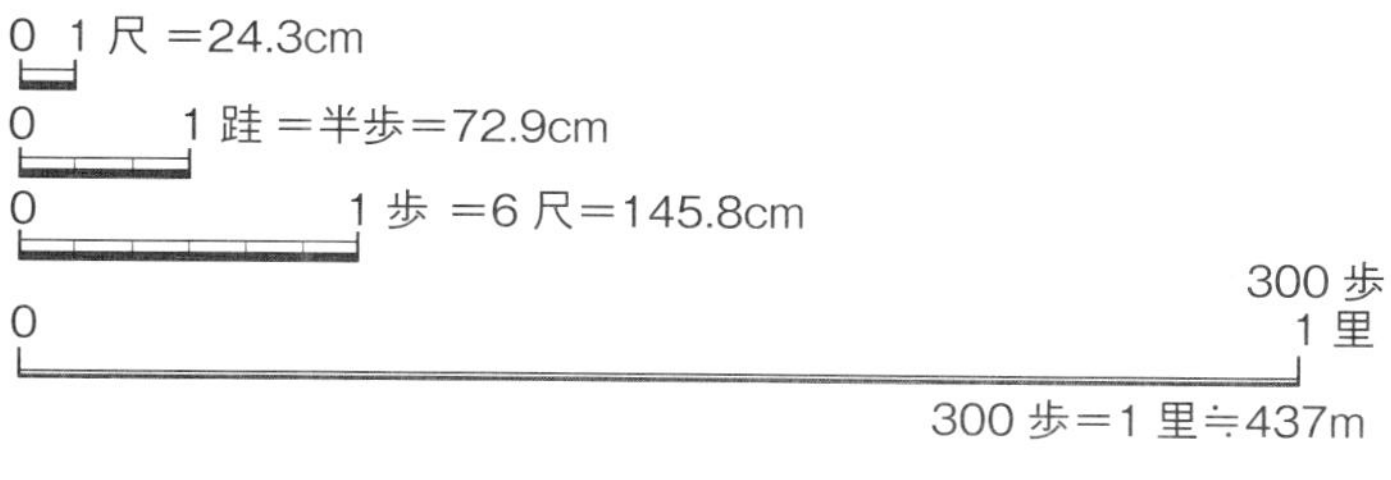

図8　文献史料・考古史料による一尺

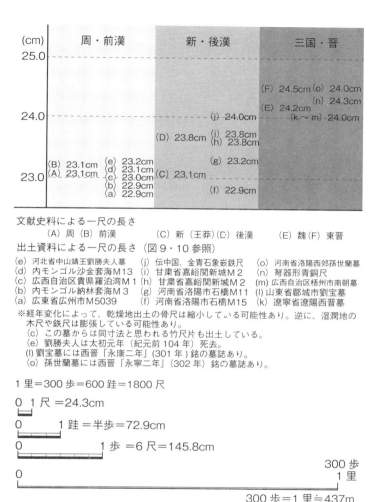

金象嵌鉄尺　河北省満城県中山靖王劉勝夫人墓（２号墓）
出土・紀元前 104 年頃・23.2cm　[(e)]

木尺・広西壮族自治区貴県羅泊湾１号墓出土・前漢代・23.0cm　[(c)]

青銅尺・河南省洛陽市石橋 15 号墓出土・後漢代・22.9cm　[(f)]

骨尺・河南省洛陽市石橋 11 号墓出土・後漢代・23.2cm　[(g)]

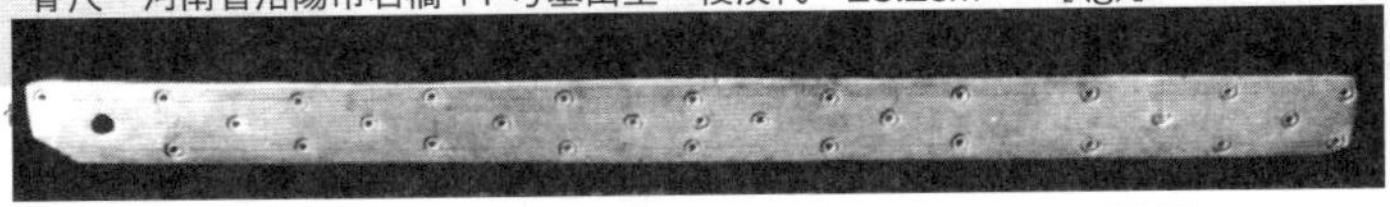

骨尺・甘粛省嘉峪関新城２号墓出土・後漢末～魏・23.8cm　[(h)]

骨尺・甘粛省嘉峪関新城２号墓出土・後漢末～魏・23.8cm　[(i)]

金青石象嵌鉄尺・後漢代？・24.0cm　[(j)]

弩弓形折尺・青銅尺　[(p)]
江蘇省邗江県甘泉鎮漢墓出土・後漢代・13.3cm

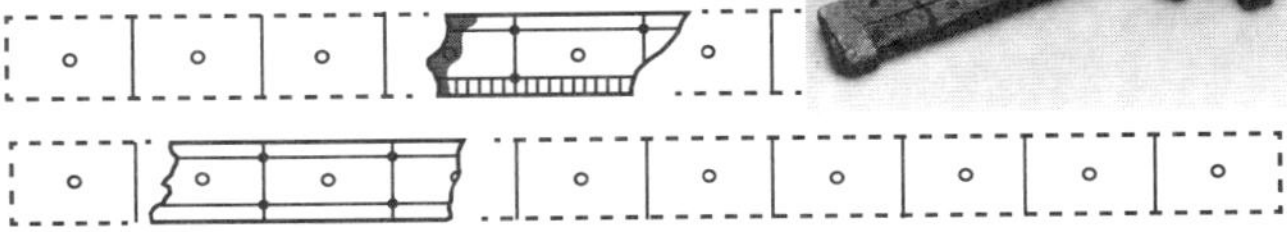

骨尺・河南省洛陽西郊孫世蘭墓（22 号墓）出土・302 年頃・24.0cm　[(o)]

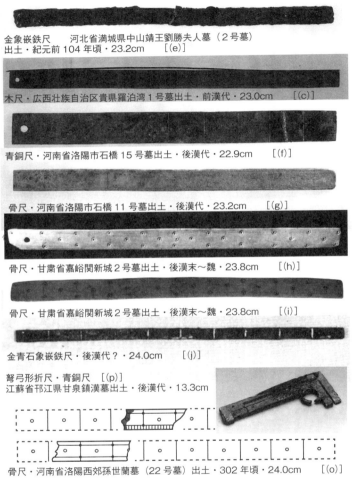

図9　古代の尺1

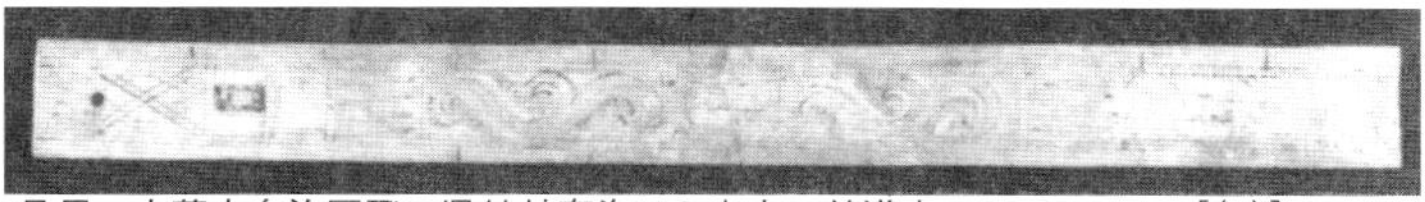

骨尺・内蒙古自治区磴口県納林套海M3 出土・前漢末・22.9cm　[(b)]

骨尺・内蒙古自治区磴口県沙金套海M13 出土・前漢末・23.1cm　[(d)]

青銅尺・広東省広州市M5039 出土・前漢・22.9cm　[(a)]

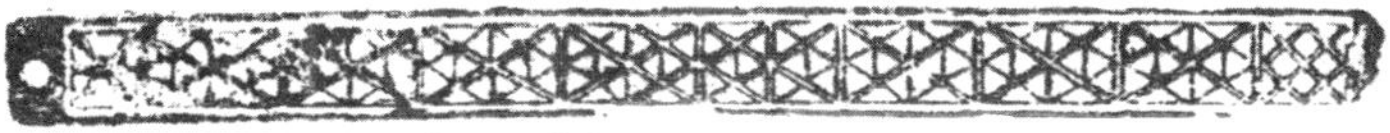

青銅尺・河南省潜山県古墓・後漢代・23.3cm

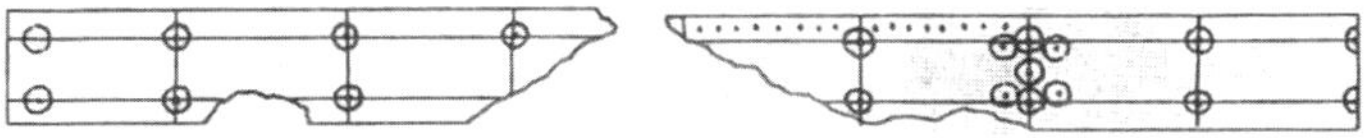

骨尺・山東省鄆城市西晋劉宝墓出土・301 年頃・24.0cm　[(l)]

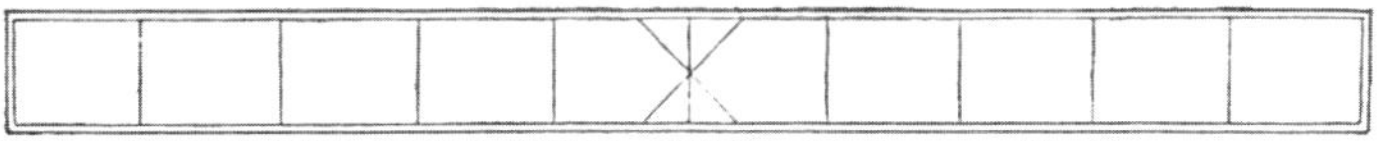

銅尺・広西壮族自治区梧州市南朝墓・東晋代・24.0cm　[(m)]

漆塗木尺(儀式用)・正倉院北倉・奈良時代・23.9cm　[(q)]

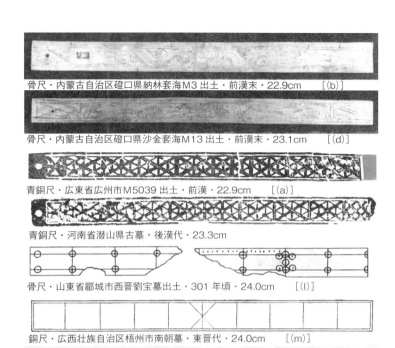

象牙尺・正倉院中倉・奈良時代・23.9cm [(r)]

※正倉院には儀式用の尺８本、計測用の尺７本、携帯用の小尺５本があり、いずれも一尺24.0cm 程度である。

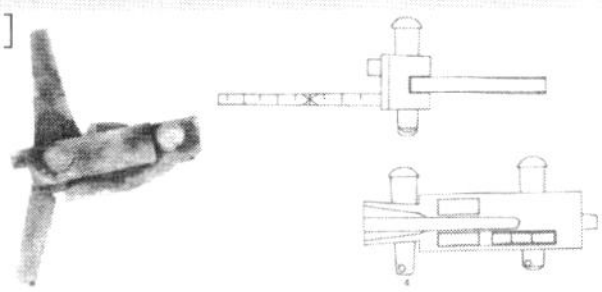

青銅尺(弩弓照準器)　[(n)]
南京市仙鶴M6 出土・東晋代・9.3cm

図10　古代の尺２

ように考えていたとすれば、その地理観を復元する必要がある。『魏志』倭人伝にある邪馬台国の位置も、陳寿の手許にあったであろう地図を基にして考えなければならない。陳寿の地理観の復元については、第五章で詳しく論じることとする。

さらに、尺度の問題は卑弥呼の墓の規模や形状にも影響する。『魏志』倭人伝の終わりのほうに、「卑弥呼以《もっ》て死す。大いに冢《ちょう》を作る。径百余歩《けいひゃくよぶ》、……」とある。卑弥呼の死去について、『北史』は「正始中、卑弥呼死す」と記す。正始は魏の少帝芳の年号（二四〇～二四八）である。『北史』が編纂されたのは唐（六一八～九〇七）の時代であって、正始から数百年後のことである。このことから考えて、『北史』の記述については、あまり信憑性があるとはいえない。

一方、『魏志』倭人伝には、「その（正始）八年、太守王頎《たいしゅおうき》、官に到る。倭の女王卑弥呼、狗奴国の男王卑弥弓呼《ひめくこ》と素《もと》より和せず（あるいは卑弥弓呼素と和せずか）。……」とある。この記事により正始八年（二四七）には卑弥呼はまだ生存していたことが確認される。おそらく正始八年からあまり隔たらない頃、すなわち三世紀の半ば前後に卑弥呼は亡くなったと推測される。

卑弥呼が亡くなり、「大いに冢を作る」ということが行われた。その大きさは「径百余歩《ぶ》」であったという。「百余歩」というのは一〇〇歩《ぽ》余り歩いた距離という意味ではない。『三国志』における「歩」は明らかに距離の単位であって、「径百余歩」とは径一五〇メートル前後である。

『魏志』倭人伝によると、卑弥呼の死後男王が立ったが、国中服さず、たがいに誅殺しあい、当時一〇〇〇余人を殺したという。そこで卑弥呼の宗女（一族の女性）で年一三歳の台与を立てて王とした。すると、国中がついに治まったという。

この記事から次のようなことが読み取れる。当時、邪馬台国連合には男王派と卑弥呼派の二つの派閥があったこと。卑弥呼の死後、男王派が連合体を主導したこと。しかしその後、この体制を不服とする卑弥呼派が勢いを盛り返し、争乱となったが、卑弥呼派から女王が立てられ、ようやく戦乱が終息したこと。

この間、卑弥呼の墓の造営はどのようになっていたのであろうか。『日本書紀』などの記事を参考にすると、その造営は戦乱中も継続されていた可能性が大きいと考えられる。

天智天皇が崩御した翌年の六七二年五月、大海人皇子の舎人《とねり》であった朴井連《えのいのむらじ》雄君《おきみ》が皇子に次のような報告をした。

「臣《しん》、私事《わたくしごと》有《あ》るを以ちて、独《ひと》り美濃《みの》に至れり。時に朝庭《みかど》、美濃・尾張両国司《をはりふたつのくにのみこともち》に宣《の》りて曰《のたま》はく、『山陵《みさざき》造《つく》らむが為《ため》に、予《あらかじ》め人夫《えのたみ》を差し定めよ』とのたまふ。則《すなは》ち人毎《ひとごと》に兵《つはもの》を執《と》らしむ。臣の以《お》為《も》はく、山陵を為《つく》るには非《あら》じ、必ず事有《ことあ》らむと。若《も》し早《すむやけ》く避《さ》りたまはずは、当《まさ》に危《あやふ》きこと有らむか、とまをす」

この記事は、山陵（天智天皇の陵墓）を造営するために徴発した人夫に武器をもたせば、直ちに兵力になり得たことをよく伝えている。

また、あくまでも一つの伝承ではあるが、『日本書紀』神功皇后摂政元年条にも次のような記事がある。仲哀天皇の皇子の麛坂王《かごさか》（『古事記』では香坂王《かごさか》）・忍熊王《おしくま》は、神功皇后とその皇子（のちの応神天皇）が穴門《あなと》（山口県）から倭へ向うところを播磨で待ち構え、彼らを打倒して皇位に即くことを狙っていた。そのとき二王は、次のような行動を起こしたという。

「乃《すなは》ち天皇の為《みため》に陵《みさざき》を作ると詐《いつは》り、播磨《はりま》に詣《いた》りて、山陵を赤石《あかし》に興《た》つ。仍りて船を編《あ》みて淡路島《あはぢのしま》に絙《わた》し、其《そ》の島の石を運びて造る。則《すなは》ち人毎《ひとごと》に兵《つはもの》を取らしめて、皇后を待つ」

この話もまた、山陵を造営している人夫に武器をもたせば直ちに兵力になり得たことを示している。

そうすると、卑弥呼の死後、卑弥呼派が戦乱に備えて人びとを動員し、冢の造営を通じて軍事力を増強していたことが推察される。そして、やがて男王派を打倒、台与が倭王に推戴される、といった状況を読み取ることもできる。この場合、冢の造営は必ずしも短期間でなされたとは限らない。したがって、冢の完成を卑弥呼が死去した直後とみる必要もない。なお、『魏志』倭人伝は、男王を立てる前に「大いに冢《つか》を作る。径百余歩、徇葬《じゅんそう》する者、奴婢《ぬひ》百余人」と記している。しかし、この記事は卑弥呼の死去に関連した事項としてこの条に記されているのであって、男王を立てた記事と時間的系列で読むべきではない。

「径百余歩」の冢を造るのにどれほどの期間を要したかは不明である。しかし、かなりの年数を要したであろうことは想像に難くない。男王が立てられたのちも、卑弥呼派はその後継者としての正統性を示すことと軍事力の維持・増強のために、冢の造営を継続し、男王派と対峙していたことが考えられる。なお、先王の奥津城《おくつき》の造営と葬送儀礼の執行は、後継者にとって責務であり、かつ正当性の証明でもあったと思われる。

このようにみてくると、卑弥呼の冢の完成は台与の時代、すなわち三世紀後半代であった可能性がもっとも大きいことになる。私は、三世紀の第Ⅲ四半期頃とみるのが妥当と考えている。

さて、三世紀後半で直径一五〇メートル前後の墓となると、箸墓《はしはか》古墳が注目される（図29・191頁参照）。周知のように、箸墓古墳は奈良県桜井市大字箸中字箸塚山にある前方後円墳で、現在は倭迹迹日百襲姫命《やまとととびももそひめのみこと》の大市墓《おおいちばか》として宮内庁《くないちょう》が管理しており、墳丘は発掘調査されていない。したがって、造営当初の正確な墳丘規模はわからないが、墳丘長二八〇メートル前後、後円部の直径一五六メートル前後と推定されている。前方後円墳の前方部は葬送《そうそう》儀礼《ぎれい》を行う附属的な場所で、後円部こそが純粋な意味での埋葬施設のある墓と考えるならば、箸墓古墳は『魏志』倭人伝の記述の寸法とあってくる。また、築造時期についても矛盾がない。

他に箸墓古墳に次ぐ規模の古墳の候補としては、奈良県天理市の西殿塚《にしとのづか》古墳くらいしかない。西殿塚古墳は奈良県天理市中山町字西殿塚にある前方後円墳で、この古墳も手白香皇女《たしらかのひめみこ》の衾田陵《ふすまだりょう》として宮内庁が管理しているので墳丘の詳細はわからない。おおよそ、墳丘長二三四メートル、後円部の直径一三五メートルとされる。しかし、この後円部の大きさは「径百余歩」に達しない。また時期についても箸墓古墳よりやや下り、卑弥呼の冢としてふさわしくない。

以上は、邪馬台国の所在地論を全く無視した議論である。邪馬台国が九州にあったとすれば、このような議論は成り立たない。ところが、九州にかぎらず他の地方においても直径一五〇メートル前後の古墳や弥生墳墓はない。したがって九州説に立てば、『魏志』倭人伝にある卑弥呼の墓の規模は議論できないということになる。九州説に倭人伝の冢についての記事を誇張とみなす研究者が多いゆえんである。

第三章

邪馬台国への道程

『魏志』倭人伝には、帯方郡から邪馬台国までの道程記事がある。この記事の読み方次第で、邪馬台国の所在地が大きく変わってしまう。道程記事の読み方には、大きく分けて連続式読み方と放射状式読み方の二種類がある。連続式読み方とは帯方郡から邪馬台国に至る諸国が数珠状に一本の道程だったという解釈である。これに対し、放射状式読み方とは帯方郡から伊都国までの諸国が数珠状に一本の道程でつながるものの、そこから先の諸国は伊都国からの方位と距離が示されたもので、諸国は伊都国との位置関係を示したものだ、という解釈である。

以下、これら二つの読み方のそれぞれについて検討する。さらに、邪馬台国の所在地に関する諸問題についても意見を述べたい。

連続式読み方による道程

帯方郡から邪馬台国までの道程を、連続式読み方で示すと図11のようになる。『魏志』倭人伝は帯方郡から不弥国まで、里数で距離を表す。これに対し、不弥国から邪馬台国までは日数によっ

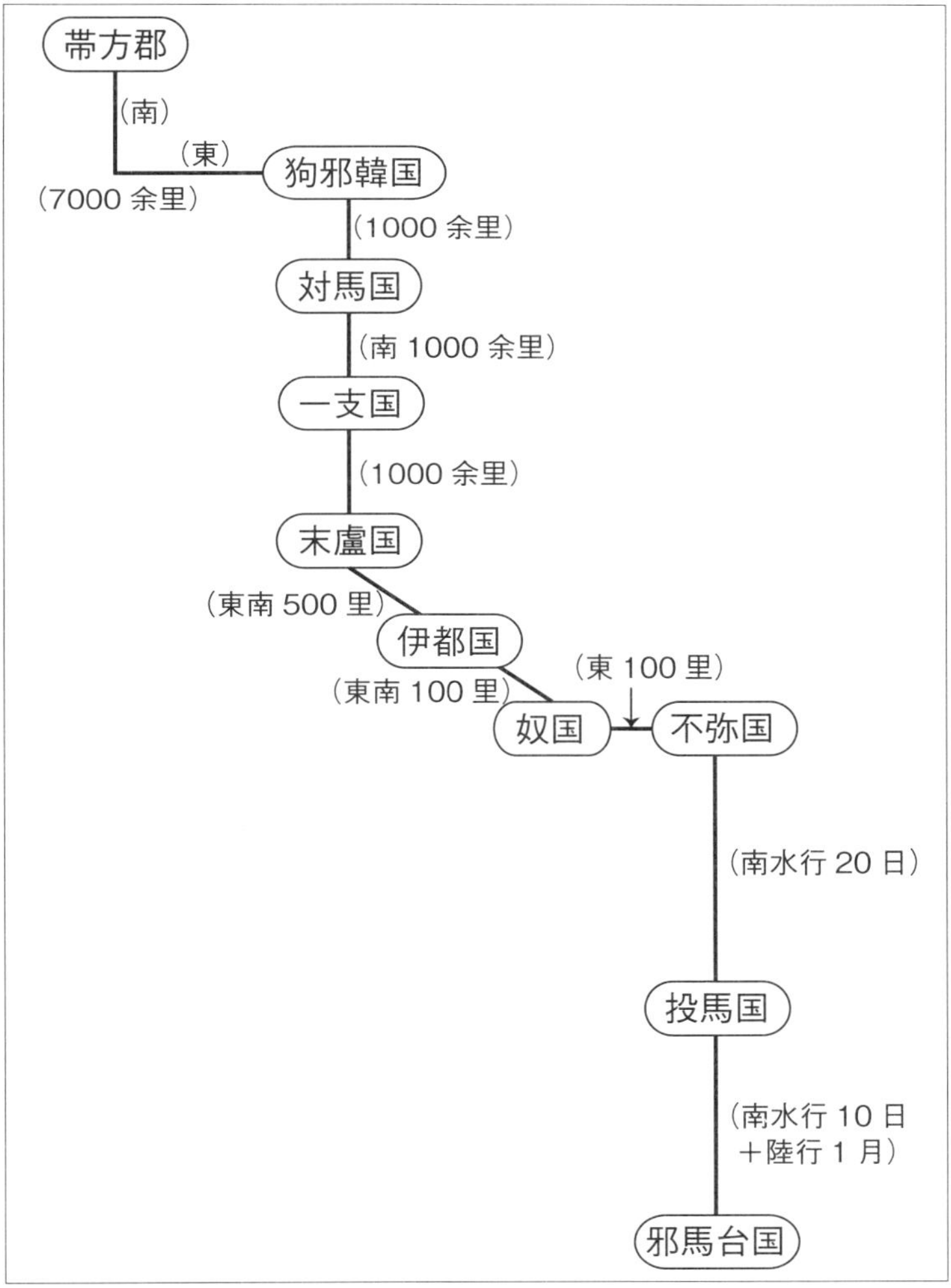

図11　邪馬台国への道程（連続式の読み方）

て距離が表されている。したがって、前者と後者を分けて検討する。

『魏志』倭人伝は「郡（帯方郡）より倭に至るには、海岸に循《したが》って水行し、韓国を歴《へ》て、乍《しばらく》は南し乍は東し、その北岸狗邪韓国に到る七千余里」とある。帯方郡から狗邪韓国間の距離は七〇〇〇余里とされる。前章に示したとおり、魏の一里を約四三七メートルとすれば、七〇〇〇余里とは三〇〇〇キロメートル以上に相当する。しかし実際には、現在の平壌《ピョンヤン》（楽浪郡）やその南方の黄海道鳳山郡あるいはソウル附近（帯方郡）から、釜山《ぶさん》・金海《きんかい》近郊の半島南端までの距離は八百数十キロメートル程度である。とても三〇〇〇キロメートルにはならない。

『魏志』韓伝は、三韓について、「韓は帯方の南に在り、東西は海を以《も》って限りと為《な》し、南は倭と接す。方四千里可《ばか》り」と記す。これは前述の七〇〇〇余里とおおよそ整合する。すなわち、当時の中国においては、朝鮮半島は実際よりもかなり大きな地域と認識されていたのである。

次に、狗邪韓国～対馬国～一支国～末盧国間の距離である。狗邪韓国は釜山・金海の附近、対馬国は対馬島、一支国は壱岐島、末盧国は肥前松浦郡（佐賀県東松浦半島附近）と考える。それぞれ一〇〇〇余里、すなわち四三七キロメートル余りとされる。これらについても実際は、いずれもかなり短い距離である。

次に、末盧国～伊都国は五〇〇里、すなわち約二一九キロメートルとなっている。末盧国の中心とされる集落遺跡はよくわかっていないが、弥生時代後期の王墓は唐津市の桜馬場《さくらのばば》遺跡とされる（図20・112頁参照、以下も同じ）。伊都国は怡土《いと》郡（福岡県糸島半島附近）に比定されている。その中心は、糸島市井原《いわら》遺跡・三雲《みくも》遺跡である。弥生時代中期の王墓が三雲南小路《みなみしょうじ》遺跡、後期の王墓が井原鑓溝《やりみぞ》遺跡、終末期の王墓が平原《ひらばる》遺跡で発見されている。出現期の前方後円墳は糸島半島の御道具山《おどうぐやま》古墳で、その後一貴山銚子塚《いっきさんちょうしづか》古墳が築造されている。

これらの遺跡間の距離はおおよそ三〇～四〇キロメートルしかない。したがって、この五百里というのも非常に誇張された数字ということになる。

次に、奴国である。先述のとおり、博多の平野部附近とされ、中心となる集落遺跡は那珂《なか》遺跡・比恵《ひえ》遺跡・須玖岡本《すくおかもと》遺跡などである。出現期の前方後円墳は那珂八幡《なかはちまん》古墳である。また、海岸部の藤崎《ふじさき》遺跡方形周溝墓《いせきほうけいしゅうこうぼ》群からは三角縁神獣鏡や素環頭大刀《そかんとうたち》などの豊富な副葬品が発見されている。近年、奴国を貫く幅七メートルの直線道路が整備されていたことが発掘成果によりわかってきた。遺構は一・五キロメートルほど確認されている。『魏志』倭人伝は伊都国～奴国間を一〇〇里と記すが、三雲遺跡から須玖岡本遺跡までの距離は一八キロメートル程度である。

次に、奴国から「東行、不弥《ふみ》国に至る百里」とある。四四キロメートル程度である。ここまでは国間の距離が里数で示されている。福岡県には宇美《うみ》町があり、古くからこの周辺が不弥国と推定されてきた。ところが、国の中心となる発達した集落はみつかっていない。それで、西側の飯塚平野あたりという説もある。飯塚市立岩《たていわ》遺跡で弥生時代中期の王墓とされる豊富な中国鏡を副葬した甕棺墓群が発見されている。ただし、この遺跡についても、中心は弥生時代中期で、三世紀には及ばない。

結局、帯方郡から不弥国までの間の里数は、合計で一〇七〇〇余里とされている。

不弥国～投馬国～邪馬台国については、里数でなく、水行および陸行の日数・月数によって距離が表されている。そこで、日数を里数に換算する必要がある。そのために、一日当たり何里の速度で水行および陸行がなされたかを推定してみることとしよう。

『三国志』の『魏志』明帝紀《めいていき》には、洛陽から四〇〇〇余里離れた遼東半島の公孫淵《こうそんえん》を攻撃しようとした際、「往《い》くに百日、攻めるに百日、還《かえ》るに百日」という記述がある。これからみると、軍隊の移動は一日当たり四〇里ということになる。また、『後漢書』南蛮伝には、「軍行は三十里を程となす」とある。少し時代は下るが、『唐六典《とうりくてん》』から復原される唐の公式令行程条には「歩及び驢《ろ》は一日五十里」とある。ここでは邪馬台国時代のことを記している『魏志』明帝紀の記述を重視して、一日当たり四〇里程度とみておこう。

一〇世紀のわが国の朝廷の儀式書に『延喜式《えんぎしき》』(律令の施行細則で、九二七年成立)がある。この巻二四主計上には、各国から平安京に調《ちょう》を運ぶのに要する往復の標準日数が記されている。ただ、海路の場合、これが(a)往路の日数を示しているのか[1]、(b)往復路の日数を示しているのか[2]、両説があって、必ずしも決着しているわけではない。そこで小論では、これら両説のそれぞれの場合について考えてみることにする。

ここでは仮に太宰府から平安京までの行程を例にとると、(a)説の場合、海路の速度は陸路の速度の約〇・九倍で、(b)説の場合は約一・三七倍である。これによって伊都国から邪馬台国までの距離を計算してみる。(a)説の場合は約一〇八〇キロメートルとなり、(b)説の場合は約一三三〇キロメートルとなる。とすると、邪馬台国は沖縄島よりさらに南方に位置していたことになる。

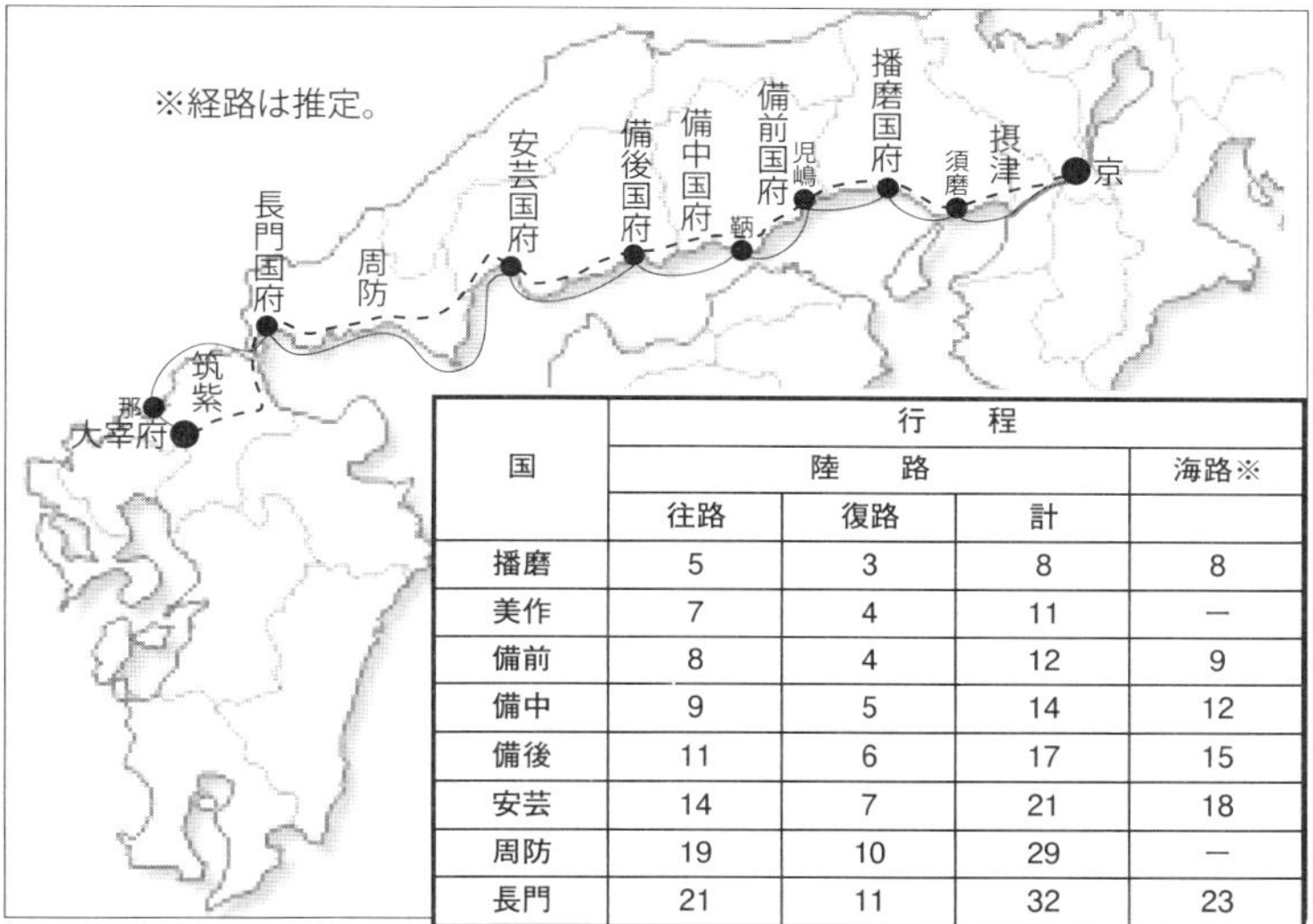

国	行程			
	陸路			海路※
	往路	復路	計	
播磨	5	3	8	8
美作	7	4	11	—
備前	8	4	12	9
備中	9	5	14	12
備後	11	6	17	15
安芸	14	7	21	18
周防	19	10	29	—
長門	21	11	32	23
太宰府	27	14	41	30

※海路の日数については往路とする説と往復路とする説の二説がある

図12　平安京へ調を運ぶのに要する日数（延喜式による）

もちろん、これはあくまで外国史料や平安時代の史料に基づいて出したごく大雑把な結論であるから、その立論の根拠が不十分であることは重々、承知している。それにもかかわらず、あえてこのような計算を行ったのは、邪馬台国が北九州よりはるか南方にあったと陳寿が認識していたことを示すためである。

一方、『魏志』倭人伝には「郡より女王国に至る万二千余里」、さらに「その道里を計るに、当に会稽《かいけい》の東冶《とうや》の東にあるべし」とある。会稽郡東冶県は、台湾の対岸にある福建省閩候《びんこう》流域（福州市）附近である。この地の東方に日本列島が連なっていると陳寿は考えていたことになる。先に説明したとおり、倭の風俗について述べた箇所には「有無する所、儋耳《たんじ》・朱崖《しゅがい》と同じ」とある。儋耳・朱崖は中国最南端の海南島の地名である。

結局、現在の地図でいうならば、九州よりずっと南方の海のなかにある島に邪馬台国はあったと、陳寿は考えていたことになる。なお、私は邪馬台国と女王国は同一と考えているが、これについては後述する（65～67頁）。

ちなみに、『魏志』倭人伝は「倭の地を参問《さんもん》するに、海中洲島の上に絶在し、あるいは絶えあるいは連なり、周旋《しゅうせん》五千余里ばかりなり」と記している。「周旋」という言葉を「女王国に至るまでの島々を巡る」という意味に解釈すると、帯方郡～女王国は一二〇〇〇余里（a）、帯方郡～狗邪韓国は七〇〇〇余里（b）、周旋は五〇〇〇余里（c）となる。各里程の間に、a－b＝cという等式が成り立つ。ただし、ここにある一二〇〇〇という数字が、はたして信頼できる数字であるかどうか、これが問題である。この点についてはのちにくわしく検討する。

放射状式読み方による道程

図13は榎一雄《えのきかずお》の『邪馬台国』（至文堂、一九八〇年）[3]で述べられている道程説に基づいて描いた。ただし、放射状式読み自体は榎説以前からあり、また榎自身も別途早くからこの説を提唱していることを附記しておく。[4]

榎説を簡単に紹介すると次のとおりである。『魏志』倭人伝の道程記事は、伊都国までと伊都国以降とでは、書き方が少し違っている。すなわち、伊都国に着くまでの道程は、方位・距離・国名という順番で書かれている。ところが、伊都国からあとの道程は、方位・国名・距離という順

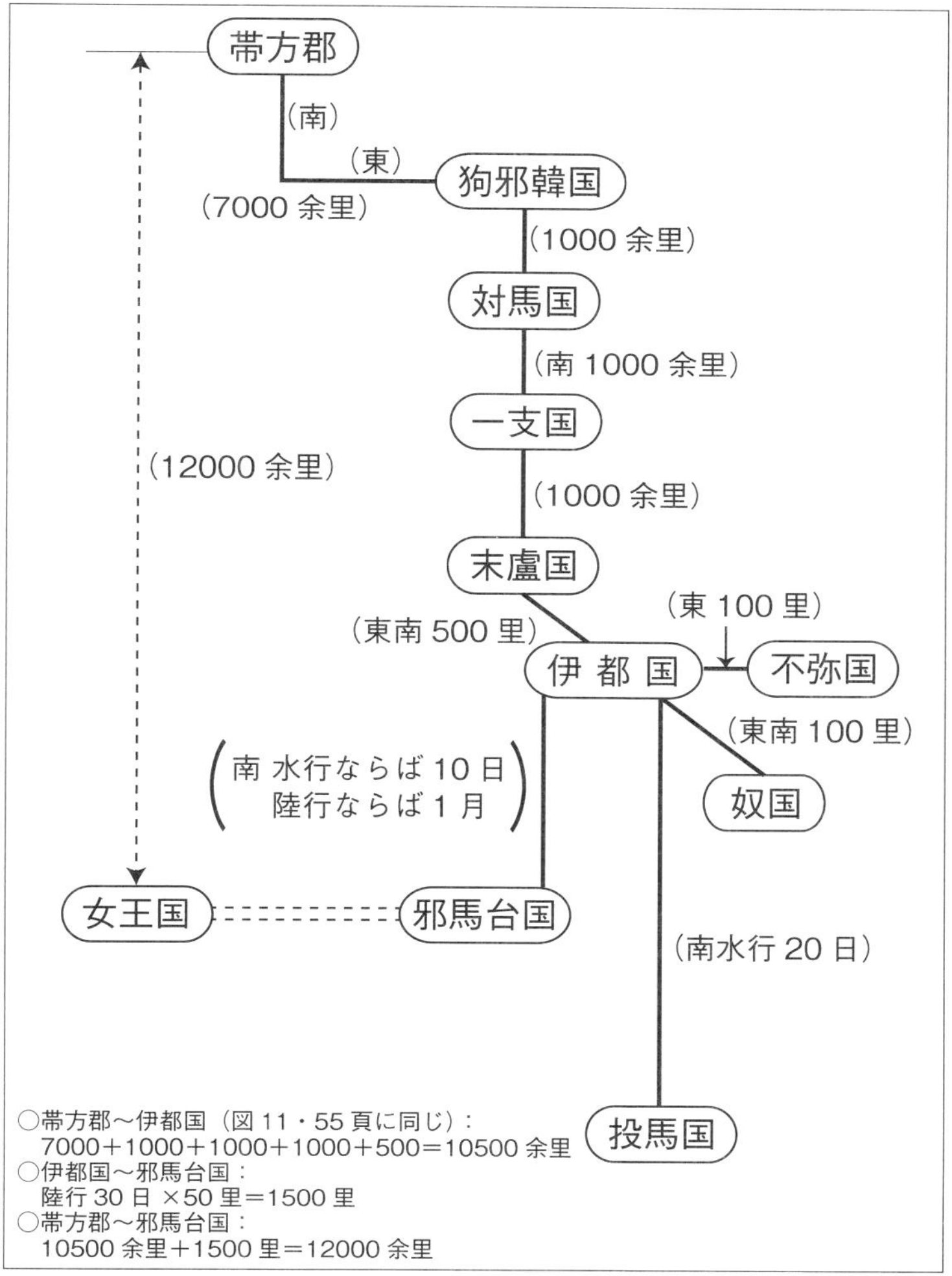

図13　邪馬台国への道程（放射状式の読み方Ⅰ）

番で記している。『漢書』西域伝や『新唐書』地理志などを参考にすると、方位・国名・距離という順番で書かれている場合には、その前の国（ここでは伊都国）を起点として、ここから各国までの方位と距離を示している。

『魏志』倭人伝には「東南陸行五百里にして、伊都国に到る。……郡使の往来常《おうらいつね》に駐《とど》まる所なり」とある。つまり、伊都国までやってきた帯方郡使は、ここから先へは進まず、伊都国に駐まっていた可能性が大きい。そうすると、伊都国以降の記事は、不弥国・奴国・邪馬台国・投馬国の諸国に対して、伊都国からの方角と距離を示していると解釈することができる、という。

以上が榎説の概要である。この榎説における重要なポイントは、次の三点である。

第一に、魏の郡使は、一大率のいた外交上重要な拠点である伊都国から先には進まなかった。したがって、郡使は邪馬台国までは行っていない。

第二に、魏から女王卑弥呼に賜った文書や品物などは、伊都国から邪馬台国まで伝送された。邪馬台国からの返礼があるまで、魏使は伊都国に駐《とど》まっていた。

第三に、伊都国以下邪馬台国までの国々を示す記事は、伊都国における伝聞に基づいた記事である。また、伊都国以下邪馬台国までの国々の位置を示す記事は、伊都国を起点として記述されたものである。

以上に基づいて描いたのが図13である。この場合も、帯方郡~伊都国間については連続式読み方である。

『魏志』倭人伝には、邪馬台国について、「水行十日、陸行一月」とある。榎はこれを、「水行すれば一〇日、陸行すれば一月」と解釈した。このような解釈は志田不動麿の「邪馬臺国方位考」(『史学雑誌』三八‐一〇、一九二七年)にもみえている。

そして、『唐六典』によると、陸上の歩行は一日に五〇里とされているから、一月では一五〇〇里である。一五〇〇里というのは、対馬～一支国の一・五倍くらいの距離に相当する。ちなみに、『唐六典』とは、唐代玄宗《げんそう》皇帝の開元《かいげん》年間(七一三～七四一)の官職を基準に、その職掌に関する律令格式、および勅《ちょく》などの諸規定を分類し編集した書で、三〇巻からなる。

さて、帯方郡～伊都国は一〇五〇〇余里、伊都国～邪馬台国は陸行一月で一五〇〇里、これらを合計すると、帯方郡～邪馬台国は一二〇〇〇余里となる。邪馬台国と女王国を同一と考えれば、この距離は「郡より女王国に至る万二千余里」という『魏志』倭人伝の記述にあってくる。そうして、榎は邪馬台国の所在地について、筑後の山門郡《やまとぐん》がその発祥の地で、「それが発展した結果、三国時代には御井附近(現福岡県久留米市――塚口)に中心が移り、筑紫平野一帯が邪馬台国と呼ばれていたのではあるまいか」としている。

筑後の山門郡は邪馬台国九州説における有力な候補地の一つである。なかでも榎説は、邪馬台国までの道程の里数がうまくあってくることから、邪馬台国九州説のなかでもとりわけ有力な学説として定着している。

榎説の難点

しかし、私は榎説は成り立たないと考えている。これまでに検証されてきたことを含め、私なりに榎説の難点をまとめてみると、以下のようになる。

（一）まず、『魏志』倭人伝には、次のような記述がある。①対馬国・一支《いき》国・末盧《まつら》国・伊都《いと》国・奴《な》国・不弥《ふみ》国・投馬《つま》国・邪馬台国の八国についての、戸数・道里の記事。②「女王国より以北、その戸数・道里は得て略載すべきも、その余の旁国《ぼうこく》は遠絶にして得て詳かにすべからず」③「次に斯馬《しま》国あり、次に已百支《いはき》国あり、……次に烏奴国あり、次に奴国あり」（「その余の旁国」とされるこれら二一国については戸数・道里等の記載がなく、国名だけしか記されていない）

これらの記事からみて、戸数・道里の記されている①の八国は、女王国すなわち邪馬台国より北になければならないはずである。ところが、図13によると、投馬国は邪馬台国よりも南に位置している。これは明らかに『魏志』倭人伝の記述と矛盾している。実は、榎自身もこの点が問題であるという認識をもち、論文のなかで次のように記している。

「たゞ以上の如く推定して、やゝ困難と感ぜられるのは、倭人伝の本文には投馬国を女王国（即ち邪馬臺国）以北にある女王の領域の一つである如く記しているのに、私の解釈では投馬国は女王国より遥か南方の、狗奴国を隔てゝ女王の統御の届かない筈の、南九州の一地になってしまふことである。私はこれは魏使の問に答へた倭人が、伊都国より達せられる（又は伊都国と交渉のあった）もっとも南方の国として投馬国を挙げたのを、魏使が十分理解せず、女王の領属で、邪馬臺国より以北にある如く考へてしまった結果であらうと解釈するのであるが、如何であらうか」[5]

（二）次に、榎は「水行一〇日、もしくは陸行一月」と解釈している。陸・海路の速度についての倭国における同時代史料が全くないため、その実態は不明といわざるを得ない。だが、いくら陸路が整備されていなかったとはいえ、海路の三倍もの日数を要したというのは考えにくいことである。この点についてはすでに私見を述べたが、またのちにも少し触れる（第五章101頁以下参照）。したがって「水行もしくは陸行」と読むのは疑問である。「水行一〇日、さらに陸行一月」が素直な読み方であろう。

（三）榎説では、投馬国のほうが邪馬台国より遠いところにあったことになる。ところが、『魏志』倭人伝は投馬国の次に邪馬台国を記す。なぜこの箇所だけ遠い国のほうから先に記しているのか、不自然である。

（四）『魏志』倭人伝には、「南、投馬国に至る水行二十日」とのみあって、陸行の記載がない。投馬国の比定地についてはいくつかの説があるが、いずれの説を採ってみても、水行だけではなく、陸行も可能である。もし邪馬台国までの道程が「水行一〇日、もしくは陸行一月」であったとすれば、投馬国の場合も陸行の記載があって然るべきである。このようにみてくると、邪馬台国への道程は「もしくは」ではなく、「さらに」の意味に理解されるべきであろう。

以上を要するに、放射状式の読み方そのものは問題ないものの、「水行一〇日、もしくは陸行一月」という読み方については矛盾があるということである。

「女王国」の意味

『魏志』倭人伝にある「女王国」が邪馬台国と同一とみてよいかどうか、古くから議論されている。これについて考察してみよう。

『魏志』倭人伝には、全部で五回、「女王国」という言葉が使われている。

①「東南陸行五百里にして、伊都国に到る。官を爾支《にき》といい、副を泄謨觚《せつぼこ》・柄渠觚《へいきょこ》という。千余戸あり。世々王あるも、皆女王国に統属す。郡使の往来常に駐まる所なり」

②「女王国より以北、その戸数・道里は得て略載すべきも、その余の旁国は遠絶にして得て詳かにすべからず」

③「郡より女王国に至る万二千余里」

④「女王国より以北には、特に一大率《いちだいそつ》を置き、諸国を検察せしむ」

⑤「女王国の東、海を渡る千余里、また国あり、皆倭種なり」

従来、邪馬台国と女王国とはそれぞれ別の国、あるいは別の範囲を指しているとする考え方が牧健二をはじめ、多くの研究者によって説かれてきた。[6] その一例として、水野正好の説を紹介する。[7]

③によると、帯方郡〜女王国は一二〇〇〇余里である。帯方郡〜不弥国は一〇七〇〇余里であったので、これを差し引いた約一三〇〇里が不弥国〜女王国の距離となる。

不弥国は、先に示したとおり、福岡県宇美町を含む西の飯塚市か、と考えられる。いずれにせよ北部九州におさまるので、「女王国」はその外側約一三〇〇里である。そうすると、九州島にはおさまりきらず、南に陸地はないので、本州の西端、現在の山口県からその東側と考えざるを得ない。一大率の設置など、ほかのいくつかの根拠も合わせて、水野説では現在の山口県から宮城県辺りまでが「女王国」の範囲であったとする。そして、その「女王国」の中心にあったのが邪馬台国であるとする。すなわち、邪馬台国と「女王国」とは同じではないという考え方である。

　そこで改めて水野説をみると、「郡より女王国に至る万二千余里」ということを信じ、これを前提として計算している。この点は、榎説も同じである。また、郡から不弥国まで一〇七〇〇余里ということも信じて説を立てている。しかしながら、そもそもこの一二〇〇〇余里とか一〇七〇〇余里といった数字が、本当に信じられる数字であるかどうかが問題である。

　これに対し、西嶋定生は「女王国」と「邪馬台国」を同一と考える立場に立ち、私もこの説に賛同している[8]。

　ここでは、先に示した①～⑤を参考にしながら考察を進めよう。

　まず、②から戸数・道里の略載されている国々は、「女王国」より以北にあった。したがって、邪馬台国を除く対馬国・一支国・末盧国・伊都国・奴国・不弥国・投馬国の七国は「女王国」には含まれない。

　同じく②から戸数・道里の略載されていない二一国は「女王国」の「旁国」である。したがって、斯馬国以下の二一国も「女王国」には含まれない。

　そうすると、以上の二八国以外で記されている国は、邪馬台国以外にはない。つまり、「女王国」とは邪馬台国を指しているとしか解釈できない。そして、③～⑤はいずれも「女王国」を邪馬台国とみる考え方を否定するものではないし、また別の国であったことを証するものでもない。

　以上のことから、「女王国」と邪馬台国は同一と考えることができる。邪馬台国の王が女王であったことから、邪馬台国の別称として「女王国」の名称が使われたものと考えられる。

「倭国」の意味

それでは、『魏志』倭人伝の「倭国」とは何を意味しているのだろうか。『魏志』倭人伝は、次の箇所に「倭国」あるいは「倭王」という言葉をつかう。

①「その国、本また男子を以て王となし、住まること七、八十年。倭国乱れ、相攻伐《あいこうばつ》すること歴年、乃《すなわ》ち共に一女子を立てて王となす。名づけて卑弥呼という」

②「王、使を遣わして京都《けいと》・帯方郡・諸韓国に詣り、および郡の倭国に使するや皆津《みなつ》に臨《のぞ》みて捜露《そうろ》し、文書・賜遺の物を伝送して女王に詣らしめ、差錯《ささく》するを得ず」

③「正始元年、太守弓遵《きゅうじゅん》、建中校尉梯儁《ていしゅん》等を遣わし、詔書・印綬を奉じて、倭国に詣り、倭王に拝仮し、ならびに詔をもたらし、金帛《きんはく》・錦罽《きんけい》・刀・鏡・采物《さいぶつ》を賜う。倭王、使に因って上表し、詔恩を答謝す」

①〜③から、次のことがわかる。①により、卑弥呼は「倭国」の女王であったことがわかる。②により、魏は「倭国」に使者を派遣していたのであって、邪馬台国（女王国）に派遣していたわけではない。交渉の相手はあくまで「倭国」であったことがわかる。③により、魏の使者は邪馬台国（女王国）ではなく、「倭国」に行き、その「倭国」の王たる「倭王」（卑弥呼）に拝仮することが目的であったことがわかる。

外交とは、国と国との交際をいうが、魏が外交の相手としていたのは、邪馬台国（女王国）ではなく、「倭国」であったと考えねばならない。したがって、陳寿が意識していた卑弥呼は、魏の外交相手の「倭国」の「倭王」としての卑弥呼であったと考えられる。

「邪馬台国」＝「女王国」から、「邪馬台国」は女性が王となっている国と考えられ、また、この国は倭国の女王卑弥呼が都としていた国であるから、「邪馬台国」の女王は卑弥呼であったとみるのが妥当である。すなわち、卑弥呼は「邪馬台国」の女王であると同時に倭国の女王でもあったのである。

『魏志』倭人伝には「邪馬台国女王卑弥呼」、という言葉は出てこない。そこで、このことをもって、卑弥呼が邪馬台国の女王であったというのはおかしい、という議論がある。しかし、そういった説は成り立たないと思う。たとえば、西嶋定生は次のように述べている。

「まず最初に卑弥呼はどこの国の王であったのかなどというと、おそらく多くの人びとは、いまさら何を言うのだ、卑弥呼は邪馬台《やまたい》国の女王に決まっているではないか、とお考えになると思います。……（中略）……実は私もこれまでなんとなくそう思っていたのですが、今回あらためて『魏志』倭人伝を読み直してみましたら、何と驚いたことに、『魏志』倭人伝の文章中には邪馬台国の女王であるという明らかな記述、もしくは卑弥呼を邪馬台国の女王と理解しなければならないという文章は、ともに見当たらないのであります」「卑弥呼が邪馬台国の女王であるなどということは、誰がいつから言い出したことなのか、……ただ古い先生がたは、例えば白鳥庫吉先生などは『倭女王卑弥呼』といって、『邪馬台国女王』などとは言っていらっしゃらなかった。それがどこかで緩《ゆる》くなったのではないかと思います[9]」

なお、白鳥庫吉は「倭女王卑弥呼考[10]」のなかで、「当時九州の倭人は邪馬臺国王は女子なりしが故に、之を尊称して卑弥呼即ち姫ノ尊といひ、……」と述べているので、西嶋の白鳥説についての理解は誤解であると思われる。

また、佐伯有清は「近年、卑弥呼は邪馬台国の女王ではなく、倭国の女王であったとする考えが強まってきた。すなわち『魏志』倭人伝の文章のなかには、卑弥呼が邪馬台国の女王であるとする明確な記述がなく、また卑弥呼を邪馬台国の女王と理解しなければならない記述も見当たらないというのが、その論拠なのである（西嶋定生説）」と記している。[11]

いずれにせよ、『魏志』倭人伝が「邪馬台国女王卑弥呼」と書かなかった理由は、魏が外交の相手としていたのは邪馬台国であったのではなく、邪馬台国を含むところの倭国であったからである。陳寿が「邪馬台国女王卑弥呼」と書かなかったのも、けだし当然のことであったといえよう。ただ実態としては、卑弥呼は倭の女王であると同時に、実は邪馬台国の女王でもあったのである。

なお、『魏志』倭人伝では、卑弥呼の称号に「倭王」と「王」「女王」の二様の表記を用いているが、これらの違いは截然《せつぜん》としている。卑弥呼が「倭王」と記されるようになるのは、景初二年（実は三年、20～25頁参照）十二月に魏帝曹芳から「親魏倭王」の称号を賜与されてから以後のことであり、それ以前はすべて「王」か「女王」である。陳寿は実情にかなった表記を用いていることが知られる。[12]

以上に述べた倭国の状況の概念図を示す（図14）。なお、不弥国・投馬国・邪馬台国の位置については第五章で検討する。

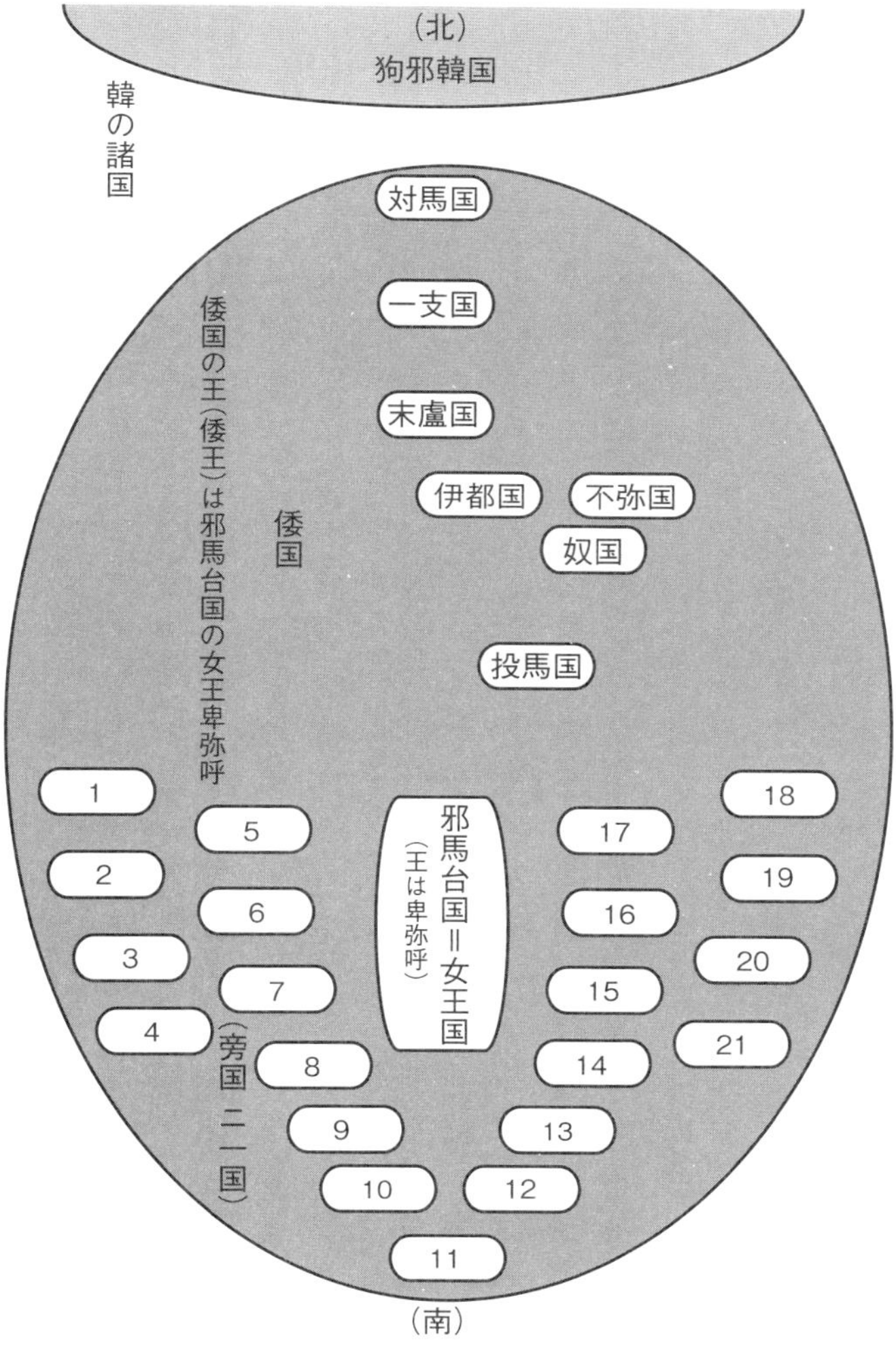
（北）
狗邪韓国
韓の諸国
対馬国
一支国
末盧国
伊都国
不弥国
奴国
投馬国
倭国
倭国の王（倭王）は邪馬台国の女王卑弥呼
邪馬台国＝女王国
（王は卑弥呼）
（旁国二一国）
1
2
3
4
5
6
7
8
9
10
11
12
13
14
15
16
17
18
19
20
21
（南）

図14　倭国概念図

「万二千余里」の信憑性

先に記したとおり、『魏志』倭人伝には、「女王国より以北、その戸数・道里は得て略載すべきも、その余の旁国は遠絶にして得て詳かにすべからず」という一節がある。ここにいう「旁国」とは、女王国のそばにある国という意味で、斯馬国以下の二一国を指す。山尾幸久は「旁国は遠絶」という点に着目し、旁国が遠絶であれば、旁国のそばにある女王国、すなわち邪馬台国もまた遠絶であると指摘した。「『旁国』とは〝近隣の国〟〝付近の国〟である。……（中略）……大事なことは、『旁国』が『遠絶』とされていることである。ということはつまり、女王が都する邪馬台国そのものが『遠絶』とされているのである」[13]

このようにして、陳寿は女王国が非常に遠いところにある、という観念をもっていたと考えられる。そしてこのことと「郡より女王国に至る万二千余里」という記述とは不可分の関係にあるのではないか、と私は考えている。

実は、中国の歴史書には「万二千××余里」といった表現が少なからず出てくる（図15）。これについて松本清張は「『萬二千里』というのは、中国の直接支配を受けていない国の王都がはるか絶遠のかなたにあることをあらわす観念的な里数」ではないかと説いている。[14]

私もこの説に賛成である。したがって、『魏志』倭人伝にある女王国の場合の「万二千余里」も、邪馬台国がたいへん遠いところにあるという観念から出た里数であって、あまり当てにならない数字だと考える。

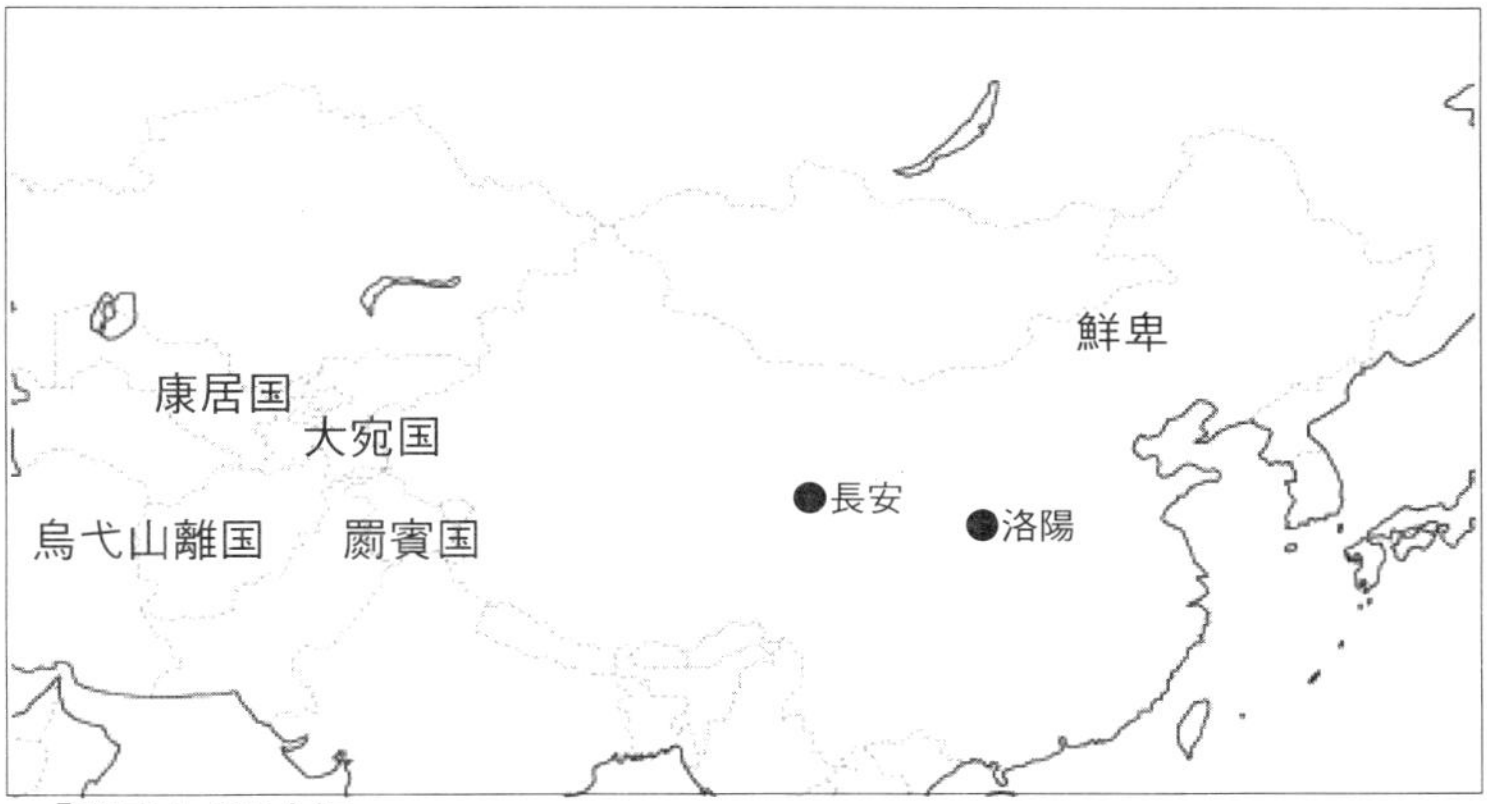

『漢書』西域伝

国名	現在の地名	文章
罽賓国《けいひん》	カシミール	「長安を去る萬二千二百里」
大宛国《だいえん》	ウズベキスタン	「長安を去る萬二千二百里」
烏弋山離国《うよくさんり》	アフガニスタン	「長安を去る萬二千二百里」
康居国《こうきょ》	カザフスタン	「長安を去る萬二千三百里」

『魏志』鮮卑伝

鮮卑《せんび》	シベリア〜モンゴル	「東西は萬二千二百里」

図15　「萬二千余里」のかなた

帯方郡〜女王国の一二〇〇〇余里も、帯方郡〜狗邪韓国の七〇〇〇余里もあてにならない数字であるならば、前者から後者を差し引いた、周旋五〇〇〇余里もあてにならないということになる。このような信じられない数字を元にして距離を計算し、邪馬台国の所在地を導きだそうとすることには無理があるのではないかと思われる。

以上を要するに、『魏志』倭人伝に出てくる里数や方角はともに信じられないのであって、邪馬台国の所在地はこの点を念頭に置いて考察しなければならないということである。

第四章　邪馬台国所在地論研究小史

本章では戦前から活発に行われてきた邪馬台国の所在地研究について、学史上重要と思われる意見を紹介し、研究の進展を振り返りたい（表3・表4）。

明治以前の邪馬台国畿内大和説

【『日本書紀』の編者】邪馬台国のもっとも古い研究者は、おそらく『日本紀』（七二〇年成立）の編者たちであろう〔①〕。『日本紀』は『日本書紀』三〇巻と『帝王系図』一巻から成るが[1]、前者の『日本書紀』巻第九神功皇后紀三十九年・四十年・四十三年の各条に『魏志』倭人伝が分注の形で引用されている。このことから、『日本書紀』の編者たちは神功皇后を卑弥呼に比定していたと考えられている。

ただし、これらの分注は『日本書紀』完成当時にはなく、後に挿入されたものではないかとする考え方が古くからある。現在残されている『日本書紀』は奈良時代末期ないし平安時代以降の写本である。この写本に読み方や注釈などがメモ書きされていたかもしれない。また、『日本書

表3　邪馬台国の研究文献Ⅰ

	著者	文献名	刊行年	出典	邪馬台国	卑弥呼・投馬国	三品	佐伯
①	舎人親王他	日本書紀	720	「神功皇后紀」摂政三十九・四十・四十三年の条	畿内大和	卑弥呼を神功皇后に		
②	北畠親房	神皇正統記	1339・1343	『群書類従』第3輯　帝王部　一九八〇（元版は一九三三）	畿内大和			
③	松下見林	異称日本伝 巻上一	1693	近藤瓶城『改訂史籍集覧』第二〇冊 新加通記類　臨川書店　一九八四（元版は一九〇一）	畿内大和	卑弥呼を神功皇后に	○	
④	新井白石	古史通或問	1716	『新井白石全集』第三　吉川半七　一九〇六	畿内大和	卑弥呼を神功皇后に	○	
⑤	新井白石	外国之事調書		原文は新井家が所蔵。宮崎道生『新井白石の研究』（吉川弘文館、一九五八）に概要紹介	筑後国山門郡			
⑥	本居宣長	馭戎概言《ぎょじゅうがいげん》（からおさめのうれたみごと）	1778	『本居宣長全集』第八巻　筑摩書房　一九七二	南九州	卑弥呼は熊襲の男王、神功皇后を騙る	○	
⑦	近藤芳樹	征韓起源	1846	安本美典『江戸の「邪馬台国」』柏書房　一九九一（現代文訳）	肥後国菊池郡山門	投馬国を肥後国託摩に		
⑧	那珂通世	上古年代考	1878	『洋々社談』第三八号、一八七八		卑弥呼を熊襲女酋に		
⑨	那珂通世	上世年紀考	1897	『史学雑誌』第八編第八〜一〇、一二号 一八八七『明治文学全集』七八　筑摩書房　一九七六	大隅国姫木城			
⑩	菅政友	漢籍倭人考	1892	『史学会雑誌』第三編第二七・二八・二九・三一・三三・三四・三六号　一八九二『菅政友全集』国書刊行会　一九〇七	大隅・薩摩	投馬国を日向あたりに	○	
⑪	星野恒	日本国号考	1892	『史学会雑誌』第三編第三〇・三一号一八九二『史学叢説』第一集　冨山房　一九〇九	筑後国山門郡	卑弥呼を田油津媛の先代に	○	

表4　邪馬台国の研究文献Ⅱ

	著者	文献名	刊行年	出典	邪馬台国	卑弥呼・投馬国	三品	佐伯
⑫	内藤虎次郎	卑弥呼考	1910	『芸文』一―二・三・四　一九一〇	畿内大和	卑弥呼を倭姫命に	○	Ⅰ
⑬	三宅米吉	邪馬台国について	1922	『考古学雑誌』第一二巻第一一号　一九二二	畿内大和	投馬国を備後国鞆に	○	Ⅰ
⑭	和歌森太郎	私観邪馬台国	1952	『社会経済史学』一八―三　一九五二	大和朝廷の支配する国	卑弥呼を倭迹迹姫命に	○	Ⅱ
⑮	肥後和男	大和としての邪馬台国	1954	古代史談話会編『邪馬台国』朝倉書店　一九五四	畿内大和	卑弥呼を倭迹迹姫命に	○	
⑯	笠井新也	邪馬台国は大和である	1922	『考古学雑誌』第一二巻第七号　一九二二	畿内大和	卑弥呼を倭迹迹姫命に	○	Ⅰ
⑰	室賀信夫	魏志倭人伝に描かれた日本の地理像―地図学史的考察	1956	『神道学』一〇　一九五六	畿内大和		○	Ⅱ
⑱	白鳥庫吉	倭女王卑弥呼考	1910	『東亜之光』第五巻　第六・七号　一九一〇	肥後国内	狗奴国を熊襲に	○	Ⅰ
⑲	白鳥庫吉	邪馬台国に就いて	1922	『考古学雑誌』第一二巻第一一号　一九二二	肥後ならば北部 筑後ならば南部		○	Ⅰ
⑳	白鳥庫吉	卑弥呼問題の解決	1948	『オリエンタリカ』一・二　一九四八	筑後国山門郡	大和朝廷によって邪馬台国は滅亡	○	Ⅱ
㉑	榎一雄	邪馬台国	1960	『邪馬台国』至文堂　一九六〇（同右　増補版　一九六六）	筑紫平野一帯	投馬国を薩摩あるいは日向の都万	○	

【備考】 表の下段にある「三品」は三品彰英編著『邪馬台国研究総覧』（創元社、一九七〇年）を指し、ここに概要が紹介されている論文に○を附してある。最下段の「佐伯」は、佐伯有清編『邪馬台国基本論文集』Ⅰ・Ⅱ・Ⅲ（創元社、一九八一～八二年）を指し、ここに収録されている論文にⅠ・Ⅱ等の記号を附してある。倭迹迹姫命＝倭迹迹日百襲姫命（やまとととびももそひめのみこと）

紀』は撰進された翌年（七二一年）から宮廷において講書が行われていたという伝え（『日本書紀私記』甲本）もある。真偽のほどは明らかではないが、奈良時代から講書が行われていたことは確からしい。そのとき所有者は読みやすいように様々な注釈やルビを書き加えた可能性がある。そうすると、現在の写本の分注は第三者が『三国志』を読んで書き加えたものか、完成当初からあったものか、検討が必要である。

ところが、これらの分注については奈良時代の撰進当初からあったとする手がかりがある。神功皇后紀三十九年条の本文は「是年太歳己未《このとしたいさいつちのとのひつじ》」という年紀だけで内容がない。そのあとに、分注の形で『魏志』倭人伝の引用文が続くのである。四十年条・四十三年条も年紀だけあって本文記事がない。このような状況からみると、分注だけを後代に挿入したとは考えにくい。

このように、神功皇后を卑弥呼に比定したとする考え方にたてば、『日本書紀』の編者たちは畿内大和に邪馬台国があったと考えていたようだ。この考え方は奈良時代から江戸時代に至るまで、通説的な見解として定着していった。

【北畠親房】南北朝時代の北畠親房（一二九三～一三五四）も、邪馬台国は畿内大和であるという立場で論述している〔②〕。

【松下見林】江戸時代の松下見林（一六三七～一七〇三）もまた、畿内大和説である〔③〕。

【新井白石】六代将軍徳川家宣《いえのぶ》に登用された新井白石（一六五七～一七二五）は、いわゆる正徳の治といわれる政治を行ったことで知られる。その一方で、木下順庵《じゅんあん》門下の合理主義的な朱子学者としても多大な功績を残している。

『魏志』倭人伝に関する白石の研究で重要なのは、地名比定を行った点である。白石は末盧国が肥前松浦《まつら》郡、伊都国が筑前怡土《いと》郡、奴国が筑前那珂《なか》郡、というように比定した。これらの比定に対しては現在でも異論がなく、学界の通説となっている。さらに白石は、不弥国は宇瀰《うみ》（福岡県糟屋郡宇美町）〔④〕で、投馬国は備後の鞆浦《とものうら》（広島県福山市鞆の浦）、邪馬台国は畿内大和としている。これらの比定に際しては、『魏志』倭人伝に記されている南行を東行の誤りとみていたらしい。

このように白石は畿内大和説を唱えた。しかし、その後、北九州説に転じたようである。白石は論文〔⑤〕で、邪馬台国を筑後山門《やまと》郡としている。おそらく、畿内大和説を唱えたのちに書いたものであろう。これについては以下の文献を参照されたい。[2]

明治以前の邪馬台国九州説

【本居宣長《もとおりのりなが》】畿内大和説に対して、伊勢松坂の本居宣長（一七三〇～一八〇一）は、九州説を唱えた〔⑥〕。地名の比定に当たって不弥国を宇瀰とみることまでは、新井白石と同じである。しかし、宣長はここから先の投馬国は、『魏志』倭人伝が記すとおり南に向かうと考えて、日向国児湯《こゆ》郡都萬《つま》神社（宮崎県西都市大字妻に鎮座する式内社）附近を投馬国に比定した。ここは西都原《さいとばる》古墳群のある地域でもある。そうして邪馬台国については投馬国よりもさらに南にあると考え、「熊襲《くまそ》などのたぐひなりしものの、女王の御名のもろもろのからくにまで高くかがやきませるをもて、その御使といつはりて、私につかはしたりし使なり」と論じた。結局、邪馬台国南九州説をとっていることになるが、その具体的な位置については特定していない。

宣長の考えによると、その当時すでに畿内には大和朝廷があったとする。その時代に南九州には別の政治集団があり、それが大和朝廷の女王であった神功皇后の名前を偽って魏に遣使したのだろう、というわけである。

【近藤芳樹《よしき》】 ちょうど本居宣長が亡くなった年に生まれた近藤芳樹（一八〇一〜一八八〇）も、宣長と同じような考え方をしている〔⑦〕。近藤は、卑弥呼は九州の女酋の一人であろうとし、邪馬台国を肥後の菊池郡山門に比定している。これは熊本県菊池川流域の菊池平野の辺りである。

明治以降の卑弥呼の比定

【那珂通世《なかみちよ》】 明治時代に入って那珂通世（一八五一〜一九〇八）が登場した。那珂によれば、『日本書紀』の安康天皇以前の紀年は著しく延長されているという〔⑧〕。『日本書紀』では神武天皇が奈良県の橿原宮で即位したのは辛酉《かのとのとり》の年の春正月庚辰《かのえたつ》の朔《ついたち》、太陽暦に換算して紀元前六六〇年二月一一日である。

しかし、この年月日はおそらくのちの時代に中国から讖緯《しんい》の説が入ってきて、これに基づいて定められたのではないか、と那珂は考えた。讖緯の説とは、辛酉年に革命がおこるという思想である。一元六〇年、二一元一二六〇年を一蔀《ぼう》として、その冒頭の辛酉年に革命がくると想定する。この思想をもとにして、『日本書紀』の編者は推古天皇九年（六〇一）の辛酉年より二一元前にあたる西暦紀元前六六〇年を神武の即位年に設定したと考えたのである〔⑨〕。那珂によって画期的な『日本書紀』の紀年に関する研究が行われてから、研究者はおおむね『日本書紀』の紀年をくり下げて考えるようになった。現在では、神功皇后と卑弥呼を同一人物とみて論を展開している研究者は少なくなっている。

また、朝鮮半島の史料などから『日本書紀』の応神天皇の時代を見直すと、だいたい四世紀の後半から五世紀の初頭に該当する。一方、卑弥呼の時代は三世紀の前半頃であるから、応神天皇の母である神功皇后と卑弥呼とは百年余りの年代差が生じる。したがって、神功皇后を卑弥呼と同一人物と考えることには皇統譜《こうとうふ》からも無理がある。もう少し詳しく見ると、『日本書紀』にある神功・応神二代の紀年を半島の歴史書である『三国史記』と比較すると、干支《かんし》は符合するが『日本書紀』の紀年のほうが干支二運（一二〇年）、あるいは干支三運（一八〇年）古くなっている事例が見出される。この時代の朝鮮史書の紀年は確実性が高いとされているから、『日本書紀』の紀年のほうが誤っていると考えられる。

【菅政友】明治二五年（一八九二）、菅政友（一八二四〜一八九七）は陸行の日数記事には誤りがあるとする本居宣長説に従って、「水行十日陸行一月」は「水行十日陸行一日」の誤りと考え、大隅・薩摩あたりに住んでいた人たちが中国に朝貢したのであろうとした〔⑩〕。

【星野恒】同年、星野恒（一八三九〜一九一七）は、卑弥呼は筑後の山門県《やまとのあがた》にいた土蜘蛛《つちぐも》の田油《たぶら》津媛《つひめ》の先代であろうとした〔⑪〕。

明治以降の邪馬台国畿内大和説

【内藤湖南】 江戸時代から本格的に始まった九州説に対して、畿内大和説も発展していった。明治時代に入って、京都帝国大学の東洋史の教授であった内藤湖南(虎次郎。一八六六〜一九三四)は畿内大和説を唱えた。内藤は明治四三年(一九一〇)に「卑弥呼考」を著している〔⑫〕。この論文で特に注目すべき点をいくつかあげてみよう。

一つめは、『魏志』倭人伝の校訂と考証を行ったことである。特に畿内大和説の立場から詳細な地名・人名の考証を行っている。地名比定については、たとえば投馬国は『和名類聚鈔《わみょうるいじゅうしょう》』の周防国佐婆郡玉祖郷《たまのおやごう》、斯馬国は志摩国、弥奴国は美濃国……といった具合である。また、人名の比定については、垂仁天皇の皇女で初めて伊勢の斎宮《さいぐう》になったという倭姫命《やまとひめのみこと》を卑弥呼に比定し、崇神天皇の皇女で天照大神を祭っていたという豊鍬入姫命《とよすきいりびめのみこと》を台与に比定している。

二つめは、方角の問題である。中国の史書では東と南、西と北を兼ねる場合が少なくないと主張した。たとえば『後魏書』勿吉《ぶっきつ》伝では、太魯水《たいろすい》から勿吉に至る方向を東北の方向に行くと書いてあるが、実際には東南の方角に行かなければ勿吉には至らない。このようなことから『魏志』倭人伝の方角も誤っているところがあるのではないかと考えた。『魏志』倭人伝にある南が実は東の誤りだとすると、邪馬台国は畿内大和に有利に働く。ただし内藤は、「尤も邪馬臺と呼べる土地の限界は、恐らくは今の大和国よりは広大にして、当時の朝廷が直轄したまへる地方を包括するならん」と述べている。

三つめは、邪馬台国の人口問題を取りあげたことである。すなわち、「当時七万余戸を有する程の大国は、之を辺睡の筑紫に求めんよりも、之を王畿の大和に求めん方（が）穏当なるに似たり。此れ余が邪馬臺国を以て、旧説の大和に復すべしと思へる理由なり」と述べている。

【三宅米吉】 その後、内藤説は三宅米吉（一八六〇〜一九二九）によって補強された〔⑬〕。三宅は中国の史書一般ではなく、『魏志』倭人伝の記述そのものに方角が間違っている箇所があることを指摘した。

『魏志』倭人伝には、末盧国から東南の方角に行くと伊都国に至るとある。ここで末盧国を東松浦半島の名護屋あるいは唐津あたり、伊都国を糸島半島か前原《まえばる》あたりとすると、伊都国は末盧国の東南ではなく、東か東北の方角となる。また伊都国から奴国に至るのも、東北であるのに東南と記している。これらは編述者（陳寿）の誤った地理的観念が原因であろうとし、『魏志』倭人伝の南と書いてある箇所は東と改めるべきであり、したがって「邪馬臺が畿内の大和であることは明らかである」とした。なお三宅は関門海峡から内海を二〇日進んで投馬に至り、そこから東の方へ一〇日進んで上陸し、陸行一日（一月は一日の誤字とみる）で邪馬台に至ると考えている。

【和歌森太郎】 この視点を継承した和歌森太郎（一九一五〜一九七七）は、一五・一六世紀のヨーロッパの地図では日本を「一体に初めは東西よりも南北に伸展している」国として描いていることを指摘している〔⑭〕。

【肥後和男】 肥後和男（一八九九〜一九八一）も、『魏志』の編者は日本列島を、九州を北にして南北に長い国として考えていた可能性があるとしている〔⑮〕。

【笠井新也】 その後、笠井新也（一八八四〜一九五六）が畿内大和説を詳細に論じ、『記』『紀』

の人物との整合も試みる。笠井は「邪馬台国は大和である」をはじめとする一連の論考で、邪馬台国は畿内大和であり、投馬国は出雲であると主張した〔⑯〕。帯方郡使は敦賀に上陸して陸行一ヵ月をもって大和にやってきたとする。卑弥呼とその「大冢」を倭迹迹日百襲姫《やまとととびももそひめ》とその伝承が残る箸墓古墳に、男弟を崇神天皇に比定した。

『北史』には正始年中（二四〇～二四八）に卑弥呼が亡くなったとある。一方、『古事記』によると崇神天皇の崩御は「戊寅年《つちのえとら》」（笠井は二五八年とする）で、倭迹迹日百襲姫は崇神天皇の時代の人物であるから、年代的にほぼあってくる。また、崇神紀によれば三輪山の大物主神《おおものぬしのかみ》の妻となった倭迹迹日百襲姫の墓は箸墓古墳とされる。したがって、倭迹迹日百襲姫が卑弥呼であったとすると、卑弥呼の墓は箸墓古墳となる。規模もよく一致している。というのが笠井説である。

先にも述べたように、『北史』は唐代に編纂された史書であるから、時代がかなり下る。したがって、正始年中（二四〇～二四八）に卑弥呼が亡くなったとする『北史』の記述をそのまま信用することについては問題が残る。また『古事記』の崩年干支が正しいとする保証もない。こうした点が笠井説の弱点である。ただ、正始年中であったかどうかはともかくとして、卑弥呼の死はそれに近い時期であったことは間違いないだろう。『魏志』倭人伝の記事からみて、正始八年（二四七）をそう遠く隔たらない頃に亡くなったと考えられる。

箸墓古墳は定型化した巨大前方後円墳のなかで、もっとも古いものとされている。後円部の直径は一五六メートル前後と推定されている。とすると、この大きさは『魏志』倭人伝が記す「径百余歩」（一歩は一四五・八センチメートル）とあってくる。

かつて箸墓古墳の築造年代は三世紀末〜四世紀初め頃といわれていた。しかし最近では三世紀半ば過ぎくらいまで上げてもよいのではないかとする研究者が少なくない。箸墓古墳は平地に築かれた墳丘長約二八〇メートルの巨大古墳で、一年や二年ではとうてい造れない。三世紀半ば頃に卑弥呼が亡くなって、三世紀代の第Ⅲ四半期頃に古墳が築造されたとすると、年代的にちょうどあってくる。このように、『魏志』倭人伝が記す卑弥呼の大冢の条件にもっともよくあてはまる古墳が大和の箸墓古墳なのである（第二章50〜53頁参照）。したがって、箸墓古墳が卑弥呼の墓であるとする笠井説は、最近の考古学的知見に照らし合わせてみても説得力のある説といえる。

【室賀信夫】 室賀信夫（一九〇七〜一九八二）は、古地図研究の視点から、魏晋代における中国人の日本列島の形状に関する認識についての考察を行った〔⑰〕。その結果、「中国の東南海上に南に転倒した形態をとって描かれた日本こそ、魏晋の時代の中国人の日本についての地理的観念を、そのまま可視的に表現したものである」という結論に達している。したがって、室賀の説は必然的に畿内大和説となる。「少なくとも唐・宋・元・明に及ぶ中国地図上に現はれた特異な日本の表現は、後世の地図家が魏志や後漢書などの文献に直接基いて描いたものではなく、それは地図としての源流を有したこと、しかもそれはまさに魏志のつくられた時代に起源すると思はれることなどを明らかにし」たことは、高く評価されねばならない。この点についてはのちに批判も出るが、次章で改めて取り上げる。

明治以降の邪馬台国九州説

【白鳥庫吉《しらとりくらきち》】京都帝国大学の内藤湖南が「卑弥呼考」を発表した一九一〇年、東京帝国大学の東洋史の教官であった白鳥庫吉（一八六三〜一九四二）も「倭女王卑弥呼考」を発表し〔⑱〕、その後『考古学雑誌』に「邪馬台国に就いて」を発表した〔⑲〕。明治四三年に始まる京大畿内説・東大九州説による邪馬台国論争である。

白鳥説は邪馬台国北九州説で、その概要は次のとおりである。『魏志』倭人伝では帯方郡から不弥国までの距離の合計が一〇七〇〇余里で、帯方郡から邪馬台国までの距離が一二〇〇〇余里とあるから、不弥国から邪馬台国までの距離は差し引き一三〇〇余里となる。この一三〇〇余里という距離から考えると、女王国すなわち邪馬台国は九州ということにならざるを得ない。

ところで、『魏志』倭人伝にある里程記事では、里数の標準が一定していない。たとえば帯方郡から狗邪韓国までは七〇〇〇余里とあるが、この二地点間の実際の距離を日本の里数で計れば二〇〇余里くらいとなる。そうすると、ここでは『魏志』倭人伝の三五里くらいが日本の一里に相当することになる。次に狗邪韓国から末盧国まで三〇〇〇余里とあるが、この二地点間の実際の距離は六〇余里くらいとなる。したがって、この場合には『魏志』倭人伝の五〇里くらいが日本の一里に当たることになる。

白鳥庫吉「倭女王卑弥呼考」〔⑱〕では、里数について『魏志』倭人伝以外の箇所についても検討し、次のように記述している。「此く『魏志』・『呉志』等、倭人伝以外の処に挙げたる里数は、大概普通の標準里に該当し、一として倭人伝中帯方郡より邪馬臺国に至る処に示せるが如き短少なる里数にあらず」。白鳥は、さらに戦後になって「卑弥呼問題の解決」〔⑳〕を発表している。

『魏志』倭人伝に出てくる一里の長さが一定していない」という白鳥の指摘は、非常に重要な問題提起である。今日なお一部には、いわゆる「短里説」を唱えている人もいる。すなわち『魏志』倭人伝に出てくる里は、魏の時代の標準里よりも、もっと短い距離ではないかとし、それを日本列島の地図にあてはめてみると比例的にあってくるという説である。しかし、白鳥がすでに論じたように、たしかに『魏志』倭人伝に出てくる一里の長さは一定していないから、比例的にあってくるというのは強弁といわざるを得ない。

もっとも、この論議には難しい点がある。たとえば、末盧国から伊都国といっても、それぞれの国の範囲がどこからどこまでなのかがわかっていない。また、末盧国から伊都国まで五〇〇里といっても、それが両国の中心（国治）から中心（国治）までの距離であるのか、それとも境界から境界までの距離であるのかがわからない。私は前者とみるのが妥当と思うが、それでも道は曲がっているのが普通なので、想定次第でかなりの誤差が生じてくる。しかし、かなりの誤差を見積っても私の計算では、とてもあってくるとはいえないように思われる。

次に、日数について白鳥は次のような考察を行っている。『魏志』倭人伝に「陸行一月」とあるのを「陸行一日」の誤りであるとして、不弥国から邪馬台国までは水行三〇日、陸行一日であるとする。そうして仮に一日七里の行程として計算すると、三一日間では二一七里となり、邪馬台国は琉球諸島あたりにあったこととなってしまう。このようなことから日数もまた、あてにならないとする。このように里数も日数もあてにならないとすると、いったい邪馬台国はどこにあったのかということになってくる。

白鳥は次の三つの理由により、おそらく九州の北部あたりだろうとする。まず、邪馬台国は不弥国より南方にある。次に、不弥国から女王国に至るには有明海を航行したのだろう。最後に、女王国の南には狗奴国と称する大国があった。

このようなことから、九州島は当時大きく二つに分かれていたとして、南のほうにある狗奴国としては熊襲《くまそ》の国を考え、それに対して女王国すなわち邪馬台国は北九州の大国であるとする。そうして、邪馬台国は肥後の北部か筑後の南部、あるいは筑後の山門郡かとしている。ここに九州説が再登場してきたわけである。

とにかく白鳥は『魏志』倭人伝にある里数は信用できないと考えた。私もこの点については同感であり、このことを白鳥説から学んでおきたいと思う。

【榎一雄】 次に榎一雄（一九一三〜一九八九）の説について述べよう〔21〕。榎の説も北九州説で、その内容についてはすでに詳述した。榎説では『魏志』倭人伝の伊都国より前と後とでは書き方が異なっていることに着目している。伊都国以降についてはいわゆる放射状式の読み方をとり、伊都国から南の方角に水行一〇日あるいは陸行一月行ったところに邪馬台国があるとした。そして、『唐六典《とうりくてん》』による陸上の歩行は一日に五〇里であるから、陸行一月すなわち三〇日歩くと一五〇〇里となる。したがって、邪馬台国の中心地は伊都国から一五〇〇里ほど南にあるとして、筑後の山門郡東北方の御井附近と考えた。

放射状式の読み方そのものについては成り立つ可能性が大きいものの、この榎の所論に対しては四つほどの問題点を指摘し得る。このことについては第三章（60～65頁）に述べているので、それを参照されたい。

第五章　邪馬台国はどこか

次に、先学の研究に導かれながら、邪馬台国の所在地についての問題点を整理し、私見を述べたい。

方位について

邪馬台国の所在地を検討する場合、畿内大和説では方位に難点があるとされてきた。『魏志』倭人伝に記された道程では列島内を南・東南に進むことが大半で、東・北東はない。しかし、はたしてそうだったのか。

『魏志』倭人伝は『三国志』の編纂された西晋代における中国人たちの日本列島に対する地理的認識を念頭において読まれるべき、とする説があり、私も左袒する。長い研究史があり、ここでは割愛するが、海野《うんの》一隆《かずたか》『地図に見る日本――倭国・ジパング・大日本』（大修館書店、一九九九年）が要を得ており、有益である。

さて、『三国志』を編纂した陳寿は日本列島の形状をどのように捉えていたのか、それに関わるいくつかの記事を取り上げ、若干の考察を試みたい。

①「その道里を計るに、当に会稽の東冶の東にあるべし」

この記事は倭地全体の位置について書かれたもの、と解釈している研究者が少なくない。しかし私はそうではなく、「女王国」（邪馬台国）の位置について書いている、と理解している。根拠は二つある。一つは、南北に延々と連なる倭の島々の位置を、はたして「東冶の東」（会稽郡東冶県、福建省福州市附近）などと一県名によって表現するであろうか。不自然である。二つめは、すぐ前に書かれている文身（入れ墨）についての記事を取り去ると、①と「郡より女王国に至る万二千余里」の記事がつながることである。文脈上、このつながりに何の違和感もない。つまりこの記事は「女王国」と不可分の関係にある。してみると、陳寿は倭地全体についてではなく、「女王国」の位置について「会稽の東冶の東にあるべし」といっているとみるのが妥当である。

②「その風俗淫ならず。……有無する所、儋耳《たんじ》・朱崖《しゅがい》と同じ」

第三章で取り上げたとおり、陳寿は倭人の風俗・習慣・産物等を中国南部に位置する海南島のそれらと「同じ」と考えている。日本列島を実際の位置よりも、かなり南方にあったと認識していたことを示す。

③「女王国の東、海を渡る千余里、また国あり、皆倭種なり」

これは日本列島を朝鮮半島の東南の方角にあると認識していたことを示す。『魏志』倭人伝によると、女王国すなわち邪馬台国は狗邪韓国のはるか南方に位置しており、女王国から東へ千余里航海したところにも倭種の国があるといっている。したがって、日本は朝鮮半島の東南（正確に

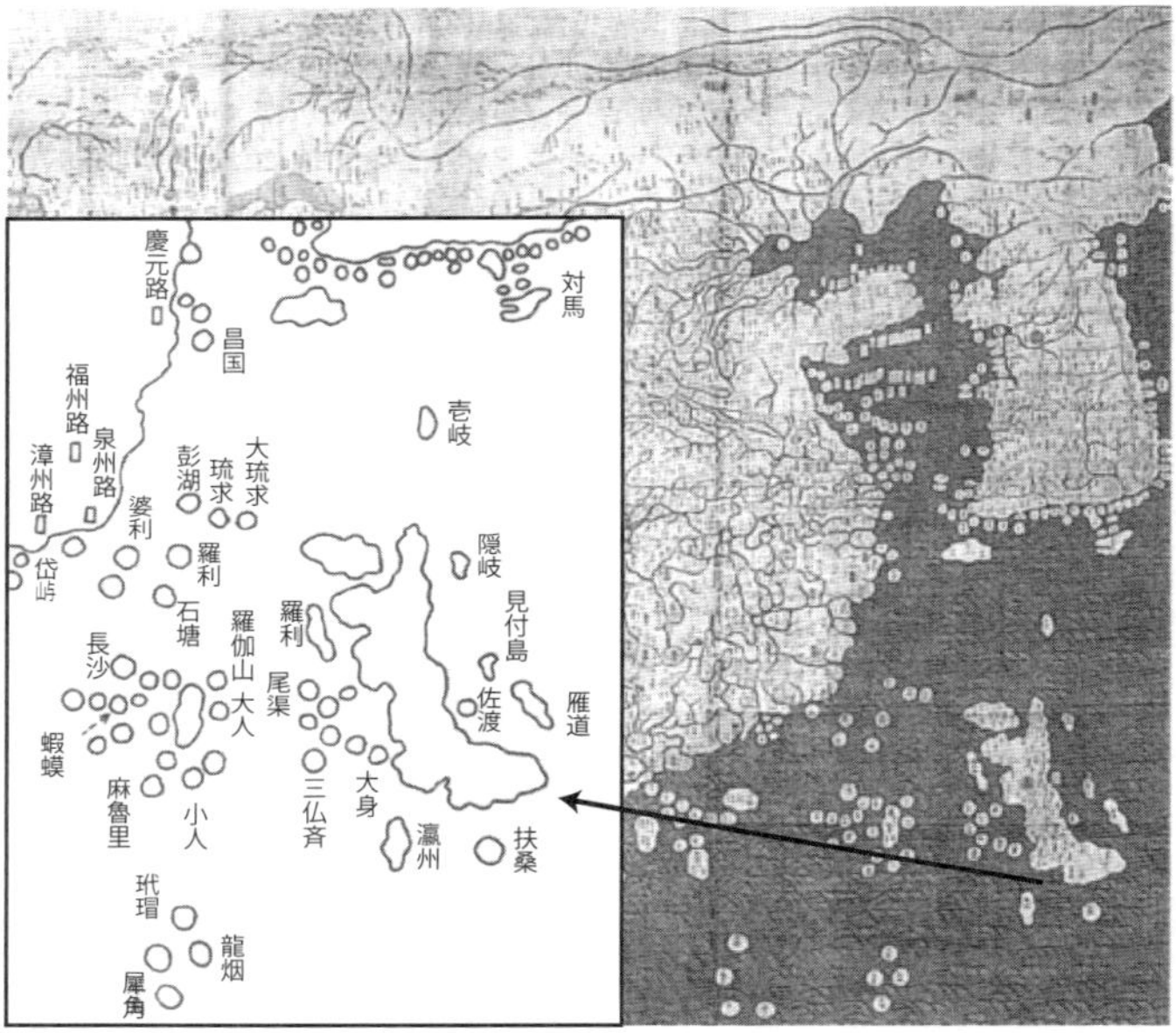

図16　『混一疆理歴代国都之図』（部分・龍谷大学図書館蔵）

は南南東というべきか）の方角にあると認識されていたことになる。そしてこの認識は、冒頭に「倭人は帯方の東南大海の中にあり」とする認識とも一致する。

以上、陳寿は日本列島を、福建省福州市附近の東方大海のなかにある島を中心に、南北に長く点在する島々からなると認識していたことが知られる。

一方、李氏朝鮮の廷臣であった権《げん》近《きん》による一四〇二年（明の建文四年）の題跋をもつ『混一疆理歴代《こんいつきょうりれきだい》国都之図《こくとのず》』（龍谷大学図書館蔵）には、右に述べた陳寿の認識ときわめてよく似た日本列島の絵が描かれている（図16）。実際には一四〇二年以降の地名もみえていることから、一四七二年以後間もない頃に作成（模写）されたものではないかといわれている。青山定雄「元代の地図について」（『東方学報』東京、第八冊、一九三八年）、弘中芳雄『古地図と邪馬台国』（大和書房、一九八八年）などが参考になる。

さて、室賀信夫は、それまでの中国および日本に関する古地図研究の成果を踏まえて、このような日本列島の表現は唐・宋代はもとより、魏晋代まで遡り得る可能性の大きいことを考証している。[1]私もこの説に賛成である。

ところが、こうした見解に対して、島原市本光寺蔵の『混一疆理歴代国都墜図《ちず》』（墜図は地図の意）や熊本市本妙寺蔵の『大明地図』、天理図書館蔵の『大明図』、北京故宮博物院蔵の『大明混一図』などがいずれも日本列島を東西に長く描いていることから、『混一疆理歴代国都之図』はきわめて特殊な例に属し、日本の行基図《ぎょうきず》の方向を誤って挿入したか、地図のスペースの関係で東西には描けず、南北に長く描かざるを得なかったのではないかとする批判が行われている。しかし私は、次の二つの理由により、こうした批判は当たらないと考える。

まず、和歌森太郎らの先学が指摘したように、一五・一六世紀のヨーロッパ人が描いた地図では、初めは東西よりも南北に長い日本を描いている（図17）。たとえば、ベハイム地球儀（一四九二年）、ミュンスター世界図（一五四五年）、メルカトルアジア図（一五六九年）、オルテリウス東印《いん》度《ど》図（一五七〇年）などがそれである。[2]

こうした日本の形状については推測に頼っている部分がほとんどだと思われる。しかしながら、その核となったものの情報や知識は中国に淵源を求めるのが至当であるから、一五世紀ないしそれ以前の中国に日本を南北に長い列島であるとする認識が存在していたことは、ほぼ確実とみられる。

これに関連して注目されるのは、南宋の仏僧・志磐《しばん》が著した『仏祖統記《ぶっそとうき》』である（図17左上）。この書は一二六九年（咸淳《かんじゅん》五年）に書かれたものだが、そこに収録されている「東震旦地理図《ひがししんたんちりず》」には「扶桑《ふそう》」「日本」「蝦蛦《えぞ》」「流求《りゅうきゅう》」などが朝鮮半島の南方に南北に描かれている。[3]してみると、龍谷大学図書館蔵の『混一疆理歴代国都之図』はそうした認識の流れを汲む地図であるとみるのが自然である。

次に、『混一疆理歴代国都之図』は元の李沢民《りたくみん》の『聲教広被図《せいきょうこうひず》』と天台僧・清濬《せいしゅん》の『混一疆理図』をもとにして李氏朝鮮の官僚によって作成されたものであるが、李沢民の地図をもとにして描かれた『東南海夷図』[4]の日本の形状から、『聲教広被図』の日本の形状も南北に描かれていた可能性が大きいと考えられている。[5]

そうすると、『混一疆理歴代国都之図』もそうした流れを汲む地図の一つであり、本光寺蔵の『混一疆理歴代国都之図』は杉山正明が述べているとおり、当時の知識によって「現勢地図」の状態に修正した、新版の一つであったとみるのが妥当であろう。

以上のように日本列島の地理的認識の起源をたどると、『魏志』倭人伝に記されている「南」は「南」でよいのであって、それは当時の中国における地理的認識においては畿内大和の方向を指しているのである。

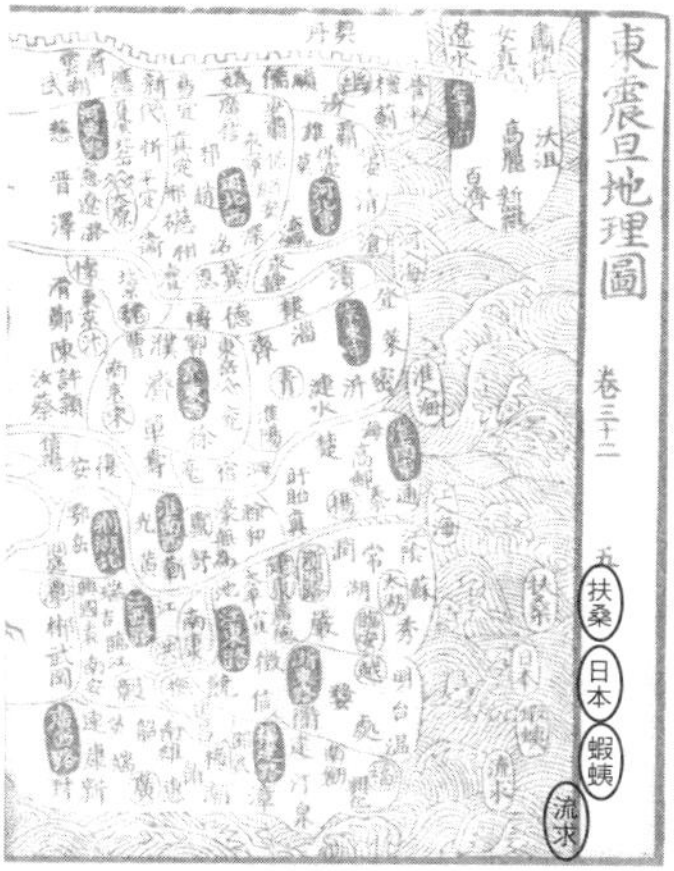

『仏祖統紀』所載「東震旦地理図」
1269 年

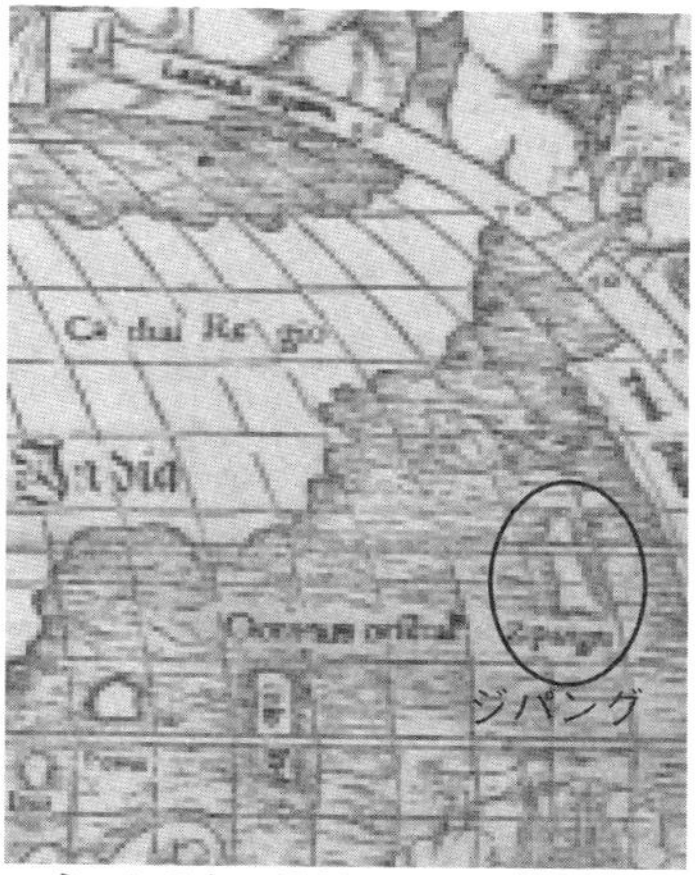

ミュンスター (S,Munster) の世界地図
1545 年　38.3×25.5cm（部分）

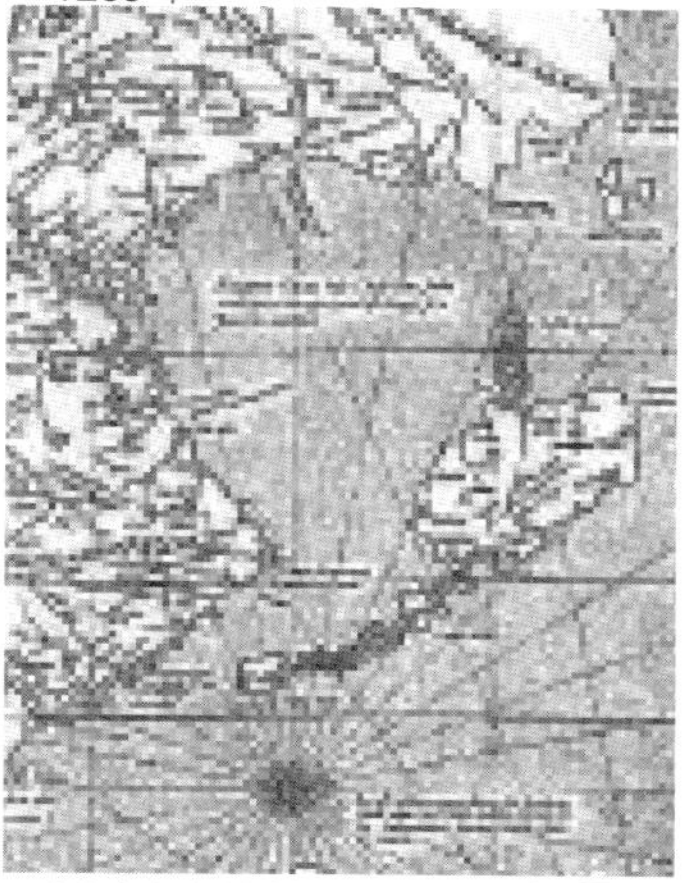

メルカトル (G.Mercator) のアジア図
1569 年　44.5×35.5cm（部分）

オルテリウス (A.Ortclius) の東印度図
1570 年　47.5×32.5cm（部分）

図17　世界地図にみる日本列島の地理観

里数記事と日数記事

『魏志』倭人伝は不弥国まで一貫して里数で記しているのに、投馬国と邪馬台国の道程だけは日数で記している。なぜだろうか。そこには何か特別の理由がなければならない。そこで注目されるのが、「夷人《いじん》里数を知らず、ただ計《はか》るに日を以てす」と伝える『隋書』俀国伝（六三六年成立。ただし志三〇巻は六五六年に成り、のちに編入）の記事である。里数を知らない倭人は、道程を日数で計っているというのである。とすると、投馬国と邪馬台国までの道程についてのみ日数で記されている倭人伝の記事は、倭人からの伝聞に依拠している蓋然性が高い。[6]

また、『魏志』倭人伝は、女王国（邪馬台国）の「旁国」は「遠絶にして得て詳かにすべからず」と記し、旁国とされる二一国については国名だけを掲げている。この記事は邪馬台国もまた「遠絶」なところにあったことを示している。もし、郡使が邪馬台国まで実際に行っていたのであれば、これら二一国についても国名だけではなく、必ずやその詳細を記したことであろう。

以上の二つの理由により、投馬国と邪馬台国までの道程記事は、倭人からの伝聞に依拠して記された可能性が大きいと考える。では、なぜ郡使はこれら二国についてのみ詳細な伝聞記事を復命書に認《したた》めたのであろうか。

それは邪馬台国が倭国の「女王の都する所」であり、また投馬国が女王国連合のなかでは邪馬台国に次ぐ大国であったからであると推察される。倭人伝の戸数記事はあまり信じられないが、投馬国は五〇〇〇〇余戸ばかりあり、邪馬台国に次ぐ大国であったと記されていることがその証左となる。しかし、郡使が邪馬台国まで行っていないとする考え方に対しては、すでに次のような批判がある。それは、『魏志』倭人伝に「正始元年、太守弓遵《たいしゅきゅうじゅん》、建中校尉梯儁《けんちゅうこういていしゅん》等を遣わし、詔書・印綬を奉じて、倭国に詣り、倭王に拝仮し、ならびに詔をもたらし、金帛《きんはく》・錦罽《きんけい》・刀・鏡・采物《さいぶつ》を賜う」「塞曹掾史張政《さいそうえんしちょうせい》等を遣わし、因《よ》って詔書・黄幢《こうどう》をもたらし、難升米に拝仮せしめ、檄《げき》を為《つく》りてこれを告喩《こくゆ》す」とあるのが根拠となっている。たとえば、三木太郎は「『拝假』の行為のある場合、それは『仮』される本人に直接行なわれるのであって、現地に赴かず、しかも代理者に対して『拝假』が行なわれることは絶対にありえないことである」というのである（三木太郎「倭人伝の『拝仮』の問題」『倭人伝の用語の研究』所収、多賀出版、一九八四年。大庭脩『親魏倭王』（前掲）も参照されたい。ただし、大庭は晩年、遠絶なところにある国については魏側の事情により例外がなかったとは断定できないと、筆者に話されていたことを附記しておく）。

しかしながら、前掲の記事によると、張政らは卑弥呼ではなく、景初三年一二月に魏帝から率善中郎将に任ぜられ銀印青綬を与えられた倭人の難升米に詔書と黄幢を授け、邪馬台国にいる卑弥呼に告喩せしめたとも解し得る。

この率善中郎将というのは、魏に服従してきた異民族のなかの指導的地位にある者に対して与えられた称と考えられている。制度的にみれば、これらの称をもつ者もまた広義における魏の皇帝の官僚の一人であったとみなすこともできる。そうすると、難升米が魏の官僚という立場において、郡使にかわって詔書・印綬を奉じて邪馬台国に至り、卑弥呼に「拝仮」したというようなことがあっても不思議ではない。難升米が内臣（中国国内の官僚・封建諸侯）に与えられる「中郎将」に例外的に任ぜられている（『魏志』倭人伝・景初二年［実は三年］十二月の詔書）ことも、この推定を助ける。

邪馬台国は「遠絶」なところにあると認識されていたから、魏側の事情により、例外的にこのような措置も認められたと考えるべきであろう。

以上のようにみてくると、これまで難解とされてきた次の記述の傍線部についても、容易に理解することができる。

「王遣使詣京都帯方郡諸韓国及郡使倭国皆臨津捜露伝送文書賜遺之物詣女王不得差錯」(『魏志』倭人伝)

傍線部の読み方については従来、次のような諸説がある。

(一)皆津に臨《のぞ》みて、伝送《でんそう》の文書と賜遺《しい》の物を捜露《そうろ》し、女王に詣《いた》らしめ、差錯《ささく》するを得ず。

(二)皆津に臨みて捜露し、伝送の文書と賜遺の物を女王に詣らしめ、差錯するを得ず。

(三)皆津に臨みて捜露し、文書を伝送して賜遺の物を女王に詣らしめ、差錯するを得ず。

(四)皆津に臨みて捜露し、文書と賜遺の物を伝送して、女王に詣らしめ、差錯するを得ず。

いずれが妥当であろうか。(一)については「伝送文書」と「賜遺之物」が四文字ずつになっていて、文章の調子がよい。しかし文書だけを伝送して(あるいは文書だけが伝送されてきて)、賜遺の物がそうでないというのも不自然である。この点については、(二)も(三)も同断である。

㈣については、「皆海浜の港で点検・確認をうけ、文書と賜った品物を伝送して、女王のもとに届いたときに間違いが起こらないようにしている」と理解することができる。私は、この読み方がもっとも自然だと考える。

そうだとすると、「文書・賜遺之物」は伊都国から女王のもとへ伝送されていたことになる。だからこそ陳寿は伊都国について書いたときに「郡使の往来常に駐《とど》まる所なり」と特記したのである。してみると、これら一連の記事は「郡使は常に伊都国に留まっていて、邪馬台国までは行っていない」とみる前述の解釈の有力な証左となる。

これを要するに、郡使（梯儁《ていしゅん》・張政《ちょうせい》ら）は邪馬台国までは行っていないと考えることができるのである。少なくとも郡使が邪馬台国まで行っているとした場合、その道程をなぜ里数で示さなかったのか、また水行一〇日にして上陸した国の様子や邪馬台国に至るまでの国々の様子、邪馬台国の近隣の国々（旁国二一国）の様子などについてなぜ記さなかったのか、といった疑問に答える必要があると思う。

ところで、里程の記事でもっとも問題となるのは、「郡より女王国に至る万二千余里」の記載である。畿内大和説・九州説のいずれの説においても、無批判にこの記事を信じ、それを前提として論を展開している研究者が少なくない。しかし、はたしてこの記事に信憑性はあるのだろうか。

投馬国と邪馬台国までの道程以外、『魏志』倭人伝では道程はすべて里数で表されている。しかし、これらの里数がすべて実際の道程より長く記されていることは、周知のとおりである。伊都国以降の道程を連続式で読もうが、放射状式で読もうが、そこに示されている里数が実際の距離よりかなり長く記されていることに変わりはない。とすると、「万二千余里」の記載もまた事実ではないと考えられねばならないのではないか。この里数に信憑性があることを証明した研究者は誰もいないのだから、この里数だけを特別視し、信じられるというわけにはいかないのである。したがって、「万二千余里」から一〇七〇〇余里（帯方郡〜不弥国までの距離――連続式の読み方の場合――）を差し引いた一三〇〇余里が不弥国から女王国（邪馬台国）までの距離であるとか、「万二千余里」から一〇五〇〇余里（帯方郡〜伊都国までの距離――放射状式読み方の場合――）を差し引いた一五〇〇余里が伊都国から女王国（邪馬台国）までの距離であるとかといった議論は、当然成り立たないことになる。

では、なにゆえ「万二千余里」といった里数が記されているのであろうか。今後さらに究明される必要があるが、私は現在のところ、邪馬台国がはるか「遠絶」のかなたにあると認識されていたことから、このような里数が記されたのではないかとする説に賛成している（72頁参照）。

連続式読み方と放射状式読み方について

伊都国以降の道程をたどる場合、連続式の読み方と放射状式の読み方があることを述べた。では、そのいずれが妥当であろうか。放射状式の読み方によって邪馬台国北九州説（筑後山門郡説）を本格的に唱えたのは榎一雄である。今日でも多くの支持者がいる。ただし、この説の成り立ち難いことについてはすでに触れた。しかし、それにもかかわらず、放射状式の読み方そのものは一つの解釈としてなお有効であり、かつ魅力的である。

さて、畿内大和説を採る研究者の多くは、連続式の読み方を妥当とする場合が多い。しかし、いずれの説も十分納得のできる内容とはなっていない。畿内大和説による道程研究を取り上げてみると、次のようになる。

北九州のどこかに所在した不弥国より南（実際には東）へ水行二〇日行くと、投馬国に至る。さらにそこから南（実際は東）へ水行一〇日、さらに陸行一月行くと、邪馬台国（女王国）に至る。

この場合、投馬国の所在地が問題となる。これまで、備後国鞆の浦説をはじめ、播磨国須磨説、周防国佐婆《さば》郡玉祖郷《たまのおやごう》説（山口県防府市）、出雲国説、但馬国説などが唱えられてきた。しかし、いずれの地に比定しようとも、そこから畿内大和への道程が「水行一〇日、さらに陸行一月」を要することはあり得ないのである。たとえば、出雲を投馬国に比定し、そこから水行一〇日で丹後半島あるいは敦賀に上陸して大和へ入って行ったとしても、陸路に一ヶ月を要することはあり得ないであろう。また、大和からもっとも遠い周防説を採ってみても、周防国から平安京までの距離を往路の陸行「十九日」、復路の陸行「十日」とする『延喜式』の記載（図12・59頁参照）を参考にすると、「水行一〇日、さらに陸行一月」を要したとは考え難いであろう。要するに、連続式で読んだ場合、邪馬台国畿内大和説のいずれの説を採ってみても、道程の点で不都合が生じてくるのである。

この不都合は、九州説にあっては、さらに深刻である。前述したように「万二千余里」の記事が信じられないとすれば、九州説にあっても畿内大和説の場合と同じように、投馬国までの「水行二十日」と邪馬台国までの「水行十日、陸行一月」の記事がもっとも重要な史料となる。しかし、北九州の不弥国から南へ「水行十日、さらに陸行一月」も行くと、とうてい九州の範囲には収まらない。そこで、「水行十日、陸行一月」の記事は「水行十日、陸行一日」の誤りではないかとする説も唱えられている。しかし、恣意に倭人伝の語句を改定することは慎まねばならない[7]。要するに、九州説の場合、連続式の読み方では畿内大和説以上に、その成立が困難であるといわざるを得ない。

では、放射状式の読み方Ⅱで考えてみると、どのようなことになるか（図18）。北九州の伊都国から南（実際は東）へ「水行二十日」行くと、投馬国に至る。しかし、これとは別に、伊都国から南（実際は東）へ「水行十日」と「陸行一月」行くと、邪馬台国に至る。邪馬台国へ行くルートと投馬国へ行くルートが別々のルートであったことは、伊都国から「水行十日」で上陸し、邪馬台国へ行っていることから明らかである。もし両者が同じルート上にあるのならば、「水行十日」ではなく、「水行二十日」で上陸し、そこから邪馬台国までの陸行所要日数を記したはずである。

伊都国から邪馬台国へ行く場合、「水行十日」で上陸し、そこから一ヶ月ほど陸行して邪馬台国に行くわけだが、上陸した地点はどのあたりに比定できるであろうか。

私は海岸部に出現期古墳が点在する周防灘《すおうなだ》に注目する。九州側では、この時期最大級の前方後円墳である石塚山古墳（北九州市、墳丘長約一三〇メートル・三世紀末〜四世紀前半）が豊前に、そして、国《くに》東《さき》半島の付け根にも多くの三角縁神獣鏡を副葬する赤塚《あかつか》古墳（宇佐市、墳丘長約五八メートル・三世紀末〜四世紀前半）や免《めん》ヶ平《ひら》古墳（同上・墳丘長約五一メートル・四世紀前半〜中葉）などがある。

周防灘は本州の西端に位置する。古代交通の要衝であった長門・周防（今の山口県）附近に上陸

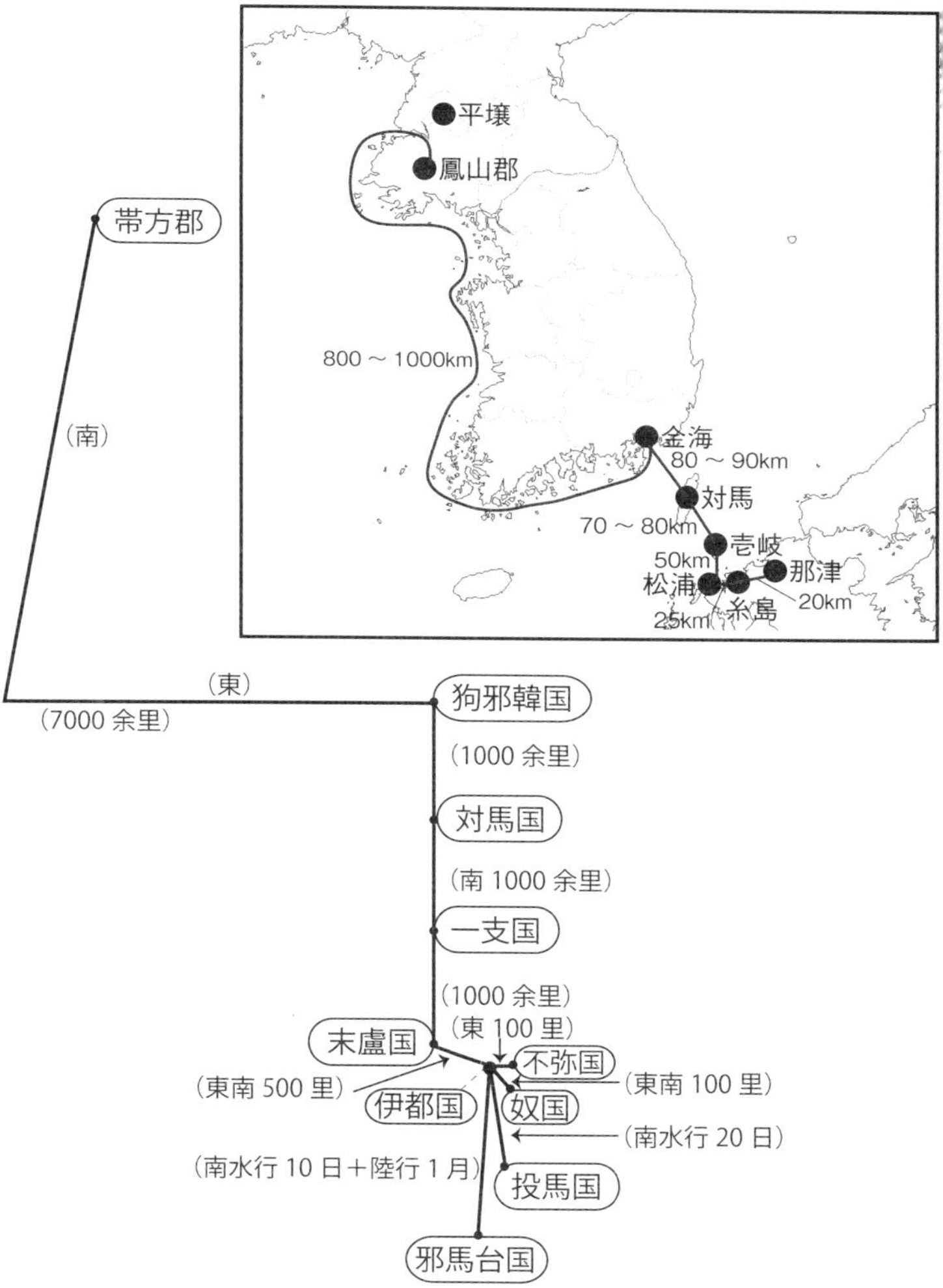

図18　邪馬台国への道程（放射状の読み方Ⅱ）

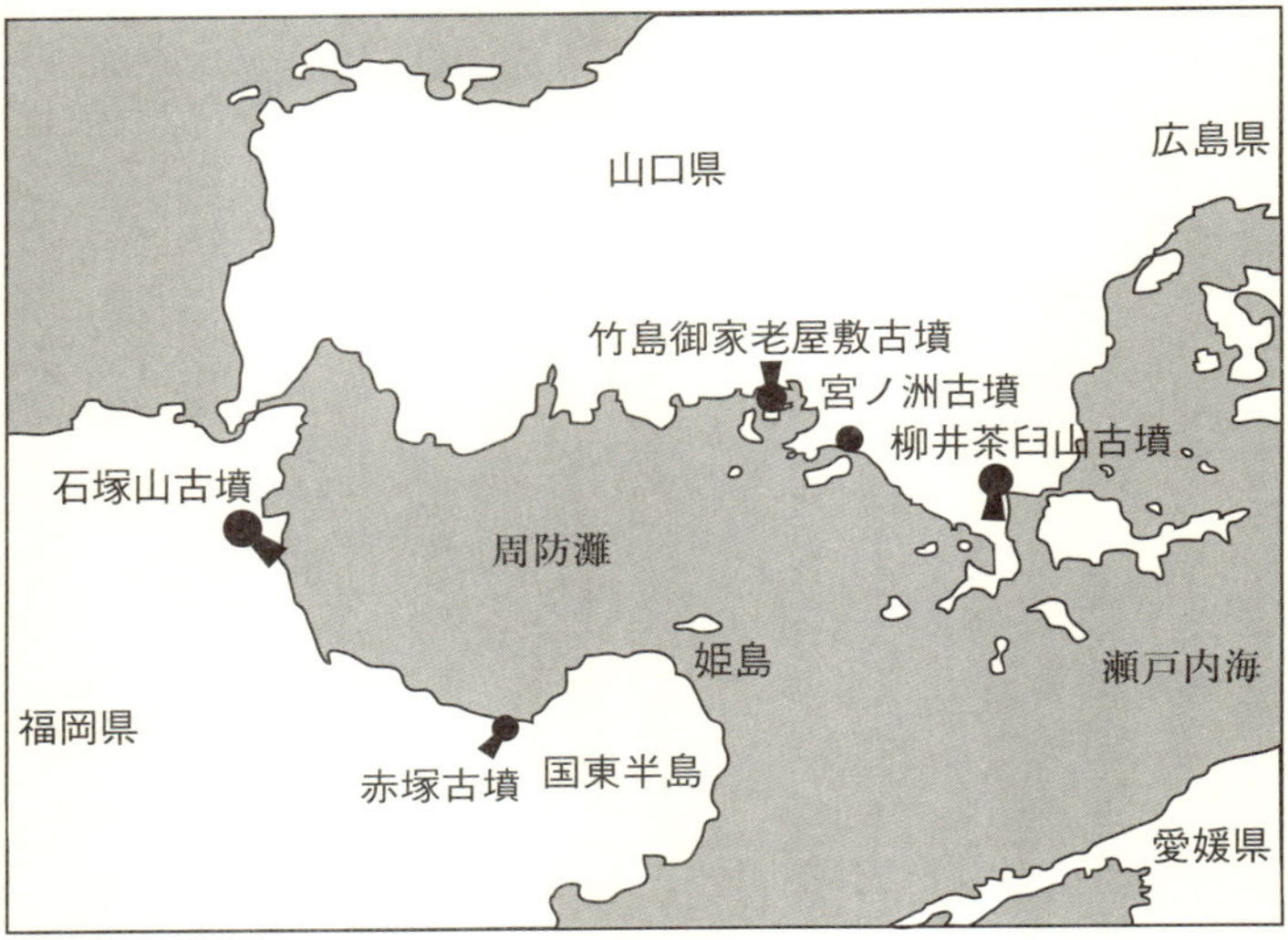

石塚山古墳（130m）	●●●●●●●◎
赤塚古墳（58m）	●●●●●
竹島御家老屋敷古墳（56m）	●●●◎
宮ノ洲古墳（不明）	●●◎○
柳井茶臼山古墳（90m）	▲◎○○○

●三角縁神獣鏡
▲仿製三角縁神獣鏡
◎中国鏡
○仿製鏡
※石塚山古墳は現存鏡のみ。
全部で 14 面出土の伝承あり。

周防灘をめぐる前期古墳と副葬鏡

図19　水行十日後、どこに上陸したのか

した可能性が大きいと考える（図19）。周防には、「正始元年《せいしがんねん》（二四〇）陳是作《ちんていさく》」銘をもつ三角縁神獣鏡をはじめ、「天王日月」銘三角縁四神四獣鏡・「劉氏作《りゅうしさく》」銘神人車馬《しんじんしゃば》画像鏡《がぞうきょう》などの鏡を副葬する竹島《たけしま》御《ご》家老《かろう》屋敷《やしき》古墳（新南陽市、墳丘長約五六メートル・四世紀初頭）がある。また、「王氏作」銘三角縁盤龍鏡・三角縁四神四獣鏡・半円方形帯神獣鏡《はんえんほうけいたいしんじゅうきょう》・仿製内行花文鏡《ぼうせいないこうかもんきょう》などが出土した宮《みや》ノ洲《す》古墳（下松《くだまつ》市、墳形不明。四世紀前半）や国森《くにもり》古墳（熊毛郡田布施町、南北約二七・五メートル・東西約三〇メートルの方墳、三世紀末〜四世紀前半）などもあって、すこぶる注目される。そのほかにも後続古墳とされる、わが国最大級の大型仿製鏡を副葬する柳井茶臼山《やないちゃうすやま》古墳（柳井市、墳丘長約九〇メートル・四世紀後半）も存在する。

そこで、仮に上陸地点を徳山湾附近に想定してみると、日程の点でも興味深い結果が得られる。『延喜式』によると、道路や駅制が整備されていた平安時代には周防国から平安京まで往路の陸路で「十九日」、復路の陸路で「十日」が標準とされていたから、条件の悪い三世紀代にあっては、周防〜大和間を「一月」というのはまことに妥当な日数であるといえる（図12・59頁参照）。

しかし、そのように考えた場合、なぜ陸路ではなく、海路を利用しなかったのかという疑問がわいてくる。船を利用すればいちどきに大量の物資を運ぶことが可能であるし、また後世における瀬戸内海が海上交通のうえで、あたかも地中海のごとき存在であったことがそうした疑問を生じさせる。この疑問に対して私は、周防から安芸に至る多島海域には反邪馬台国連合ないし非邪馬台国連合の集団が存在し、海上において敵対的行為を繰り返していたというような事情を想定しておきたいと思う。もちろん陸路にあっても略奪行為や敵対的行為はあったに違いないが、海路に比べて陸路のほうが、はるかに危険度が小さかったからではないか。瀬戸内海ルートが頻繁に利用されるのはこれよりややのちの時代のことであって、それは畿内を基盤とした初期ヤマト政権の勢力拡大の過程と不可分であろう。この点は考古資料等によって今後、詳細に跡付けるべきである。初期ヤマト政権の伸張については、第Ⅱ部にゆずりたい。

伊都国～周防の海路については、潮流が速くて渡海に難渋する関門海峡を渡るルートではなく、前述したように糸島半島（福岡県）→（石塚山古墳→赤塚古墳）→国東半島（大分県）→新南陽市・下松市附近（山口県）のルートが考えられる。「水行十日」はこのルートを指している可能性が大きいであろう。

また、放射状式の読み方Ⅱに従うと、陳寿が考えていたと思われる倭人伝の計算式とも合致する。陳寿は倭の地について、「道路は禽鹿《きんろく》の径《けい》の如し」「草木茂盛し、行くに前人を見ず」というような状況を頭に浮かべていたと考えられる。そこで、ここでは仮に邪馬台国時代のことを記している『魏志』明帝紀を重視して、軍隊の移動と同じく陸路で一日四〇里、海路はその〇・九倍～一・三七倍程度とみておく（第三章58頁参照）。帯方郡から邪馬台国までの距離を計算してみよう。

帯方郡～伊都国は一〇五〇〇余里で、伊都国～邪馬台国（水行＋陸行）は約一五六〇里～約一七五〇里、合計一二〇六〇余里～一二二五〇余里である。

この里数は、奇しくも陳寿が「郡より女王国（邪馬台国）に至る万二千余里」とする里数と合致する。しかし、これを連続式の読み方で計算してみると、一二九八〇余里～一三五四〇余里となり、陳寿が記す「万二千余里」とは一致しない。このように、連続式の読み方では倭人伝の道程記事を整合的に理解できないのに対し、放射状式の読み方Ⅱで読むと、倭人伝の里数はきわめて合理的に理解することができるのである。ただし、これらの里数が信じられないことについては前述した。

以上はあくまでも一つの臆測にすぎない。しかし、陳寿は伊都国以降を放射状式の道程で記し、前述したような里数の計算式を脳裏に描いていたのではないだろうか。

それにしても、陳寿はなぜ「水行十日、陸行一月」を里数に換算して倭人伝に記さなかったのであろうか。簡単な計算で出せたはずである。また編述方針に一貫性を欠くと批判されても仕方ないのに、なぜ邪馬台国と投馬国についてのみ、例外的な書き方をしたのであろうか。その理由は、陳寿がこの両国については倭人からの伝聞に基づいて書かれた郡使の報告書を尊重したからである、とみるのがもっとも自然な解釈であろう。

陳寿が依拠したと考えられている『魏略』(第二章37頁参照)には、伊都国から女王国の旁国二一国までの記事が見当たらない。ということは、『魏志』倭人伝のこれらの記事の出典が『魏略』以外の史料であることを示している。『魏略』に全く見えない「日数」の記載が『魏志』倭人伝の伊都国以降の記事に突如として現れるのも、そのためである。おそらく放射状式に記載されていた原史料の記事を陳寿がそのまま倭人伝に記した結果、二様の記載方法が現れることになったのであろう。『魏略』に伊都国以降の記事がみえないことと、『魏志』倭人伝の伊都国以降の記事に「放射状式の読み方」と「日数の記事」が現れることとは、けっして単なる偶然の一致として放擲《ほうてき》すべきではあるまい。

そして、『魏志』倭人伝が依拠したその原史料とは、著作郎の陳寿でしか実見できなかったもの、すなわち官府に保管されていた郡使の復命書であった可能性がもっとも大きい。

これまで、一つの史書のなかで二様の読み方が存在するのは不自然であるとして、これを退ける説が少なくなかった。しかし伊都国以前と以後で書き方が異なっているのはなぜかという疑問に対して、いまだに納得のいく解答が出されていない。二様の書き方が行われているのには、やはりそれなりの理由が存在するのであって、それは以上のように考えることによって初めて無理なく理解することができるのである。

ただし、『太平御覧』(九八三年成立)所引の『魏志』では、奴国については方位(東南)・国名(奴国)・距離(百里)の順に記しているが、不弥国・投馬国・邪馬台国については方位・距離・国名の順に記している。したがってこの『魏志』を現行『魏志』の異本(内藤湖南説ら)とみれば、放射状式の読み方に不利となる(放射状式の読み方については第三章60頁以下参照)。『太平御覧』所引『魏志』と現行『魏志』との関係についてはさまざまな説があるが、私は異本ではないとする説を支持しているので、両書の書き方の違いは両書が依拠した史料に対する編述者の解釈の違いにその原因があるとみている。それゆえ、『太平御覧』所引『魏志』を根拠として現行『魏志』の伊都国以降の記事を放射状式には読めないとする批判は当たらないと考えている。おそらく『太平御覧』所引の『魏志』は、現行『魏志』が「その国、本また男子を以て王となし、住まること七、八十年。倭国乱れ、相攻伐すること歴年」とする箇所を「漢の霊帝の光和中、倭国乱れ、相攻伐して定まるなし」としていることから考えて、『後漢書』の「桓・霊の間、倭国大いに乱れ」と現行『魏志』[8]、ないしそれらを収載した類書[9]に基づいて記述されたものであろう。なお、『太平御覧』所引『魏志』が現行『魏志』の異本ではないとする点については、以下の論考を参照されたい[10]。

これを要するに、『魏志』倭人伝の伊都国以降の記事は放射状式に読むのが妥当であり、そしてこの読み方で解釈すると、倭人伝の道程記事は邪馬台国が畿内にあったことを示していることになる。したがって私は、伊都国以降を放射状式に読むとともに、「水行十日、陸行一月」を「水行一〇日、さらに陸行一月」と解釈して邪馬台国は畿内にあった、とする説を支持するものである。

記事の述作者

『魏志』倭人伝の里数・方位記事は、実際に倭の地に赴いた郡使の報告書に基づいて書かれたと考えている研究者が少なくない。しかし、はたしてそうであろうか。まず里数記事から考えてみる。

倭人伝の里数記事が実際の距離よりかなり誇大に書かれていることは、周知のとおりである。そこで、これらの里数を実際の距離と照らし合せて引き伸ばされた比率を探り、そこから邪馬台国の位置を想定する試みが行われてきた。また「万二千余里」(帯方郡〜女王国)から一〇七〇〇余里(帯方郡〜不弥国――連続式読み方)や一〇五〇〇余里(帯方郡〜伊都国――放射状式読み方)を差し引いた一三〇〇余里、あるいは一五〇〇余里が、それぞれの国(前者は不弥国、後者は伊都国）から邪馬台国までの距離となるところから、不弥国あるいは伊都国から邪馬台国までの距離は実際にはそれほど遠い距離ではないとして、九州説を主張する研究者も少なくない。

しかし、これらの説の多くは「万二千余里」の記事を前提として論を組み立てており、すでにその時点で成立しないことを説いた。さらに問題なのは、不弥国から邪馬台国まで（一三〇〇余里――連続式読み方）は末盧国から不弥国までの距離（七〇〇余里――連続式読み方）の一・九倍弱に当たる、あるいは伊都国から邪馬台国まで（一五〇〇余里――放射状式読み方）は対馬国から一支国までの距離（一〇〇〇余里）の一・五倍に当たるといった点を根拠として、九州説が導きだされていることである。

こうした考え方には大いに疑問がある。なぜなら、倭人伝に記されている各国間の里数は実際の距離と必ずしも比例関係にあるわけではなく、基準とされる各国間の里数によって、いかようにも解釈できるからである。[11]

したがって、短里比例説的な考え方は根本的に見直されねばならない。それにしてもなぜ、倭人伝の里数は実際の里数と大きく懸け離れてしまったのだろうか。

この疑問についてもさまざまな見解がある。しかし少なくとも、倭人伝の里数記事が郡使の報告書に依拠しているとみる見解は成り立ちそうにない。なぜなら、実際に二回も倭の地に赴いている郡使たち（梯儁・張政ら）が、道程の里数において、そこまで計数間違いを犯したとはとうてい考え難いからである。多少の誤差はあったにせよ、報告書に書かれていた里数は、特に陸路にあってはかなり事実に近いものであったとみるのが自然である。

では、なぜこのような誤った里数記事が記されることになったのか。そこで注目されるのは、帯方郡から狗邪韓国までの行程が「七千余里」（約三〇六〇キロメートル）とされていることである。実際にはその三分の一にも満たないほどの里程であったかとも推察されるが、郡使がこれほどの誤りを犯したとは考え難い。

実はこの里数は、帯方郡の南の韓の地を「方四千里可り」と記す『魏志』韓伝の記載と整合するのである。とすると、これらの記事は陳寿を中心とした中央史官の手に成るものと考えるのが妥当である。陳寿は倭の地に赴いた郡使の報告書を読みながらも、あえてこのように記したものと考えられる。一支国以降の倭の地における里数についても、全面的に報告書に依拠することをせず、それに修正を加えながら（実は改変しながら）倭人伝の記事を記述したものと考えられるのである。

次に方位について考えてみる。倭人伝の方位は特に末盧国以降、かなり大きな誤りがある。末盧国（唐津市桜馬場遺跡）から伊都国（糸島市三雲遺跡・井原遺跡など）へは「東南」ではなく「東北」（唐津市宇木汲田遺跡）もしくは「東」（唐津市桜馬場遺跡）であるし、伊都国から奴国（福岡市那珂遺跡・比恵遺跡・須玖岡本遺跡）へは「東南」ではなく「東」とすべきである（図20）。

豊かな天文の知識を有していたであろう郡使の一行が、このような初歩的ミスを犯したとはとうてい考え難い。とすると、方位についても里数の場合と同じように、陳寿らは報告書を読みながらも、これに全面的に依拠することをせず、当時の史官たちの地理的知識に従って修正を加え（実は改変し）、つじつまを合わせて記したものと考えられるのである。

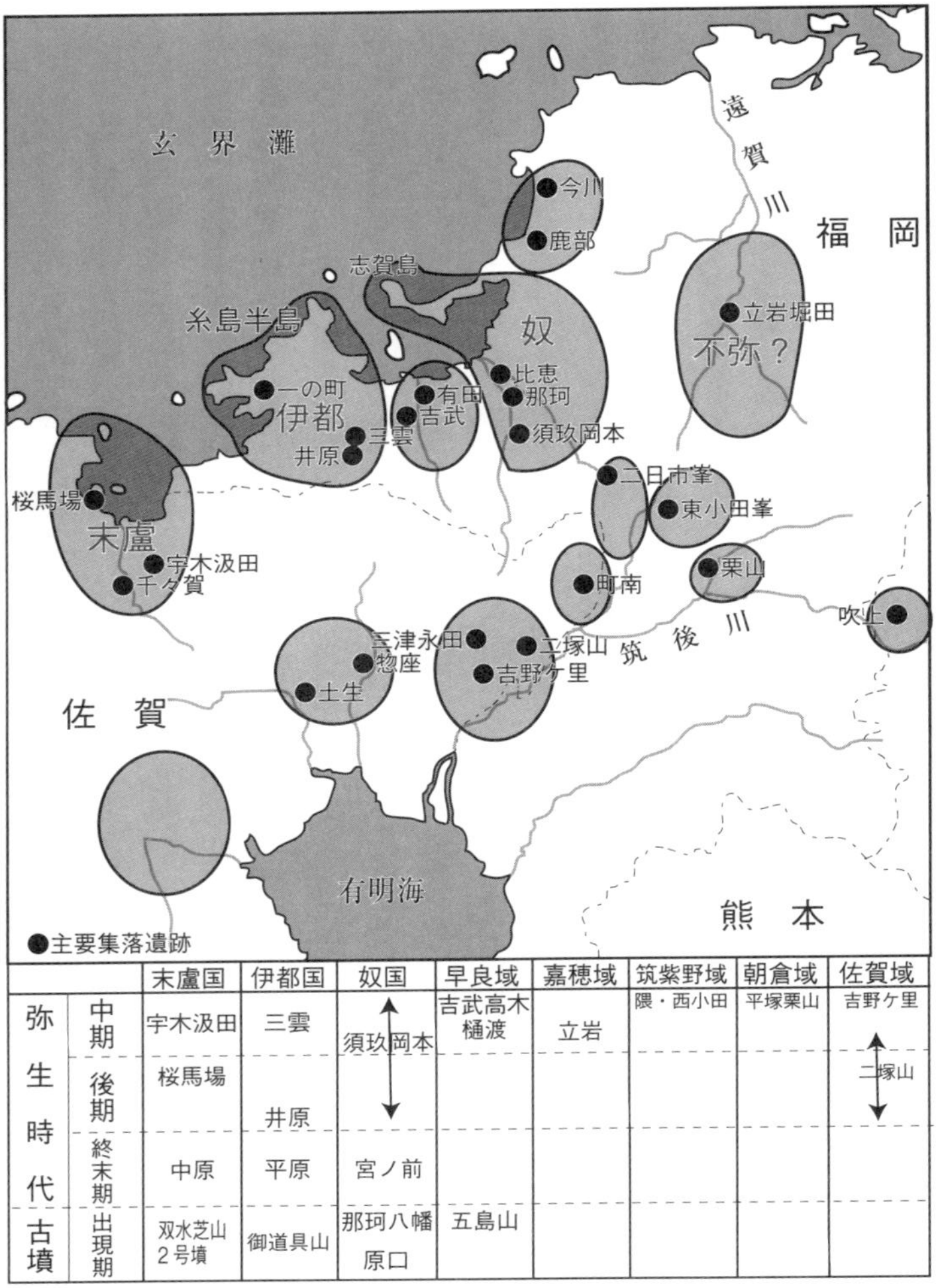

		末盧国	伊都国	奴国	早良域	嘉穂域	筑紫野域	朝倉域	佐賀域
弥生時代	中期	宇木汲田	三雲	須玖岡本 ↑	吉武高木 樋渡	立岩	隈・西小田	平塚栗山	吉野ケ里 ↑
	後期	桜馬場	井原	↓					二塚山 ↓
	終末期	中原	平原	宮ノ前					
古墳	出現期	双水芝山 2号墳	御道具山	那珂八幡 原口	五島山				

図20　北部九州の主要集落遺跡と墳墓の消長

では、なにゆえ、陳寿らは第一等史料であるはずの復命書に拠らず、当時の地理的知識に拠って修正を加えながら記したのか。それは、当時の地理的知識がいわば「学界の通説」であり、皇帝を中心とした支配者層や知識層の間では「常識」となっていたからにほかならない。

『魏志』より少し前の、晋の泰始二年（二六六）から大康元年（二八〇）の間に編纂されたといわれる『広志』[12]は、邪馬台国の位置を「倭国、東南に陸行すること五百里にして、伊都国に到る。また南して邪馬（嘉）臺国に到る」[13]と記述し、伊都国の南の方角にあるとする。また『魏略』も『魏志』と同じく「倭在帯方東南大海中」と記述する。したがって朝鮮半島の東南の方向に倭の島々が点在しているとする認識は、当時の「常識」となっていたといってよい（第五章90〜95頁も参照）。陳寿はこの「常識」を根底から覆すことができなかったのである。

こうした「常識」は一度定着すると、それを覆すことは、なかなか困難なものである。特に地理観は宗教観と不可分の関係にある場合が多く、一度宗教思想と結び付くと、よほどの新事実が見つからない限り、容易に修正されないという性質をもっている。たとえば中世のヨーロッパ社会において、地動説と天動説をめぐり、激しい論争が繰り返されたことは周知のとおりだが、事情はこれによく似ているといってよい。

『隋書』俀国伝をみると、中国では隋帝国の時代には、実際に遣隋使とともに倭の地に赴いた裴世清の復命書によって日本が東西に長い列島であることが知られていた。私は、倭の地が東西に長いとする知識は、五世紀代の南朝において、すでに存在していたと考えている。なぜなら、『宋書』倭国伝所載の倭王武の上表文（四七八年）に「東（後の東国――筆者）は毛人《もうじん》を征すること五十五国、西は衆夷《しゅうい》を服すること六十六国、渡りて海北《かいほく》を平ぐること九十五国」とみえているからである。しかし、これらにもかかわらず、一二、一三世紀に至るまで、日本列島に対する古い地理観が生き残っていたのである。

『魏志』倭人伝をめぐる数々の疑問は、陳寿が当時の地理的認識の「常識」を打ち破ることができなかった点に主要な原因があったとすべきであろう。批判するつもりは毛頭ないが、陳寿もやはり、帝国の一人の官僚にすぎなかったのである。

第六章　卑弥呼の鬼道と三角縁神獣鏡

鬼道とは何か

『魏志』倭人伝に、卑弥呼は「鬼道《きどう》に事《つか》え、能《よ》く衆を惑《まど》わす」とあるが、この「鬼道」とはいったい、いかなるものであろうか。

『魏志』張魯《ちょうろ》伝に「遂に漢中によりて鬼道を以て民を教え」とある。『蜀志』にも「張魯の母、始めて鬼道を用う」とみえる。張魯とは、五斗米道《ごとべいどう》の創始者である張陵《ちょうりょう》の孫に当たる人物である。重松明久はこれらを検討し、卑弥呼の鬼道も五斗米道系の鬼道を指すとの説を提起している。[1]

五斗米道とは二世紀後半に張陵が漢中（陝西省南郷県）で始めた宗教で、祈禱と呪水によって病気を治し、平癒の謝礼として米五斗（現在の約五升）を出させたのでこの呼称があるという。

人間が病気になる原因は罪過である。そこで病人はその罪過を反省して、天と地と水の神に「三《さん》官手書《かんしゅしょ》」を捧げて再び罪を犯さぬことを誓い、さらに贖罪《しょくざい》のために、道路の修復などの公共的作業に勤労奉仕すれば、病気は治る、と説いたようである。

五斗米道が広まったのは、「義舎」という無料宿泊所を各地に建て、旅行者に米と肉を与えるなどの福祉活動を行ったことによるものといわれている。この教団の信者は、はじめ「鬼卒」(鬼吏)と呼ばれ、篤信すれば「祭酒」と称して部下を統率し、教団の執務を行う。その一段上に「大祭酒」がおり、総帥が「師君」で、別称を「天師」といったところから「天師道」とも呼ばれていた。そして、創始者の張陵、次の張衡《ちょうこう》、そのあとを継いだ張魯を三師、または三張とも呼んだ。

五斗米道に影響を与えたとされているのが、後漢末に成立した宗教結社の一つ、張角の始めた「太平道」である。その教法は、漢の武帝時代の燕斉《えんさい》(渤海沿岸の河北・山東の地域)の方士たちの「使鬼《しき》」(鬼神駆使)の道術、すなわち鬼道の流れを汲むものとされている。この「使鬼」の道術の内容は、病気や災難は死霊としての鬼の祟りによるもので、呪《まじな》い信仰・お符《ふだ》信仰・神おろしなどにより、それらから免れることができるという迷信色の強い呪術的宗教であった。このような鬼道的な考え方は日本にも入ってきているようである。たとえば今でも寺院や神社で病気平癒や厄除のために護符をもらうことがよくある。このような習俗がいつごろ中国から伝わったのかはわからないが、五斗米道的な習俗と関連するものもあるようだ。

道教と鬼道との関係については、福永光司《みつじ》にすぐれた研究がある。[2]それによると、鬼道とはもともと鬼の往来する道路(『史記』封禅書)、または死者の道(『太平経』)の意であり、最高神天皇大帝を祀るものであった。後漢代になると鬼神を祀る呪術的な信仰儀礼となった。さらに魏晋代になると、超越的・神秘的世界に関する教説を「神道《しんとう》」と呼び、鬼道を克服した宗教形態である「神道」として「道教」が位置づけられるようになったという。したがって、道教は鬼道の上位にあり、鬼道は魏晋代以後にあっては、低俗なシャーマニズムを意味するものとしてこの言葉が使われていたようだと、述べている。

卑弥呼の鬼道

二三八年（魏の景初二）八月、公孫淵《こうそんえん》が魏の司馬懿《しばい》に斬られ、公孫氏が滅亡した。そこで曹操《そうそう》の子曹宇《そうう》が二三九年から燕王《えんおう》となる。ところが、その曹宇の妻は、実は張魯の娘であった。ここで、燕王と鬼道とがつながってくる。

一方、『魏志』韓伝によると、倭人は卑弥呼が共立される以前から、鉄をはじめとする物品の交易を通じて、朝鮮半島と深い関わりを有していた。そして、卑弥呼の時代における倭人のそうした活動を半島で管轄していたのが、公孫氏であった。ここで、卑弥呼政権と公孫氏とが結びついてくる。

このようにみると、卑弥呼の鬼道の源流は公孫氏のいた楽浪・帯方郡地域であったと考えるのが自然であろう。重松明久は卑弥呼の鬼道は、おそらく張魯の鬼道が移入され、流布したものだと推測している。しかし私は、上田正昭や大和岩雄らと同じように、五斗米道系の思想がそのまま日本に入ってきて、それを卑弥呼が信仰し、日本に鬼道を中心とした宗教王国が成立したのではなく、きわめて日本化された鬼道が行われていたのではないかとみる。[3] 日本の土着信仰と朝鮮半島から伝来してきた五斗米道系の鬼道とが習合して、いわゆる卑弥呼の鬼道が出来上がったのではないかと考えている。この点については日本古代の神話・伝説や遺跡にもその痕跡がみられるが、ここでは割愛する。

三世紀前半の倭の地にあっては、卑弥呼の鬼道を中心とした倭国連合体が成立しており、そしてそこでは宗教と政治とが不可分の関係で結びついていたと考えられる。したがって、卑弥呼の時代、もしくはその直後に出現した前方後円墳も鬼道と切り離して考えることができないという視点で捉えるべきであろう。岡本健一[4]や辰巳和弘[5]は、前方後円墳の墳形の意味は道教における神仙思想との関わりで考えられるべきである、とする説を提起している。示唆に富む見解である。

道教の霊具

前述したとおり、道教は鬼道の上位に位置すると認識されていた中国の民間宗教である。道教において重要なことは、鏡を霊具（祭具）として捉えていたことである。すなわち、中国古代における鏡の価値は一般的には物を映す点にあったが、道教においては、それはけっして単なる実用器具にとどまるものではなかったのである。

晋代の道教の士として知られる葛洪《かっこう》が著した『抱朴子《ほうぼくし》』（三一七年頃成立）内編の「雑応《ざつおう》」に「九寸以上の鏡に自分の顔を映し、思いを凝らすと、神仙の姿が鏡の中に見える」云々とある。また「登渉《とうしょう》」にも「山に入る道士たちはみな、直径九寸以上の鏡を背後に吊《つる》していた。こうすれば劫《こう》を経た魅《すだま》（精霊）も人に近づけない」云々とみえる。径九寸以上の鏡には呪術的な威力があるというのである。道術・神仙術で用いる鏡はどんな大きさの鏡でもよかったわけではなく、「九寸以上」に限定されていたのである。

九寸以上の鏡といえば、西晋では二一・六〜二三・五センチメートル前後（西晋の一尺は二四〜

二五センチメートル）以上、魏では二一・九センチメートル前後（魏の一尺は二四・三センチメートル前後）以上の大きさとなる。一〇～一五センチメートルくらいの大きさが一般的であった中国の鏡にあっては、かなりの大型鏡である。

そうすると、日本の古墳などから出土している三角縁神獣鏡が問題となる。なぜなら、一九九五年の報告によると三角縁神獣鏡は四七〇面ほど確認されているが、それらの面径のほとんどが二〇～二五センチメートルの範囲に収まっているからである。[6] そして、面径の平均値について、奥野正男[7]は二一・七センチメートル（径の知られる三四七面が対象）、安本美典[8]は二二・〇一センチメートル、岡村秀典[9]は二二・三センチメートルとしている。

とすると、三角縁神獣鏡は道教の霊具としての「九寸以上」の大きさの鏡を意識して作られている可能性が大きくなる。しかも、この鏡の図像は神仙・霊獣であり、道教の神仙思想に基づいている。このようにみてくると、鬼道、道教、九寸以上の鏡、そして三角縁神獣鏡の四者がつながってくる。

三角縁神獣鏡の特徴

三角縁神獣鏡の特徴を整理すると、次の諸点が挙げられよう。

①大型鏡ばかりである。面径は二〇～二五センチメートルある。

②大半は古墳の副葬品となるが、遺骸をいれた木棺の外に置かれている場合が多い。近畿地方では、棺外に置かれていた九六面のうち、八二面が三角縁神獣鏡であった。

たとえば、黒塚古墳（奈良県天理市）では計三四面の鏡が出土した。三角縁神獣鏡三三面と三角縁盤龍鏡一面は棺外に表を内側に向けて置かれており、棺内に置かれていた画文帯神獣鏡《がもんたいしんじゅうきょう》一面とは明らかに区別されていた。また、権現山《ごんげんやま》五一号墳（兵庫県たつの市）でも同じように表を内側に向けて置かれていた。

こうした状況からみて、考古学者の多くはその目的を魔よけ（辟邪《へきじゃ》）であったと考えている。[10]先ほど指摘した『抱朴子』の記事と照らし合わせてみても、妥当な考え方であろう。ただし、一部の研究者の間で、三角縁神獣鏡は埋葬時に使用する目的で製作された葬具ではないかとする説が唱えられている。しかし『抱朴子』を参考にすると、それは考えにくい。生前に辟邪としての鏡の威力が信じられていたからこそ、墓に副葬され、死後もその威力により平安を期したと考えるべきである。

なお、こうした鏡は威信財としての役割も有していたと考えられる。ただし、鏡のもつ呪術性を否定するものではないことを附記しておく。

③弥生時代終末から古墳時代初頭の墳墓では鏡を破砕して、その一部分だけを副葬したり、墓上で破砕してその大半を副葬する例が多くみられる。ところが、三角縁神獣鏡は基本的に破砕されることがない。福岡市老司《ろうじ》古墳出土の三角縁神獣鏡は破砕され、ペンダントのように穿孔《せんこう》されていたが、これは特殊なケースである。基本的に三角縁神獣鏡は壊されてしまうと威力が失われると考えられていた可能性が大きい。

④三角縁神獣鏡の図像には道教の神仙思想による、神仙・霊獣を浮彫りにした紋様が刻まれて

いる。また、銘文にも「東王父」「西王母」「辟邪」などの文字がある。

⑤一九九五年当時、古墳出土（方形周溝墓・台状墓・古墳出土と伝えられているものも含む）の三角縁神獣鏡は三七七面ほどあるといわれていた。この数は古墳時代遺跡出土鏡の約一割に当たる[11]。その後、桜井茶臼山古墳（奈良県）から大量の三角縁神獣鏡が検出されるなど、その数は増大の一途をたどっている。破片で出土しているものがあるので正確な数はわからないが、少なくとも五百数十面はあるだろう。そして、出土古墳のほとんどは畿内を中心とした前期前方後円墳である[12]。

邪馬台国所在地論でもっとも重要なのは、出土分布の中心が畿内であるという特徴である。卑弥呼の鬼道は、中国の鬼道・公孫氏・燕・道教・九寸以上の鏡（『抱朴子』）・三角縁神獣鏡と神仙思想、などと深い関わりをもっている。とすると、三角縁神獣鏡は卑弥呼の鬼道にとって不可欠な霊具であった可能性がきわめて大きくなる。その三角縁神獣鏡が畿内を中心にした古墳に出土分布をもつということは、いったい何を意味しているのであろうか。

この鏡の多くは初期ヤマト政権時代に築造された古墳から出土している。魏の年号である景初三年（二三九、島根県神原神社古墳出土）や正始元年（二四〇、群馬県柴崎蟹沢古墳出土・奈良県桜井茶臼山古墳出土・兵庫県森尾古墳出土・山口県竹島御家老屋敷古墳出土）の銘をもつ鏡が存在していること、そして同じく魏の年号の青龍三年（二三五）銘をもつ方格規矩《ほうかくきく》四神鏡がこの鏡と共伴している（安満宮山《あまみややま》古墳、大阪府高槻市・三世紀中葉）ことなどからみて、これらの三角縁神獣鏡が魏の時代、すなわち邪馬台国の時代とも深い関わりを有していることは疑う余地がない（図21）。

してみると、この鏡が倭鏡《わきょう》（仿製鏡《ほうせいきょう》）であろうが中国鏡（舶載鏡《はくさいきょう》）であろうが、ともかく畿内

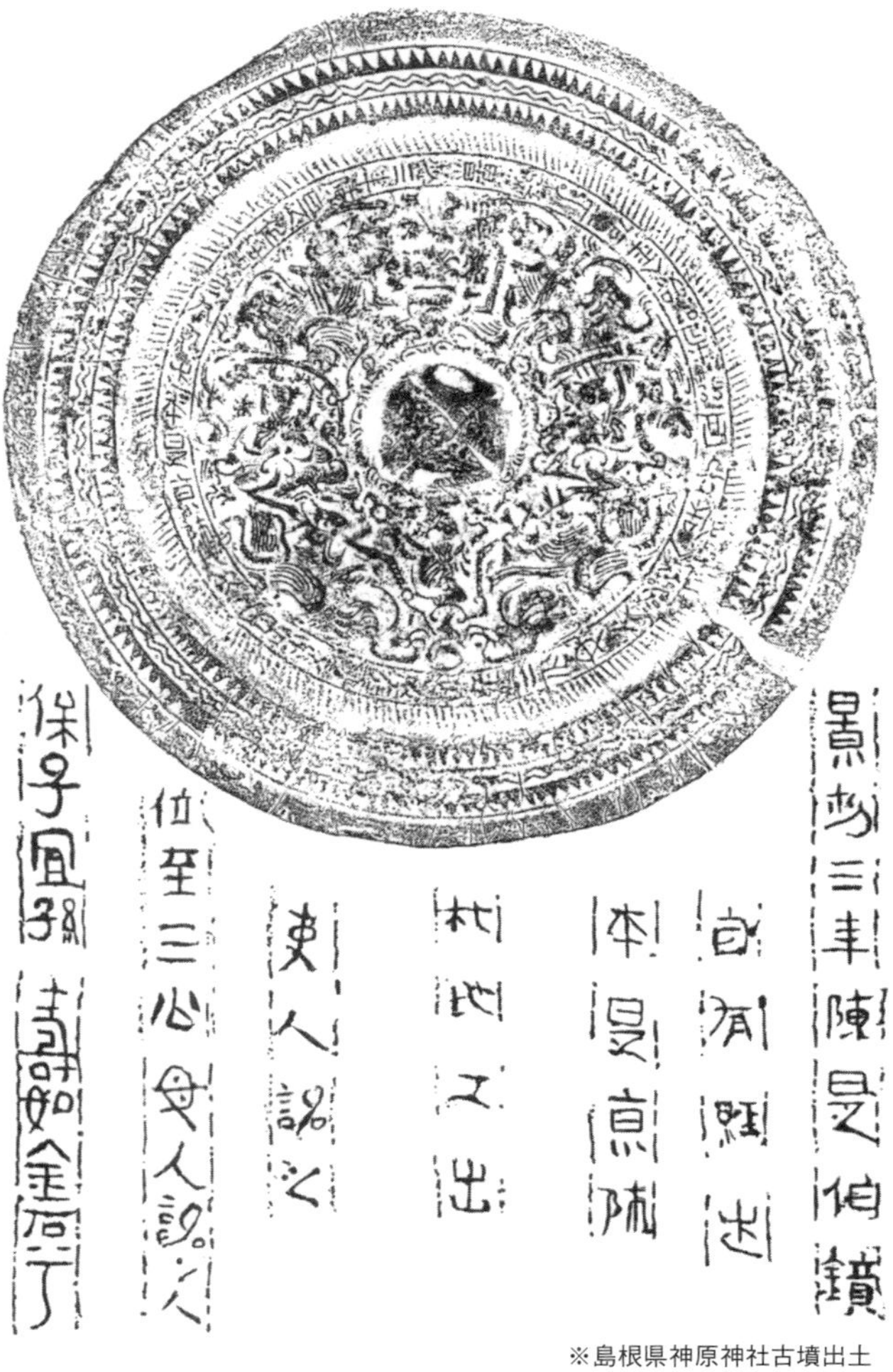

※島根県神原神社古墳出土

図21　「景初三年」銘三角縁神獣鏡

を中心に分布していることが重要であって、それは、邪馬台国が畿内に所在していたことを示しているにほかならない。

以上、先学の研究に導かれながら、卑弥呼の鬼道についての考察と三角縁神獣鏡の分布状況から、邪馬台国は畿内に所在していた可能性が大きいことを述べた。『魏志』倭人伝や邪馬台国・卑弥呼の研究は多岐に及ぶ。論じ残した問題も少なからずあるが、他日に期したい。

［附記］
引用文献は原則として原典から引用しているが、佐伯有清編『邪馬台国基本論文集』Ⅰ・Ⅱ・Ⅲ（創元社、一九八一〜八二年）から引用している場合もある。

第Ⅱ部

初期ヤマト政権の謎を探る

第七章　初期ヤマト政権とオホビコの伝承

はじめに

現在の考古学が明らかにしたところによると、三世紀代のある時期に、前方後円墳に代表される巨大な古墳が突如として登場する。[1]

これらの古墳は出現当初より墳形・内部構造・副葬品などの点において全国的に画一的な様相をもって現れるが、その中心地域は畿内大和にあるとされている。このことは、古墳時代前期前半にはすでに大和の首長を中心とした全国的規模における緊密な政治的結合体もしくは政治的連合体の存在していたことをうかがわせる。

この時期の大和の首長がどの程度の権威と権力とを保持していたかは明確にはしがたいが、概していえば、その傘下にあった地域首長と大和の首長との関係は専制的なものではなく、従属的な同盟関係ないしは連合関係に近いものであったろう。さらにいえば、この時期における両者の関係は、あくまでも共同体支配層の意思を体現した首長相互間における同盟、もしくは従属の関係であって、地方の政権は大和の政権に対して相対的に独立性を保っていたと考えられる。[2]

んだはずの猫は密室に、そして生きていたはずの猫は――。

茶の湯」の密室

神田紅梅亭寄席物帳

愛川晶

事件はすべて「落語の中」でオチをつけます――。死んだはずの猫が現れる「密室」、猫殺しで破門された元落語家の復権をかけた三題噺。凝りに凝った濃密な「本格落語推理」が、どちらの「通」も、うならせます！

四六判・1800 円（税別） ISBN978-4-562-05355-1

子さんの日々には冒険と事件があふれてる！

おぞら町　春子さんの冒険と推理

柴田よしき

春子は、ゴミ置き場に花を捨てに来た男性に声を掛け、その花を譲り受けた。数日後に再び花を捨てに来たのを見て、春子はあることの重大な意味に気づいたのだが……。春子と拓郎（プロ野球選手）が織りなす事件と日常と花々の冒険。

四六判・1600 円（税別） ISBN978-4-562-05337-7

広司のすべて、ここにアリマス。

柳屋商店開店中

柳広司

「ジョーカー・ゲーム」シリーズ作品から太宰に芥川のパスティーシュ、ホームズまで登場する彩り豊かな物語と、諧謔味あふれるエッセイまで収めた単行本未収録作品集。柳広司のすべて、ここにアリマス。

四六判・1600 円（税別）

ISBN978-4-562-05340-7

わず空を見上げたくなる光あふれる連作短編集

曲がり木たち

小手鞠るい

「ある事故」で突然障害を負った幼馴染への心の葛藤を描く「小さな木の葉に宿る一本の木」他、「生きづらさ」を抱えた主人公たちの人生が、いつしかある小さな公園で交差する全5篇。

四六判・1600 円（税別）

ISBN978-4-562-05346-9

郵 便 は が き

料金受取人払郵便

新宿局承認

6465

差出有効期限
平成29年9月
30日まで

切手をはらずにお出し下さい

160-8791

344

（受取人）
東京都新宿区
新宿一ー二五ー一三

原書房

読者係 行

1608791344 7

図書注文書（当社刊行物のご注文にご利用下さい）

書名	本体価格	申込数

お名前　　注文日　　年　　月

ご連絡先電話番号（必ずご記入ください）　□自　宅　（　　　）　□勤務先　（　　　）

ご指定書店（地区　　　）（お買つけの書店名をご記入下さい）

書店名　　書店（　　　店）

帳合

5354
邪馬台国と初期ヤマト政権の謎を探る

愛読者カード　塚口義信 著

より良い出版の参考のために、以下のアンケートにご協力をお願いします。＊但し、今後あなたの個人情報（住所・氏名・電話・メールなど）を使って、原書房のご案内などを送って欲しくないという方は、右の□に×印を付けてください。□

フリガナ
お名前　男・女（　歳）

ご住所　〒　－

市　町
郡　村
TEL　（　）
e-mail　＠

ご職業　1 会社員　2 自営業　3 公務員　4 教育関係
5 学生　6 主婦　7 その他（　）

お買い求めのポイント
1 テーマに興味があった　2 内容がおもしろそうだった
3 タイトル　4 表紙デザイン　5 著者　6 帯の文句
7 広告を見て（新聞名・雑誌名　）
8 書評を読んで（新聞名・雑誌名　）
9 その他（　）

お好きな本のジャンル
1 ミステリー・エンターテインメント
2 その他の小説・エッセイ　3 ノンフィクション
4 人文・歴史　その他（5 天声人語　6 軍事　7　）

ご購読新聞雑誌

本書への感想、また読んでみたい作家、テーマなどございましたらお聞かせください。

一方、大和の首長の基盤は巨大古墳の密集する奈良盆地東南部にあったと考えられるが、それはあくまでも首長によって直接的に把握されていた地域であって、首長を推戴《すいたい》していた政治勢力の基盤はさらに広大なものであったろう。それはおそらくのちの畿内《きない》にも匹敵するほどの範囲であったと推量され、複数の地域的政治集団の首長がこれまた大和の首長と従属的な同盟関係もしくは連合関係を結ぶことによって、より高次な政治集団を形成していたと考えられる。こうした政治集団の権力体を仮にヤマト政権と呼ぶことにするが、ヤマト政権はしたがって畿内政権という言葉に置き換えてもよい。

大和の首長、すなわちヤマト政権の最高首長が全国的な政治的結合体の軸となりえたのも、ひっきょうこの点に起因するのであって、それは畿内の政治勢力が他の地域的政治集団のそれに比べ、はるかにぬきんでていたからにほかならない。

このようにヤマト政権とは、畿内に本拠をもついくつかの政治集団の結合体であったと考えられるわけであるが、私見によれば、その最高首長権（のちの「大王」権）は四・五世紀代に少なくとも二回は動いている。[3]

すなわち、三世紀以来、盆地東南部に奥津城《おくつき》を築いた政治集団によって掌握されていたそれは、四世紀後半のある時期に盆地北部に所在する佐紀《さき》古墳群西群の被葬者たちのもとに移動した（図36・218頁）。さらに、四世紀末以降になると、盆地北部勢力の内部分裂を契機として、古市古墳群や百舌鳥《もず》古墳群を築造した河内（和泉をふくむ）の政治集団のもとに移動したと考えられる（図37、38、39・219〜221頁）。

ここで注意しておきたいのは、前者が盆地内部における最高首長権の移動であるのに対し、後者は大和から河内への移動であること、また、それにともなって、それまで大型古墳群造営地域以外にも散在的に築造されていた大型前方後円墳が、古市と百舌鳥に集中化するとともにその規模が急速に巨大化すること、である。この事実は、われわれに最高首長権の内容に質的な転換のあったことを推察せしめるであろう。それゆえ、河内に最高首長権が移るまでの権力体をそれ以降の権力体とは区別して、初期ヤマト政権と仮称することにしたい。

ところで、改めていうまでもなく、初期ヤマト政権の実態を究明するには考古学的な方法以外に、文献史料による歴史学的な方法がある。ところが残念なことに、若干の金石文と外国史料を除外すると、いまだ信憑性の確定しえない『記』『紀』以外には、典拠とすべき史料がほとんどないのである。

歴史学的な方法には限界があるといわざるをえないが、それでもすでに先学はこの障壁を乗り越えて、いくつかの注目すべき仮説を提示している。そこで私も、これら先学のすぐれた研究に学びつつ、初期ヤマト政権に関係ありとおぼしき『記』『紀』の伝承、特に小論ではいわゆる四道《しどう》将軍《しょうぐん》の一人として知られるオホビコ伝承を取り上げ、再検討を試みたいと思う。オホビコは『古事記』に大毘古命、『日本書紀』に大彦命と記されている。本章では『日本書紀』継体天皇二十四年春二月丁未朔《ひのとひつじのついたち》条の「大彦」の記載により、オホビコと呼ぶ（151頁参照）。

四道将軍の伝承

いわゆる四道将軍の伝承については、『日本書紀』崇神天皇条に以下のように記されている。

「十年の秋七月の丙戌朔《へいしゅつついたち》の己酉（二十四日）に、群卿たちに詔して、『民を導く根本は、教化することにある。今すでに天神地祇《てんしんちぎ》を崇敬して、災害はみな消え失せた。しかし、辺境の人どもはなお臣従していない。これはまだ王化の徳に浴していないからなのだ。そこで群卿たちを選んで、四方に派遣し、我が教えを知らしめよ』と仰せられた。

九月の丙戌朔の甲午（九日）に、大彦命《おおびこのみこと》を北陸道に遣わし、武渟川別《たけぬなかわわけ》を東海道に遣わし、吉備津彦を西道（山陽道）に遣わし、丹波道主命《たにはのみちぬしのみこと》を丹波（山陰道）に遣わされた。そして詔して、『もし教えを受けいれない者があれば、ただちに兵を差し向けて討伐せよ』と仰せられた。こうして、四人の者にそれぞれ印綬を授けて、将軍に任命された。……（中略）……

冬十月の乙卯朔《いつぼうついたち》（一日）に、天皇は群臣に詔して、『今や反逆した者はことごとく誅《つみ》に伏し、我が畿内は安寧である。ただし、畿外の王化に浴さない乱暴者だけは、まだ騒動が止まない。そこで四道将軍たちは、今ただちに発向せよ』と仰せられた。丙子《へいし》（二十二日）に、将軍たちは揃《そろ》って出発した。

十一年夏四月の壬子《じんし》朔の己卯《きぼう》（二十八日）に、四道将軍は、戎夷《ひな》を平定した状況を奏上した。この年に、異国の人が大勢朝廷に帰順して、国内は平安であった」[4]

また『古事記』崇神天皇の段にも、以下のようにある。

「また、この御代《みよ》に、大毘古命《おおびこのみこと》を北陸地方に派遣し、その子の建沼河別命《たけぬなかわわけのみこと》を東方の十二国に派遣して、そこの服従しない人たちを平定させた。また、日子坐王《ひこいますのみこ》を丹波国《たにはのくに》に派遣して、玖賀耳《くがみみ》之《の》御笠《みかさ》［これは人の名である］を殺させた」[5]

『古事記』では「西道《にしのみち》」派遣のことについては触れられていないが、同書の孝霊天皇の段に次のようにある。

「そして、大倭根子日子国玖琉命《おおやまとねこひこくにくるのみこと》は、天下を治めた。大吉備津日子命《おおきびつひこのみこと》と若建《わかたけ》吉備津日子命との二人は、連れだって、播磨《はりま》の氷河《ひかわ》の岬に忌《いわ》い瓮《へ》をすえて神をまつり、播磨を道の入口として、吉《き》備国《びのくに》を言向《ことむ》け平定した」

これを加えると、いわゆる四道となる。『記』『紀』の内容に若干の出入りはあるが大筋は一致しているので、これらの原形となった物語は『記』『紀』両書の有力な原史料となった「帝紀《ていき》」もしくは「旧辞《きゅうじ》」に、すでに存在していたとしてよかろう。

ところで、この伝承については、はやく津田左右吉にすぐれた考察がある。それによると、この伝承は「四方経略といふ概念によつて作られた物語に過ぎない」ものであって、歴史的事実とは認めがたく、『古事記』にある相津《あいづ》（福島県会津地方）の話も大化ごろにおける「エミシ経略の反映であらう」という。[6]

「帝紀」「旧辞」に掲げられていた四道将軍派遣伝承の成立年代についての津田の見解は明らかではないが、別の箇所で次のように述べていることから考えて、「帝紀」「旧辞」が成書化された六世紀中葉ごろに「述作せられた」と判断しているようである。後述する井上光貞の所論とも関連するので、やや詳しく抜粋する。

①　記録の術、もしくは前言往行を一定の詞章によつて語りつぐ特殊の制度があり、それによつて古事が伝へられたならば、或は上代の君主や英雄の事跡を歌つた叙事詩のやうなものがあつたならば、それは旧辞の編述の際に材料として採られねばならず、従つて何等かの形に於いて記紀の物語にも現はれねばならぬのに、一々の物語の内容についての著者の研究は、それらが何れも後人の述作であることを示したのであるから、さういふ材料は初から無かつたものとする外はない。記紀の記載には、旧辞から写しとられ又はそれによつて書かれたところでも、その原の姿でないところが多く、さうして上文の研究に於いてもその原の姿を悉く呈露させるには至らなかつた場合があるけれども、大体の性質はそれでわかつたはずである。さうして国家の成立に関する、或は政治上の重大事件としての、記紀の物語が一として古くからのいひ伝えによつたものらしくないとすれば、それらが幾らか旧辞の原形とは変つてゐようとも、根本が後人の述作たることに疑は無からう。第一篇に於いて述べた如く、古事記の応神天皇以後の巻々には、政治に関する物語が殆ど無く、歌物語や恋物語などばかりになつてゐながら、仲哀天皇以前の巻々が却つて政治的意義を有する説話から成立つてゐるのも、またそれが昔から伝へられたものでない一証であらう。新らしい時代のことが旧辞に載せられずして、それより前の時代のことが記されてゐたとは、考へられないからである。（二九六〜二九七頁）

②　然らば、記紀によつて伝へられた旧辞の物語は何を材料として述作せられたかといふと、その第一は後世の事実である。（二九八頁）

③　もつとも仲哀天皇以前の物語とても、後の事件をそのまゝに上代に移して記したといふのではなく、それを説話として結構したために、事件そのものとは全く異なつた形になつてゐるのである。(二九八頁)

④　しかし、帝紀の系譜の記載をどう見るにしても、ヤマトの朝廷の起源が、応神天皇のころから考へて、遠い昔にあつたこと、皇室がそのころまでに既に長い歴史を経過して来られたことは、明かに推知せられる。応神朝に半嶋の経略がはじめられ、その前にツクシの北部が帰服したとすれば、それより前の長い期間にヤマトの朝廷の勢力は漸次各地方にひろげられて来たに違ひなく、従つて皇室の由来は旧いとしなければならぬ。歴史的事実としてその間の情勢は、記紀の記載には全くあらはれてゐず、従つて帝紀にも旧辞にも記されてゐなかつたらうと思はれるが、もしさうならば、それはかういふことが記録せられるほどにその記録の術が進歩した時に、口碑としても伝説としても、その情勢が殆ど伝へられてゐなかつたからであり、さうしてそれほどにその歴史的事実が忘れられてゐたといふことは、皇室の成立とその勢力の発展とが、決して新しいことではなかつたからである。神武天皇の東遷といふやうな、事実に根拠の無い、物語の作られたのがヤマトの朝廷の真の起源が知られなくなつてゐたからのことであるとすれば、それは即ちヤマトに本拠のあつた皇室の由来の遠いことを、示すものである。それがいつからあつたものであるかは、もとより明かでないが、上記の情勢から考へても、それは遅くとも二世紀のころには、その地方に於ける鞏固な勢力として存在したはずである。このことについては、なほ後にも述べるであらう。

> 記紀によつて伝へられてゐる帝紀旧辞の記載、また旧辞から出た部分でない書紀の記載の性質は、ほゞかういふものである。だから、それによつて、我々の民族全体を包括する国家が如何なる事情、如何なる経路、によつて形成せられたか、といふことを知ることはできない。ヤマトの朝廷の勢力の発展の状態についても、歴史的事実がそれによつて知られるのではない。帝紀旧辞の初めて述作せられた時に於いて、既にそれがわからなくなつてゐたのである。それ故にこそ其の述作者は、其の空虚を充たすために、種々の人物とその物語とを作り、それを古い時代のこととして記したのである。（三〇七～三〇八頁）

そののち、一九五四年に井上光貞はこの所説を承けて、四道将軍の伝承は次に示す『日本書紀』崇峻天皇二年秋七月壬辰朔条の記事と無関係ではなく、現実に阿倍氏とその一族とが東方や越《こし》の経営に当たっていた六世紀末の史実を背景として成立した、とする新説を提唱した。[7]

「近江臣満《おうみのおみみつ》を東山道《やまのみち》の使者に遣わして、蝦夷《えみし》の国との境界を視察させた。宍人臣鴈《ししひとのおみかり》を東海道《うみつみち》の使者に遣わして、東方の海浜諸国の境界を視察させた。阿倍臣《あへのおみ》を北陸道《くぬがのみち》の使者に遣わして、越《こし》などの諸国の境界を視察させた」

一方、上田正昭は一九五九年に「大和国家と皇族将軍」なる論考を著わし、吉備や丹波、越および東方は崇峻朝で問題となる以前からすでに「県《あがた》制の施行を媒介とし、また屯倉《みやけ》経営の推進をテコとして」倭国家の権力が強く浸透していた地域であるから、この伝承は段階的に形成されてきたとみるべきであって、「西国より東国へという倭政権の勢力圏の拡大過程が、崇峻朝前後の事情をふくみこみながら、いわゆる四道将軍派遣説話の最終的完成のコースになったと考えられるのである」とする所説を提唱した[8]。

この点、米沢康の見解もほぼ同様で、次のように述べている[9]。

「伝説そのものがそれとして史実であり得ないことや、その記載に六世紀以降の史実の反映があることは既往研究の指摘される通りであろうが、その核には、やはり古代伝承が存在したものと思われる。唯、その核となった古代伝承は、上田氏が『孝霊記』の所伝を例示して示唆されたように、もともとは個別的なものだったのであり、和珥《わにし》氏の伝承する大彦命の伝承もまたその一つに他ならなかったであろう。それが『崇峻紀』に見えるような史実をふまえ、更には崇神朝を内外平定の世とする記・紀の構想によって、四道将軍派遣伝説としてまとめられ、記されたものと思われるが、この際、特に古代の越や東国と大和朝廷との関係が強く反映されたのは、やはり六世紀以後の史実が影響したものと思われる」

以上、ごく簡単に研究史を振り返ってみたが、そこには大きく二つの流れがあることに気づくであろう。一つは、この伝承を六世紀以降の仮作と見なす見解（A）であり、他の一つは、伝承の核となったものの存在を認め、段階的に形成されてきたと見なす見解（B）である。

このうち前者の見解、とりわけ井上光貞の所説はその後の学界に大きな影響を与え、埼玉県行《ぎょう》田《だ》市の稲荷山古墳出土の鉄剣（刀）銘が解読された一九七八年九月ごろまでは、いわゆる学界の定説としての位置を占めてきた。鉄剣の銘文については後述するが、「鉄剣銘が解読された一九七八年九月ごろまでは」というのは、周知のごとく、銘文に「意冨比垝」の名があり、井上はこれを

「崇神記」「崇神紀」にみえるオホビコに比定し、かつての自説を撤回したことによる（井上は明言していないが、氏の論文を比較すると、私にはそのように読み取れる）。

次節で説くように、結論的にいえば私もそれでよいと考えるが、一方において、意冨比垝は「オホ＋ヒコ」で普通名詞的な名であるから、必ずしも『記』『紀』にみえるオホビコを指すとは限らないという意見もある。したがって、両者を同一人物とみ、これによって四道将軍の伝承の一つが鉄剣銘の刻まれた「辛亥年《しんがいねん》」（私は四七一年説をとる）にはすでに存在していたとすることはできないのである。意冨比垝＝オホビコ説が成り立つためには、五世紀後半にオホビコ伝承が存在していたことを別の史料によって立証しておく必要がある。この点についての井上の論拠は、次のごとくである。[10]

「即ち、私が有効な仮説と考えている津田氏の記紀の伝説的記事の成立過程についての仮説によると、この伝説はこの銘文の書かれた辛亥年四七一年にはすでに口伝として成立しているのです。しかもまた、私は、前に申した『国造と親衛軍』の仮説を学界に提起して来ていますが、それによると、東国の国造の一族である銘文の人々、あるいはその親類は、トネリとして大和朝廷に参向し、天皇の宮居を守護していたのであります。こう考えると、この銘文を書かせた乎獲居臣が、四道将軍の英雄の一人で、北陸・東海につかわされた大彦命という将軍の名を知っているのは、むしろ当然と考えられます」

右によると、井上は五世紀後半にはすでに「記紀の伝説的記事」が「口伝」として成立していたとする津田左右吉の所説に、その論拠を求めていることが知られる。しかしこれは、井上の誤解ではなかろうか。なぜなら、右にみてきたごとく、津田は四道将軍のような「国家の成立に関する、或は政治上の重大事件としての」物語は、「古くからのいひ傳へによつたものらしくない」と説いているからである。したがって、井上の説明では必ずしも意富比垝＝オホビコ説に十分な論拠を与えたとはいいがたいであろう。

さて私は、四道将軍の伝承は段階的に形成されてきたとする見解（B）に賛成である。次にその根拠を簡単に述べておく。[11]

順帝の昇明二年（四七八）に倭王武が奉った『宋書』所載の「上表文」によると、「昔」より武の「祖禰《そでい》」（先祖たち）は、「躬《みずか》ら甲冑《かっちゅう》を擐《つらぬ》き、山川を跋渉《ばっしょう》し、寧処《ねいしょ》に遑《いとま》あらず。東は毛人《もうじん》を征すること五十五国、西は衆夷《しゅうい》を服すること六十六国、渡りて海北を平ぐること九十五国」に及んだという。

「祖禰《そでい》」の解釈についてはいくつかの説があるが、私は武の先祖たちの意、と解釈する説に左袒《さたん》する。この文章には多分に誇張があり、史実かどうかについては疑点もあるが、ここで問題としたいのは、そうした征服伝承が四七〇年代のヤマト政権のもとにすでに存在していた、という事実である。さらに、「祖禰《そでい》」の基盤たる大和が平定されていなければ東征や西征もあり得ないから、大和平定に関する建国説話も簡単な内容のものであったにせよ、すでにまとめられていたはずである。

してみると、倭王武、すなわち雄略天皇の時代には、「大和の平定」ではじまり「東征」「西征」を経て「朝鮮半島南部平定」（特に南部とする理由については後述参照）で完結する、一連の政治的性質の濃厚な王権の発達を語る物語群がすでに成立していたのであった。

一方、『古事記』の中巻には「東遷と大和の平定」（「神武記」）、「吉備の平定」（「孝霊記」）、「大和の神々の祭祀と三道将軍の派遣」（「崇神記」）、倭建命《やまとたけるのみこと》による「西征と東征」（「景行記」）、「国造《くにのみやつこ》・県主《あがたぬし》などの地方官任命」（「成務記」）、神功と応神による「朝鮮半島南部平定」（「仲哀記」）、「渡来系氏族の祖先伝承」（「応神記」）といった物語群があり、王権発達の歴史がみごとに描かれている。

こうした物語群を仮に「王権発達史の伝説」と呼ぶことにするが、ここで注目すべきは、両者の伝説における構造上の一致である。

すなわち、「大和の平定」は神武による「大和の平定」、「東征・西征」は四道将軍と倭建命による「東征・西征」、「朝鮮半島南部平定」は神功と応神による「朝鮮半島南部平定」と一致する。それればかりではない。上田正昭が的確に指摘したように、『記』『紀』の物語の主人公はいずれも天皇もしくは皇后・皇子とされているが、このことは「上表文」の主人公が武の「祖禰《そでい》」とされていることに、よく符合しているのである。[12] これらはもちろん、単なる偶然の一致と考えるべきではあるまい。『古事記』中巻の物語群が五世紀代に存在していたそれらを祖型として形づくられてきたことを示している、とみるのが妥当である。

さらにいえば、『古事記』の中巻が神武による「大和の平定」ではじまり、神功・応神による「朝鮮半島南部平定」および「渡来系氏族の祖先伝承」で終わっているのも、五世紀代よりはぐくまれてきた「原王権発達史の伝説」の枠に規定されたためにほかなるまい。

「上表文」でさらに興味深いことは、武の祖先たちによる征服物語が宋の皇帝に要求した「使持《しじ》節《せつ》、都督倭《ととくわ》・百済《くだら》・新羅《しらぎ》・任那《みまな》・加羅《から》・秦韓《しんかん》・慕韓《ぼかん》七国諸軍事、安東大将軍、倭国王」という官爵号と、みごとに対応していることである。「東は毛人を征すること五十五国……」は「倭」と、「渡りて海北を平ぐること九十五国……」は「百済・新羅・任那・加羅・秦韓・慕韓」と対応する。つまり、武は自分の祖先たちが倭国と半島南部の平定を行い、いかに宋朝のために尽くしてきたかを述べることによって、官爵号を授与されることの正当性を主張しているのである。

このことは、倭王が官爵号の除正を宋朝に求めるさい、それを正当化する伝承がその手もとにあったことを示している。してみると、珍が、「使持節、都督倭・百済・新羅・任那・秦韓・慕韓六国諸軍事・安東大将軍・倭国王」と称し、「表して除正せられんことを求」めたときにも同じように、その要求を根拠づける何らかの伝承が存在していたと考えねばならない。そうして、その「何らかの伝承」とは、要求した官爵号の内容から考えて、倭国と海北を平定したとする武の「上表文」と、ほぼ同じ内容のものであったとみるのがもっとも自然である。とすると、珍が「安東将軍、倭国王」に除正されたのは元嘉一五年（四三八年）のことである（『宋書』帝紀）から、そうした伝承は、遅くとも四三〇年代には存在していたと考えねばならないわけである。

以上によって、四道将軍派遣伝承の祖型となった物語群が五世紀代の宮廷で一個の伝説として語られていたことは、もはや明らかである。したがって私は、井上光貞が次のように述べていることに、結論的には従いたいと思う。[13]

「問題の銘文の刻まれた辛亥年を、私は四七一年とするのですが、たとえば『旧辞』の兄弟の、

鉄剣銘文

（表）辛亥年七月中記乎獲居臣ⓐ上祖名意冨比垝其児多加利足尼其児名弖已加利獲居其児名多加披次獲居

其児名多沙鬼獲居其児名半弖比

（裏）其児名加差披余其児名乎獲居臣ⓑ世々為杖刀人首奉事来至今ⓒ獲加多支鹵大王寺在斯鬼宮時吾左治天下

令作此百練利刀ⓓ記吾奉事根原也

読み下し文

辛亥の年七月中、記す。ヲワケの臣。上祖、名はオホヒコ、其の児、（名は）タカリのスクネ、其の児、名はテヨカリワケ、其の児、名はタカヒ（ハ）シワケ、其の児、名はタサキワケ、其の児、名はハテヒ、其の児、名はカサヒ（ハ）ヨ、其の児、名はヲワケの臣。世々、杖刀人の首と為り、奉事し来り今に至る。ワカタケ（キ）ル（ロ）の大王の寺、シキの宮に在る時、吾、天下を左治し、此の百練の利刀を作らしめ、吾が奉事の根原を記す也。

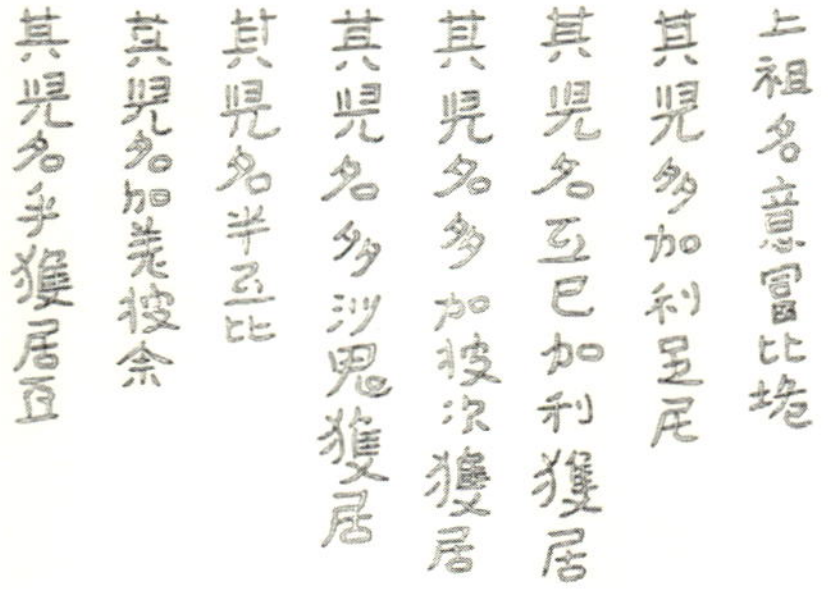

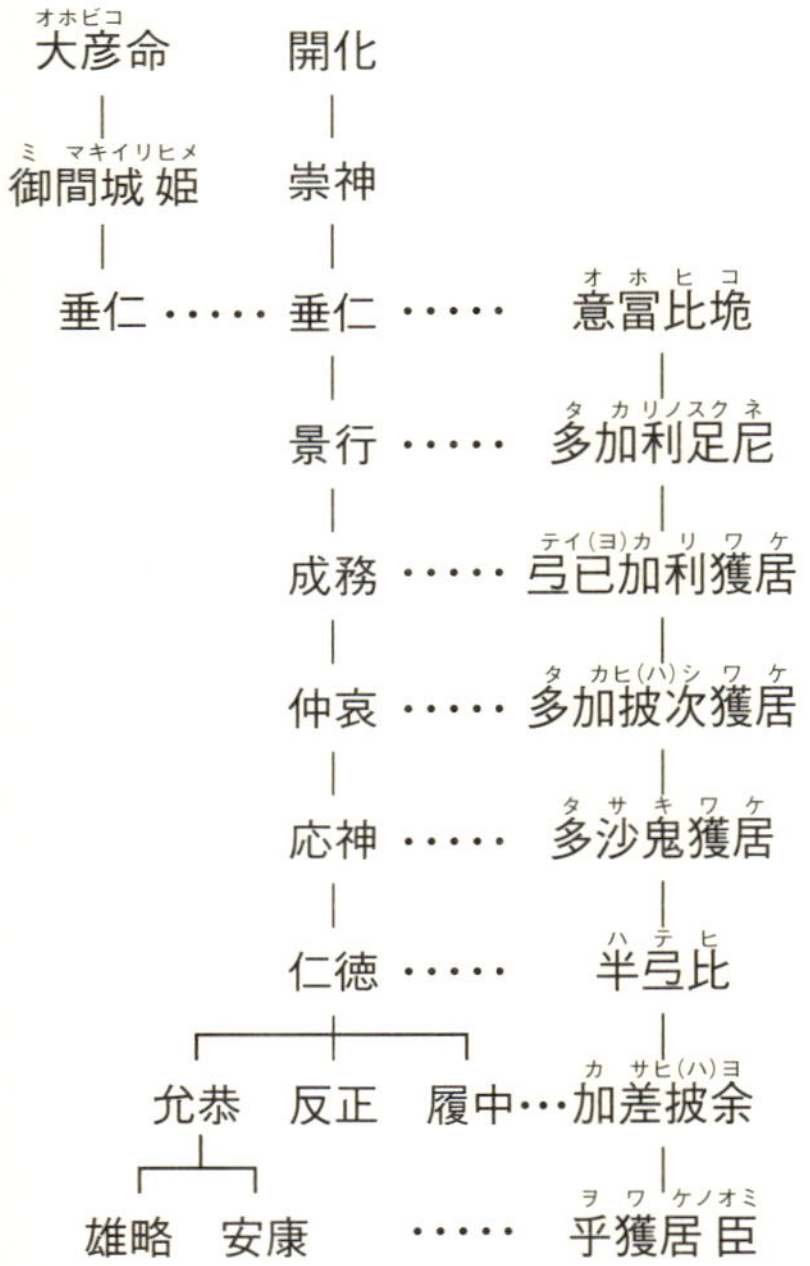

図22　稲荷山鉄剣銘と『記』『紀』の系譜の対比

B　意富比垝は「崇神記」「崇神紀」にみえるオホビコに比定しうる。

A説では偶然の一致とみるわけだが、たしかにその可能性もあり得る。すでに指摘されているように、『皇太神宮儀式帳』に川俣造氏らの遠祖として「大比古」の名がみえる。これもまた「オホヒコ」である。

次に、B説について。現段階ではこの説をとる研究者のほうが圧倒的に多いが、その主たる論拠とするところは、次の四点にある。

イ　名が一致する。

ロ　両者の活動していたとされる年代がほぼ一致する。

ハ　雄略朝にはすでにオホビコ伝承の原型となるものがあったと推察されるから、鉄剣銘の意富比垝がこれと無関係であったとは考えられない。

ニ　オホビコおよびその後裔氏族（阿倍氏や膳氏など）は東国（武蔵）と深い関係を有する。

このうちイの論拠は偶然の一致と見なしうる可能性もあるから、決め手とはなりえない。

ロの論拠はこれまでもっとも重視され、多くの研究者によって指摘されてきたことであるが、実は、方法論的に少々無理がある。

たとえば、この問題についてもっとも詳細な議論を展開している田中卓の所論を取り上げてみよう。田中の所論は、おおよそ次のように要約することができる。

①仮に一世代を三〇年として意富比垝の年代を割り出してみると、それはほぼ二三〇〜二六〇年の間に落ちつく。

②一方、崇神は『古事記』の崩年干支によると二五八年（戊寅《つちのえとら》）に崩御しており、オホビコは崇神朝に活躍したとされているから、鉄剣銘の意冨比垝と年代的に一致する。

①については異論ない（後述参照）が、②については田中の鋭利な考察にもかかわらず、次のような疑問点を指摘することができる。それは『古事記』の崩年干支を史実と認めうるか否かという疑問点である。ただちに後代の造作とまでは断言しえないとしても、これまで多くの先学が指摘してきたように、これをただちに史的事実だと見なすだけの根拠がないのである[19]。中国との外交関係が途絶えていた四世紀代の倭国で暦が常用されていたかどうかも不明であるし、仮に常用されていたとしても、『古事記』の崩年干支が史実に基づくものであるとは必ずしもいえないであろう。

第一に、『日本書紀』のそれと比べてみると、安閑（ただし月日は合わない）・用明（ただし日は合わない）・崇峻（同上）・推古（同上だが「癸丑」は合う）以外は、ことごとく干支が食い違っている（表5）。

第二に、「崩御日」の問題がある。日の記載のある天皇は十三名であるが、不思議なことに、この十三名のすべてが三日から十五日までの間に崩御したとされており、月の後半部に亡くなっている天皇が一人もいないことである[20]。

これはおそらく偶然ではなく、なんらかの意図に基づいて作為された結果、そのようになったのであろう。「なんらかの意図」を明らかにすることはできないが、日付の記載がこのようにして疑わしいとすると、崩年干支もまた、にわかには信じがたいとしなければならないのではないか。少なくとも『古事記』の崩年干支を史実と断定するには、さらに多くの考証を必要とするであろう。

　ロの論拠についてさらに指摘しておきたいのは、鉄剣銘の系譜と『記』『紀』のそれとを比較してみると意富比垝はオホビコとほぼ同世代となるから、両者は同一人物と見なしうる、とする考え方の是非についてである。

表5　『古事記』分注の崩年干支

代	天皇名	干支	月	月の前半	月の後半	推定年
10	崇神	戊寅	12月			258・318
13	成務	乙卯	3月	15日		355
14	仲哀	壬戌	6月	11日		362
15	応神	甲午	9月	9日		394
16	仁徳	丁卯	8月	15日		427
17	履中	壬申	1月	3日		432
18	反正	丁丑	7月			437
19	允恭	甲午	1月	15日		454
21	雄略	己巳	8月	9日		489
26	継体	丁未	4月	9日		527
27	安閑 ○	乙卯	3月	13日		535
30	敏達	甲辰	4月	6日		584
31	用明 ○	丁未	4月	15日		587
32	崇峻 ○	壬子	11月	13日		592
33	推古 ○	戊子	3月	15日 癸丑		628

○は『日本書紀』の崩年干支と一致するもの

　たしかにこれは見逃しえない点である。しかし、その方法に根本的な疑問点がある。というのは、『記』『紀』の応神以前の皇位継承は父子間による直系相承（成務と仲哀だけは例外でオジとオイの関係）となっているが、これは七、八世紀代に改変を受けた結果、そのようになったと考えるべきであるから、『記』『紀』の系譜に基づく世代の算出法には方法論的に無理があるといわざるをえないのである[21]。しかも、実際に両者の系譜を比較してみると、そこには明らかに二世代の食い違いがある。世代数は必ずしも一致するとは限らないので、軽々しくはいえないが、やはり不安の念を抱かざるをえないのである。

ハ・ニの論拠は説得力に富み、私もまた結論的にはこれに従うものであるが、ただ残念なことに、意冨比垝の性格を明らかにしていない現状では決定的な論拠とはなりがたいのではなかろうか。イの論拠の場合と同様の可能性が残るからである。そこで、小論では以下この点を明確にし、意冨比垝がオホビコにほかならないことを考証してみたいと思う。

この問題を解く鍵は、ほかならぬ鉄剣銘の「世々」（代々の意）の解釈にあるのではなかろうか。この「世々」の意味を、大野晋は「自分（乎獲居臣）のごく近いところの世々」と理解し、また田中卓は「世々という以上は、まさか二代や三代ではあるまい」として、「かりに、四・五代」と想定した[22]。

ほかにも、半弖比《ハテヒ》・加差披余《カサヒ(ヘ)ヨ》以前の人名に「足尼《スクネ》」や「獲居《ワケ》」といった称号がみられることに着目し、多沙鬼獲居《タサキワケ》以前の系譜は乎獲居臣によって架上ないし潤色されたものであって、半弖比から乎獲居臣に至る三代が事実に近いとみる立場から、「世々」はこの三代を意味するのではないかと考える研究者も少なくないようである。

しかしながら、「世々」が史的事実として何代を意味しているかという問題と、銘文の作者が何代と考えていたかという問題とは、実は、別個の次元に属する事がらである。われわれは、まず銘文全体のなかで、この「世々」がどのような意味において用いられているのかを明らかにしなければならないと思う。

私は、文章の構造から見て、この「世々」は意冨比垝から加差披余に至る七代を指しているとみるのが妥当だと考える。[23]

というのは、乎獲居臣がこの銘文を作成した最大の目的は、「吾が奉事の根原を記す」ことにあったからである。

ⓒ（図22・140頁参照）は乎獲居臣が「此の百錬の利刀を作らしめ、吾が奉事の根原を記す」ことを思い立ったときの自分の情況を説明した部分であり、実はもっとも強調したかったことに違いあるまいが、銘文による限り、あくまでもその目的は「奉事の根原を記す」ことにあった。してみると、ⓐとⓑはともに「奉事の根原」の具体的な内容を指し、さらにⓐはⓑをより詳細に述べたものとみるべきであるから、「世々」は意冨比垝から加差披余に至る全体にかかるとしなければならない。つまり、ⓐとⓑの「世々……至今」とは対応関係にあるのである。したがって、八代の系譜は単に乎獲居臣の出自を明確にすることだけが目的であったのではなく、乎獲居臣の家系が「上祖」の「意冨比垝」以来、「世々」、大王の「杖刀人《じょうとうじん》の首」として「奉事」してきたこと（すなわち奉事の根原）を示すことにその目的があったと考えねばならないのである。

なお、平野邦雄は「世々」を乎獲居臣にかかる語と考え、ⓑは乎獲居臣が〝天皇の御世々々〟に「杖刀人の首」として仕えた、の意であろうとする新説を提示している。[24]

すぐれた着想だとは思うが、「吾」の語の使い方をみると、その可能性は小さいといわざるをえない。銘文では「吾」の語は二回使用されている。しかし、ⓒⓓはいずれか一方が省略されても、十分意味は通じる。それにもかかわらず、あえて記しているのは、乎獲居臣の自意識の強さによるもの以外の何ものでもない。このような乎獲居臣の心状を忖度《そんたく》するならば、「吾」の語は本来、ⓑの箇所にも記されていてしかるべきなのではあるまいか。しかるに、それが記されていないというのは、「世々」が乎獲居臣にかかる語ではないことを示しているように思われる。

私は鉄剣銘文を以上のように理解しているのであるが、しかし、だからといって必ずしもそれを事実だと考える必要はない。「足尼」や「獲居」などの称号の有無から考えると、「杖刀人の首」として実際に大王に仕えてきたのは、半弖比あたりからであった可能性もある。[25]

なお付言するに、称号の有無を根拠に半弖比以前は実在性が薄いとする説もある。[26]しかし私は、少なくとも多加披次獲居《タカヒ(ハ)シワケ》以降の系譜は乎獲居臣の保持していたものであって、その実在性もかなり高いと考えている。ただ、「足尼」や「獲居」の称号をもっていたかどうかは疑わしく、また「児」も実子の意味であるかどうかも明らかではないが、三・四代前といえば、ごく常識的にみても歴史の忘却されてしまうべき期間ではけっしてあり得ないと思量するからである。[27]

「親から子へ」の伝承過程ももちろんあり得るし、たとえば、乎獲居臣が直接、祖父の半弖比から多加披次獲居や多沙鬼獲居のことを聞いて知っていたと見なしうる余地も十分ある。さらにいえば、半弖比が、多加利足尼《タカリノスクネ》や弖已加利獲居《テイ(ヨ)カリワケ》のことを知っていたに違いない祖父の多加披次獲居から話を聞き、それをまた孫の乎獲居臣に伝えるといったようなこともけっして不可能なことではない。ただこの場合、乎獲居臣東国豪族説に立脚したとすると、多加利足尼と弖已加利獲居の二代はカリの名を特徴とするオホビコ後裔氏族（たとえば膳臣氏）の祖先名にあやかって、それらの名を偽作したといえないこともないので、簡単に史実と断定してしまうわけにもゆくまい。

また、スクネを畿内豪族、ワケを地方豪族の称号とみるとともに、カリを武蔵の豪族の人名に特徴的な名辞とみて、「多加利」以下の名こそ武蔵の豪族たる乎獲居臣の本来の祖名であって、当時阿倍氏の配下にあった乎獲居臣が自己の系譜を鉄剣に刻ませるさい、畿内豪族の間で広く行われていた「上祖名○○彦――其児△△宿禰（足尼）」式の系譜の類型を念頭に置き、「ヒコにあたる人名に阿倍氏の祖大彦（意冨比垝）を、スクネにあたる人名に自己の祖多加利をあてて『多加利足尼』とし、阿倍氏の祖に多加利以下の自己の系譜を結びつけたのではあるまいか」、とする説も提出されている。[28]

けれども、家柄・門地を重んじ、多くの知識を口伝に拠っていたであろう古代社会のあり方に則して考えてみるならば、少なくとも多加披次獲居あたりからは実在としてよいのではなかろうか。

さて、以上のようにして「世々」が「意冨比垝以来、代々」の意味であったとすると、雄略朝には意冨比垝もまた「杖刀人の首」、すなわち将軍あるいは親衛軍の首長であったとする認識が存在していたと理解されなくてはならない。そうして一方、銘文が刻まれた四七一年には四道将軍の一人として大王に仕え、大いに功を成したというオホビコの英雄伝説（正確にいえばその祖型となったもの）が、すでに語られていた。軍勢を率いる将軍としての両者のイメージは全く等しく、これを偶然とみることはできないであろう。「天下を左治した」という乎獲居臣の誇るべき始祖（意冨比垝）の姿を古典のなかに求めるとすれば、それはこのオホビコ以外にはない。このことと先学の指摘された二の論拠を重ね合わせると、もはや意冨比垝がオホビコであることは確定的といってよいであろう。

オホビコ伝承と初期ヤマト政権

武蔵の稲荷山古墳に、なぜ意冨比垝《オホヒコ》を上祖とする乎獲居臣《ヲワケノオミ》作銘の鉄剣が埋納されていたのであろうか。これについては次のように、いくつかの想定が可能である。

一 **乎獲居臣東国豪族説**

a 乎獲居臣は武蔵の豪族であるが、かつてヤマト政権の親衛兵の首長として大王に奉仕したことがあり、そのときに意冨比垝の伝承を知って、これを自分の上祖とした。

b 乎獲居臣は武蔵の豪族であるが、意冨比垝を上祖とする畿内の豪族と同族関係をもち、これによって自家の上祖を意冨比垝に仮託した。

二 **乎獲居臣畿内豪族説**

a 乎獲居臣は意冨比垝を上祖とする畿内の豪族であるが、武蔵からヤマト政権のもとに親衛兵として上番してきた稲荷山古墳の被葬者にこの鉄剣を下賜した。

b 乎獲居臣は意冨比垝を上祖とする畿内の豪族であるが、東国に進出したとき、これを稲荷山古墳の被葬者に下賜した。

c 乎獲居臣は意冨比垝を上祖とする畿内の豪族であるが、東国に分封され、土着化して、やがて稲荷山古墳に鉄剣とともに埋葬された。

小異はあれ、先学の研究もまた右のいずれかにほぼ該当するのではないかと思われるが、ここで私が取り上げたいのは、意冨比垝に対する当時の豪族層における時代認識の問題である。もちろん、意冨比垝の実在性については不明とせざるを得ないのであるが、世代数に限っていえば、けっして荒唐無稽なものとは思われない。なぜなら、オオホビコ伝承が当時の畿内豪族層の間で知れわたっていたとする上来の考説が当を得ているとするならば、漠然としたものであれ、必ずや意冨比垝の時代に対する共通の認識はあったはずであり、これを全く無視して系譜を偽作したとしても、けっして「奉事の根原」を誇示したことにはならないからである。いい換えれば、当時の社会通念を無視して系譜を偽作したとしても全く意味をなさないのであって、系譜にある一定の権威を付与したいという願望ないし意図が働いている限り、そうした偽作や潤色は当時の豪族層によって許容される範囲内でしか、これを行いえないのである。

もっとも、乎獲居臣の系譜が八代であるところから、それは「八継」や「八十連属」の思想の影響下で整えられた代数であり、実数とは考えられないとする説もある。[29] しかし、これはあまりにも穿ち過ぎた考え方であり、私は以上のようにみるのが妥当だと考える。

したがって、意冨比垝の時代に対する乎獲居臣の認識は、当時における他の豪族層のそれとさほど隔絶したものではないといってよいであろう。

では、伝説上の英雄、意冨比垝はいったい、いつごろの人物だと認識されていたのであろうか。この場合、一世代を何年とするかによってかなりの誤差が生じるが、ここでは仮に田中卓の意見に従って、三〇年前後とみておこう。[30] 田中は継体から孝謙、および同じく継体から桓武に至る二つの系統における一世代の平均年数を計算し、その結果、三〇・五七年を算出した。そこで、私もこれに倣って無作為に六例(ⓐ〜ⓕ)を選び、一世代の平均年数を出してみた。算出結果の平均値をとると、およそ三二・一三年となる(表6)。

それゆえ私も田中の説に従って、Ⓐ一世代を（30±α）年としておきたい。ただし、これはあくまでも一つの目安にすぎないので、ここではさらに、Ⓑ一世代＝（25±α）年、Ⓒ一世代＝（35±α）年の場合についても計算し、ⒶはⒷやⒸを超えない範囲、とみておきたい。こうした考え方に基づいて意冨比垝の年代を割り出してみると、次のようになる。

Ⓑ（二九六±α）＞Ⓐ（二六一±α）＞Ⓒ（二二六±α）……辛亥年（四七一）より七世代前の西暦年

もちろん、確実視することはできないけれども、一つの目安とすることはできる。してみると、雄略朝においては意冨比垝の時代を、おおよそ三世紀の第Ⅲ四半期を中心とした前後の時期に比定する歴史認識が存在していたものと推察される。

私が稲荷山の鉄剣銘によって以上のような計算を試みたのは、実は次のような方法論上の反省による。従来、オホビコや崇神天皇の年代の割り出しは『記』『紀』、もしくは『記』『紀』の内在的批判によって得られた復原系譜の世代数によって試みられてきた。[31] しかし、すでに述べたごとく、『記』『紀』の系譜は後代に改変を受けており、また復原系譜もそうした『記』『紀』に基づいての復原作業にほかならないから、必ずしも原系譜（ましてや史実）を復原したことにはならないのではないか、ということである。

ちなみに、崇神紀あたりの『日本書紀』の暦日は、唐の麟徳二年（六六五）に施行され、儀鳳

表6　皇統譜からみた一世代の平均年数

	世代	平均年数
ⓐ	敏達―孝謙	25.28
ⓑ	敏達―平城	33.43
ⓒ	敏達―淳和	35.86
ⓓ	舒明―孝謙	24.00
ⓔ	舒明―平城	35.40
ⓕ	舒明―淳和	38.80
		32.13

年間（六七六〜六七九）に日本に伝わったと考えられている儀鳳暦に拠っているので、ほとんど当てにならない。したがって、『記』『紀』の系譜によって鉄剣銘のそれを批判するのは本末転倒であって、逆に『記』『紀』は鉄剣銘によって批判されねばならない立場に置かれているといえよう。

ところで、『記』『紀』崇神天皇条によると、オホビコが四道将軍の一人として越国に派遣されたのは、崇神朝のこととされている。さらに、『日本書紀』継体天皇二十四年春二月丁未朔条にも次のように記されている。

「磐余彦《いわれびこ》の帝（神武天皇）・水間城《みまき》の王（崇神天皇）以来、みな博識の臣下や明哲の補佐に頼ってこられた。そのため、道臣《みちのおみ》の策謀によって、神日本《かむやまと》（神武天皇）は隆盛をきわめ、大彦《おおびこ》の計略によって、胆瓊殖《いにえ》（崇神天皇）は興隆を得られた」

このように、オホビコと崇神とは不可分の関係にあるとする共通の歴史認識が後代には存在していたものと推考される。そうして一方、崇神はオホビコの娘の御真津比売《みまつひめ》を娶って垂仁をもうけたとされているから、要するに『記』『紀』による限り、オホビコは一つ下の崇神の世代で活躍したと考えられているのである。鉄剣銘には記されていないが、乎獲居臣によって認識されていたところの意富比垝が「奉事」していたという「大王」も、おそらくこうした崇神的な最高首長を指しているのであろう。そこでいま、仮にこうした所伝を尊重して一世代下げてみると、次のようになる。

Ⓑ　　　　　　Ⓐ　　　　　　Ⓒ
(三二一±α)>(二九一±α)>(二六一±α)……辛亥年(四七一)より六世代前の西暦年

もちろん、これはあくまでも『記』『紀』の世代観を信頼したうえでの話であるから、史実に近いかどうかはもとより、五世紀後半の歴史認識となしうるかどうかさえおぼつかないのである。だが、ひるがえって考えてみると、このような世代観が雄略朝には全くなかったと断定できるほどの根拠もまたあるまい。したがってここでは、あるいはそうした歴史認識も存在していたかもしれないという可能性と、時代が遡るほど一世代の年数が短くなるという一般的な傾向を考慮して、左記のように推論しておきたい。ちなみに籠《この》神社(丹後国一宮)所蔵の「籠神社《このじんじゃ》祝部《はふりべ》氏係図《しけいず》」(平安時代前期の成立、国宝)によると、祝の一世代の奉仕期間はおおよそ二六～二七年とされている。

(二九一～二六一±α)+α'

すなわちその年代は、おおよそ三世紀後葉を中心とした前後の時期、ということになろう。ただし、繰り返していうが、この年代はあくまでも特定できない世代の年数や『記』『紀』の世代観を前提としたうえでの推論にすぎない。

だが、ここで私が特に注目したいのは、ヤマトの王権の版図をいちじるしく拡大したというオホビコや、「御肇国天皇《はつくにしらすめらみこと》」（『日本書紀』による。『古事記』では「その御代をたたえて、初国《はつくに》を知《し》らす御真木天皇《みまきのすめらみこと》というのである」）と称《たた》えられている崇神の年代が、はからずも定型化された初期巨大前方後円墳が三輪山の周辺に築造されている時代と符合していることである。もちろん、古墳の編年はなお流動的であって、現段階ではその築造年代を確定することは困難な状況にある。しかし、少なくとも三世紀中葉から後半にかけてのある時期（私は現在のところ、三世紀第Ⅲ四半期築造開始説がもっとも説得力に富み、的を射た見解だと考えている）に、墳丘長約二八〇メートルもの巨大前方後円墳（箸墓古墳）が畿内大和に突如として出現し、その後四世紀半ば前後まで三輪山周辺に継続的に築造されたことだけは、ほぼ確実といってよい。とするならば、この年代はオホビコや崇神の年代観と整合する。奥津城は死後に造営されるという一般的なあり方を考慮するならば、築造年代と規模の点から考えて行燈山《あんどんやま》古墳（崇神天皇陵古墳・墳丘長約二四二メートル）あたりが崇神の名で語られている最高首長の奥津城である可能性が大きいであろう。

むすびにかえて

意富比垝やその背後に認識されていた崇神的大王の年代が定型化された初期巨大前方後円墳の築造年代にはなはだ近い、という上来の考察結果が全くの偶然ではないと考えることができるならば、オホビコ伝承の核となったものはすでに三世紀後半～四世紀代には存在していたとしなければならない（Ⓐ）。また『記』『紀』の他の記事はともかく、崇神とオホビコとの関係を語っている部分については、肯定的にこれを理解せざるをえないことになってくる（Ⓑ）。まず前者（Ⓐ）については、その核となったものは、おおよそ次のようにして生成されてきたのではないだろうか。

「はじめに」のところでも述べたように、定型化された巨大古墳出現の背景には、畿内大和の最高首長を盟主とする全国的規模における政治的結合関係の存在していたことが推察される。そして、そうした関係が成立する背景には当然のことながら、最高首長や初期ヤマト政権の意思を地域首長に伝達するところの、武人的性格の濃厚な重臣が使者として畿外の各地に派遣されたに違いない。その場合、重臣は王族（最高首長の一族）であってもかまわないし、また畿内の有力豪族層の首長であってもかまわない。この点は第九章以下でさらに考察したい。

ともかく、三世紀後葉から四世紀代にかけての時期に初期ヤマト政権の有力者が各地に派遣され、勢力伸張の先鋒となって活動していたことは、事実としてこれを承認せざるをえないであろう。阿倍氏や膳氏の前身の一族が初期ヤマト政権の時代に活躍していたかどうかは不明だが、いずれにもせよ、自己の権威と権力を〝古墳〟によって表す体制が発展的に継承され、かつその規模が頂点に達していた五世紀代に、体制の根源ともいうべき巨大古墳出現期の出来事が何一つ伝えられていなかったなどということは、およそ考えがたいことである。

してみると、そうした時代の伝承が祖型となってオホビコ伝承は形成された、とみるのがもっとも自然な考え方ではあるまいか。換言すれば、その核となったものは、ヤマト政権草創期に北方ないし東方経略で活躍した幾人もの重臣たちの姿を理想化し、それを一人の人物に集束したものであったと推測することができる。

地域差はあるが、東国に定型化した前方後円墳が築造されるのはおおむね四世紀代頃からとされているから、東国の政治集団がヤマト政権と直接的な政治的結合関係をもつのは、西日本よりやや遅れるとみなければばならない。しかし、このことはもちろん、それより以前から交渉があったことを否定するものではなく、逆に古墳築造の史的前提としてこれを認めねばならない。

そしてそうした伝承は、時代の経過とともに潤色・改変され、やがて『記』『紀』に四道将軍の伝承として定着するに至ったと考えられるのであるが、はからずも鉄剣銘の意冨比垝は、その形成途上にあったオホビコ伝承の姿をわれわれに垣間見せてくれたわけである。

オホビコ伝承の形成上、雄略朝が一つの画期をなす時期であることは、おそらく想定して誤りない。ただしこのことをもって、オホビコ伝承は雄略朝に机上で述作された、などということはとうていいえないであろう。前述したように、そもそも巨大古墳の築造開始に象徴されるがごとき画期的な時代の出来事が、五世紀代に何一つとして伝わっていなかったなどということはあり得ないことである。オホビコ伝承の核となったものは初期ヤマト政権の時代からすでにあったが、それが五世紀代後半にモディファイされ、姿を変えた、と私はみるのである。

しかりとすれば、雄略朝における意冨比垝に対する時代認識は、かなり史実に近いと評されねばならないであろう。

後者（Ⓑ）については、前述した考古学の編年観に大きな誤りがなければ、少なくともオホビコと崇神とを不可分の関係で語っている『記』紀』の伝承（たとえば遠征の結果、「御肇国天皇」と崇神が称されたという伝承など）の核心的部分は、古い伝承的要素に基づいて述作されている可能性が大きいと判断せざるをえないであろう。

とはいえ、崇神天皇の実在性については信頼しうる史料によって確認されているわけではない。したがって、ここではあくまでも「ハツクニシラススメラミコト」と称《たた》えるにふさわしいと認識されていた崇神的な最高首長が、前期の巨大古墳の密集する三輪山周辺の地に居住していたこと、そしてその最高首長が「邪馬台国」時代の連合的体質から脱皮し、より強権的な支配構造をもつ統一体、すなわち「ヤマト政権」を軸とした倭政権の形成を目指して積極的に行動していたこと、などを推論しうるにすぎない。

だが、そうした「崇神的な最高首長」の活動年代を三世紀後葉を中心とした前後の時期に想定しうることや、後代の造作および改作の甚だしい『記』『紀』にあってそのころの史実を類型化し、かつ理想化した伝承を核にもつ物語の存在を指摘しうることは、まことに貴重なことだといわねばならないと思うのである。

また、崇神的最高首長の目指していたものが、邪馬台国時代のそれとは質的に異なっていたことを推測できる点も重要である。邪馬台国時代の場合、「大率」[32]に強大な監察権を与えており、一見専制国家であったかのようにみえるが、実はそうではない。それは、邪馬台国連合を瓦解させないための、反邪馬台国連合の国々を意識した自己規制の一つであったと考えられるべきであろう。

公権力による強権的な規律の徹底は、その国が内部に深刻な問題を抱えている場合によく起こる現象である。そして周知のように、邪馬台国連合にあっても、卑弥呼や台与が王となる直前の状況がまさしくそうであったように、度重なる内紛によって連合自体が崩壊の危機に瀕していたのである。

これに対してヤマト政権の場合は、最高首長を軸とした列島規模の統一体を構築するという政権の目的が、最高首長に強大な権限を与えることになったと考えられる。そして最高首長の命を受けた重臣たちが各地に派遣され、地域首長に対して服属あるいは従属的な連合関係を迫ったことが推測されるであろう。

そうして歴史学と考古学の研究成果を総合すると、邪馬台国からヤマト政権への転換の画期は、卑弥呼の時代ではなく、椿井《つばい》大塚山古墳（墳丘長約一七五メートル）や西殿塚《にしとのづか》古墳（手白香皇女《たしらかのひめみこ》陵古墳・墳丘長約二三四メートル）、桜井茶臼山古墳（墳丘長約二〇〇メートル）、メスリ山古墳（墳丘長約二三五メートル）、行燈山《あんどんやま》古墳（崇神天皇陵古墳・墳丘長約二四二メートル）などの被葬者たちが活躍していた三世紀後半から四世紀前葉を中心とした前後の時期に求めるのがもっとも自然な見方であろう。

第八章　初期ヤマト政権と山城南部の勢力——椿井大塚山古墳の被葬者像

椿井大塚山古墳の重要性

平城宮跡の北には、大和の三大古墳群の一つに数えられる佐紀盾列《さきたたなみ》古墳群がある。大和の三大古墳群といえば、筆頭は三輪山西麓の大和《おおやまと》・柳本《やなぎもと》・纒向《まきむく》古墳群（総称してオオヤマト古墳群、あるいはオオヤマト古墳集団）、次に葛城北部に分布する馬見《うまみ》古墳群、それからこの佐紀盾列古墳群をいう。佐紀盾列古墳群のさらに北に、京都府相楽郡木津町（現木津川市）がある。木津町の北に相楽郡山城町（同上）、山城町の東の丘陵に椿井《つばい》があり、ここに所在している古墳が椿井大塚山古墳である。

椿井大塚山古墳は前方後円墳である。しかし、明治二七年（一八九四）に国鉄奈良線が敷設されたとき、前方部と後円部の間に線路が通って、古墳が分断された。さらに、昭和二八年（一九五三）三月、線路の後円部側の法面《のりめん》が拡張され、後円部の中央にあった堅穴式石室（最近では堅穴式石槨ともいう。本書では一応、従来の名称を用いておくことにする）があらわになった。そして、石室からおびただしい量の副葬品が出土した。

出現期の大型古墳の埋葬施設は、堅穴式石室が主流である。埋葬施設が堅穴式石室から横穴式石室にかわるのは、近畿地方の場合、五世紀後半以降で、陵墓古墳では継体天皇の陵墓と考えられている今城塚《いましろづか》古墳（高槻市郡家新町）以降のようだ。

さて、鉄道工事によって椿井大塚山古墳の副葬品が不時発見され、大きな騒ぎのうちに出土品は京都府警に集められた。そして、京都府の文化財保護課から京都大学考古学教室（当時）へ古墳の緊急調査の要請があった。その後の追跡調査を含め、竪穴式石室には、三二面以上の三角縁神獣鏡が納められていたことが判明した。それは突出した量だった。爾来、椿井大塚山古墳は、全国でいちばん三角縁神獣鏡を多く副葬する古墳として知られるようになった。

ところが一九九九年、奈良県天理市の黒塚古墳から三角縁神獣鏡が三三面出土した。それまで、大和盆地東南部のオオヤマト古墳群からは三角縁神獣鏡は発見されていなかった。三角縁神獣鏡を卑弥呼の下賜鏡と関連して考える立場に立てば、邪馬台国は近畿といえても、大和まで限定できなかった。しかし、やはり大和の古墳にも大量の三角縁神獣鏡が納められていることがわかったのである。

さて、椿井大塚山古墳の墳丘長は当初、一八五メートルと考えられていた。その後、何度か調査が行われる機会があった。昭和四六年（一九七一）に岡山大学考古学研究室が、六三年（一九八八）には再び京都大学考古学研究室が、また最近でも何度か墳丘規模確認調査が行われている[1]。ところが、古くから前方部上に民家があって削平され、残念ながら前方部の形状は失われている（図23）。

ただし、調査が重ねられたことにより、椿井大塚山古墳の墳丘の形状や墳丘に添えられた土器など、様々な情報が得られた。

平成一一年（一九九九）、山城町教育委員会の中島正が椿井大塚山古墳の墳丘形態を復元した。[2]それによれば、古墳の形状は前方部の先端が湾曲している。昭和六一年（一九八六）刊行の『椿井大塚山古墳』報告書では箸墓古墳をモデルにバチ形に復元されている。また、石野博信は、民家の北側が前方部の先端ではないかとみて復元する。[3]そうすると、黒塚古墳と同規模の墳丘長（約一三〇メートル）となる。

それから、椿井大塚山古墳の後円部は四段築成（東側は三段）、前方部は二段築成とされている。ただし私は、後円部四段築成の一段目とされている部分は基壇部である可能性が大きいと考えるので、三段築成とみている。

兵庫県神戸市に墳丘長一九四メートルの前方後円墳、五色塚《ごしきづか》古墳がある。この古墳は古墳の表面が全面的に発掘調査され、その成果をもとに墳丘が造営当時の状態に復元整備されている。前方部、後円部ともに登ることが可能で、後円部に登ると、前方部とずいぶん高さが違うことがよくわかる。築造時期は四世紀末葉で、古墳時代前期後半の典型的な形をしている。椿井大塚山古墳は、五色塚古墳よりもさらに古い。古墳時代前期前半、つまり出現期古墳である。

椿井大塚山古墳は当初の計測で墳丘長一八五メートル、その後の発掘調査で後円部の形状が判明し、墳丘長一七五メートル前後とされた。これは地形に制約されたようで、当初は一九〇メートルぐらいの設計図が描かれていたのではないか、と中島正は考えている。

椿井大塚山古墳は箸墓古墳とよく似た平面形をしている。箸墓古墳の墳形と酷似する古墳は全

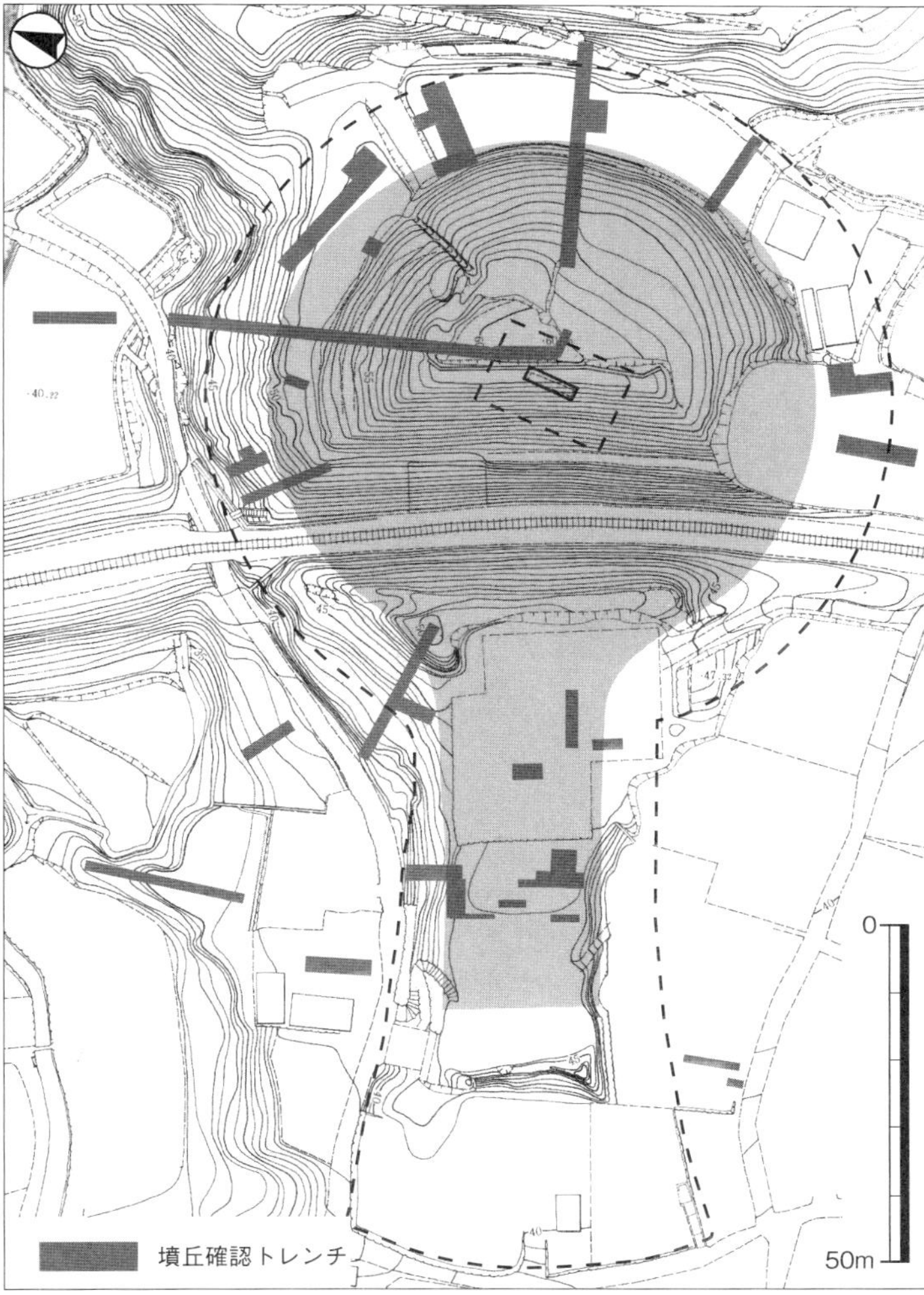

図23　椿井大塚山古墳

国にいくつか確認されており、椿井大塚山古墳も相似形を強く意識して設計された可能性が大きいといわれている。箸墓古墳は墳丘長二八〇メートル前後とされる。そうすると椿井大塚山古墳は箸墓古墳の三分の二の大きさを意識して造られた可能性が大きい。つまり、両者の被葬者ないし一族が、たがいに深い関わりをもっていた可能性が浮上する。

自然の丘陵を削って、前方部・後円部の形を成形する、これを丘尾切断《きゅうびせつだん》式の古墳と呼んでいる。この場合、墳丘の土を運搬する労力は少なくて済む。奈良県桜井市の茶臼山古墳は、丘尾切断の典型例とされる（図29・191頁参照）。それに対して、箸墓古墳は平地に築かれた古墳である。古墳の周辺を掘って、掘った土を盛り上げて築き固めながら墳丘が造営される。莫大な労力が投入されている。椿井大塚山古墳も以前は丘尾切断式の古墳であるからそれほど労力を投入していないのではないかといわれていたが、墳丘の盛り土がかなり多いことがわかってきた。多くの労働力を投入して古墳を築いたことが、発掘調査によって明らかになってきたのである。

後円部中央の埋葬施設は竪穴式石室である。これを造るためには、まず墳丘を完成させた後、墓壙《ぼこう》と呼ばれるいわゆる墓穴を掘る。この墓壙が全国でも最大級であることもわかってきた。

墓穴の上面は長さ約二一メートル、幅約一三メートルを測り、深さは約五メートル以上である。そのような穴を後円部の中央に掘っている。これまで、全国最大の墓壙は奈良県天理市の下池山《しもいけやま》古墳とされてきた。この古墳の墓壙は長さ約一八メートル、幅約一二メートル、そのなかに立派な竪穴式石室を築き、長大なコウヤマキ製の割竹形木棺があった。椿井大塚山古墳の場合、木棺は朽ちて残っていなかった。

椿井大塚山古墳の墓壙は階段状で、そのなかに竪穴式石室を築いている。竪穴式石室の長さは六・九メートル、北向きに遺体を納めていた。石室内部の北端が一メートル一五センチ、南端が一メートル三センチで、割竹形木棺の形状が粘土床に残されていた。

謎をよぶ三角縁神獣鏡

椿井大塚山古墳が注目された理由は、鉄道工事の際に回収された副葬品に大量の三角縁神獣鏡が含まれていたことにある。それまで古墳から三二面もの三角縁神獣鏡が発見されるようなことはなかったのである。三角縁神獣鏡については、舶載鏡説と国産鏡説があり、ずいぶん議論されている。最近は、中国鏡か倭鏡か、という言葉で議論される場合もある。

古代の鏡には長い研究史があり、三角縁神獣鏡もその例外ではない。東京国立博物館にいた高橋健自は昭和の初年に三角縁神獣鏡について、三国時代の魏の鏡ではないか、とする説を発表した[4]。『魏志』倭人伝には女王卑弥呼が中国皇帝から「銅鏡百枚」を賜ったとある。これに当たるのでないか、ということを指摘したのである。その頃富岡謙蔵も、三角縁神獣鏡をはじめとする鏡の研究を詳細に行っていた[5]。富岡は文人画家で有名な富岡鉄斎《とみおかてっさい》の長男である。三角縁神獣鏡を魏の鏡と論じ、邪馬台国畿内説を提示した。

戦後、三角縁神獣鏡が魏の鏡かどうか、すなわち邪馬台国の時代に女王卑弥呼が魏の皇帝から賜与された「銅鏡百枚」であるかどうかが議論の中心になった。

森浩一は、「これは日本の鏡で、現に三角縁神獣鏡は中国から一面も出ていない」と否定している。[6]中国社会科学院考古学研究所所長の王仲殊は「魏の鏡とは到底考えられない。これは呉の地域から技術者が日本に渡って来て、日本で造った鏡である」という説を発表した。[7]松本清張も倭鏡説を説いている。[8]

しかしそれに対して、「やはり魏の鏡でよい、銘文を仔細に検討してみると、やはり中国で造られたと考えなければいけない」また、「鏡の真中についている紐を通す鈕の孔の形（長方形鈕孔）や外区に外周突線があることなどからみても、やはり中国で造られたと考えるべきだ」[9]「三角縁神獣鏡が中国で一面も出ていないのは、倭王に下賜するために特別に鋳造したものだから、中国にはないのだ（特鋳説）」という意見もある。[10]

二〇一四年一二月、中国・洛陽出土とされる三角縁神獣鏡を王趁意が『中原文物』（河南博物院主編）において紹介した。鏡を実見した西川寿勝によると、おそらく本物で、日本出土の第Ⅰ・第Ⅱ段階の三角縁神獣鏡と多くの共通点をもっているという。[11]ただ、発掘調査によって出土したものではなく、発見に至る経過についても不明な点が多い。したがって現状では、三角縁神獣鏡製作地論争はまだ決着がついていないといわねばならない。

重要なことは、共通する文様の三角縁神獣鏡が全国各地の古墳から発見されていることである。同笵鏡《どうはんきょう》と呼ばれている。笵とは鏡を鋳造《ちゅうぞう》するときの鋳型《いがた》で、ひとつの笵を使い続けて何面もの鏡を鋳造するわけである。かつて、同笵鏡は五枚一組で鋳造され鏡匣《きょうこう》のようなものに納められていたとする説も提唱された。[12]しかし、その後、六面目や七面目の同笵鏡が発見された（同笵鏡七六種のうち、六種で五面を超える例がみられる。近藤喬一『三角縁神獣鏡』東京大学出版会、一九八八年）。

同笵鏡に対し、できた鏡を鋳型の砂に押しあてて、たくさんの鋳型を作る「踏《ふ》み返《かえ》し」と呼ばれる技法でも、大量の共通する文様の鏡を作ることができる。この方法では笵が複数あるので、同型鏡《どうけいきょう》と呼ばれる。網干善教は、三角縁神獣鏡は同型鏡の技法による製作と考えた。[13] 近藤喬一は蜜蠟《みつろう》（蜜蜂の巣を加熱・圧搾して採取したろう）による原型から複数の鋳型が作られた可能性を想定している。[14]

踏み返し鏡や同型鏡の技法では、柔らかい鋳型の真土《まね》を乾燥させるとき、わずかに収縮する。それぞれに、収縮する度合いにばらつきが生じる。これらの微細なばらつきやひずみの実態は、三次元スキャニングという方法で、精密に計測することが可能になった。[15] 現在、デジタル測量の発展によって、踏み返し鏡説や同型鏡説は否定されつつある。

いずれにしても、共通する文様の三角縁神獣鏡が、大和から出たかと思えば吉備からも、また九州からも出てくるといった具合で、全国各地の前期古墳から発見されている。

京都大学考古学研究室に集められた椿井大塚山古墳出土の三角縁神獣鏡について、その同笵関係を解明して非常に優れた理論を出したのが、小林行雄である。同笵鏡の分有《ぶんゆう》関係を詳しく分析すると、初期ヤマト政権の勢力圏がわかるのではないか、というのが、小林の発想である。その結果、小林は次のような結論に到達した。[16]

三角縁神獣鏡は椿井大塚山古墳の被葬者が各地の首長に分配した鏡であり、そこに椿井大塚山古墳の被葬者と各地の首長との間に政治的関係が成立していたことが想定される。そしてさらに、その背後にはより強大な権力の存在が考えられるが、それは「大和王権」の大王である。その大王の命を受けた椿井大塚山古墳の被葬者は、政権に従属した証として、各地の有力首長に三角縁神獣鏡を「賜与《しよ》」したのではないか。三角縁神獣鏡には魏の年号の入った鏡もあるから、これは女王卑弥呼が魏の皇帝から下賜された鏡で、それを椿井大塚山古墳の被葬者が媒介者となって、各地の有力首長に分与した。したがって、邪馬台国は畿内大和である。以上のような考えを出したわけである。

はたしてそのような説が成り立つかどうか、新風を吹き込まれた考古学界はその後、賛否両論に分かれ、活発な議論が行われて今日にいたっている。

私は考古学が専門ではないので、そうした考古資料だけではなく、文献史料の分析結果も取り入れて、椿井大塚山古墳の被葬者のイメージを描いてみたい。

椿井大塚山古墳とタケハニヤスビコの伝承

小林をはじめ、いく人かの研究者は、椿井大塚山古墳の被葬者としてタケハニヤスビコの名を挙げている。三角縁神獣鏡や倭鏡を研究する田中琢も、タケハニヤスビコが椿井大塚山古墳の被葬者ではないか、と表明している[17]。ただし、古い時代のことで、タケハニヤスビコが実在の人物であるかどうかはよくわからない。したがって私の立場からいえば、少し言葉を変えて、タケハニヤスビコ的な人が被葬者ではないかということになる。

私は、古い時代のこととされている『記』『紀』の記事には後代に作られた部分もかなりあるけれども、なかにはその核に史実を含みもっている伝承もあるのではないか、と考えている。崇神天皇なども、それらしき人物、すなわち崇神的大王が実在していた可能性が強いと考えている。しかし、『記』『紀』の古い時代の天皇に関する記事はおしなべて伝説的要素が濃厚で、他によほど信頼できる史料が出てこない限り、実在か架空かを確定するのは難しいと思っている。

さて、タケハニヤスビコは孝元天皇の皇子で、『古事記』では「建波邇夜須毘古命」、『日本書紀』では「武埴安彦命」と記されている。開化天皇も同じく孝元天皇の皇子で、その開化天皇の皇子が崇神天皇である。なお、前章で扱った四道将軍の一人として有名なオホビコも孝元天皇の皇子である。そのような系譜関係が『記』『紀』に記されている。

それでは、なぜ先学はタケハニヤスビコを椿井大塚山古墳の被葬者と考えるのであろうか。それは、タケハニヤスビコの物語が椿井大塚山古墳のある山城南部や河内北部と深い関わりをもっているからである。

『古事記』によると、四道将軍の一人として有名なオホビコが崇神天皇の命を受け、高志《こし》の道に遣わされる。やがて、山代《やましろ》の幣羅坂《へらさか》までやってくる。すると、一人の少女が謎めいた歌を歌い、姿を消した。そこでオホビコは都へ引き返してそのことを崇神天皇に申し上げると、天皇は建波邇夜須毘古が反逆心を起こしたしるしに違いないと悟り、日子国夫玖命《ひこくにぶく》を派遣して、建波邇夜須毘古を征討する。その舞台となったところが、山代の和訶羅川《わからがわ》（木津川）、伊豆美《いずみ》（京都府木津川市）、久須婆《くすば》（大阪府枚方市楠葉）、波布理曾能《はふりその》（京都府相楽郡精華町祝園《ほうその》）附近であったという。

戦いの舞台を地名から検証すると、タケハニヤスビコは山城南部あたりに基盤をもっていたのではないか、しかも崇神天皇の時代と伝えられていることから、この人物こそ椿井大塚山古墳の被葬者に違いない、このような論法で説を立てているようである。

しかし私は、四〇数年ほど前から、タケハニヤスビコ的な人物ではないと考えてきた。もっとふさわしい人物が『記』『紀』に記されている、と主張してきた。では、なぜタケハニヤスビコ的な人物ではいけないのか。

第一に、タケハニヤスビコは天皇に征討されている。つまり、敗者である。ところが、椿井大塚山古墳はその規模も大きく、副葬品も大変優れている。反乱を起こして敗者となった人物の墓としてふさわしいかどうか、まずこの点に疑問を抱いたのである。

第二に、山城南部の首長墓は椿井大塚山古墳がもっとも古い。築造年代を確定することは困難だが、三世紀後葉～四世紀前葉前後の時期に推定している研究者が多い。三角縁神獣鏡の製作年代を五段階に区分した場合、この古墳には第一段階から第四段階のものが副葬されている。たとえば第一、第二段階のものしかもたない兵庫県神戸市の西求女塚《にしもとめづか》古墳や、これらに第三段階のものが加わる奈良県天理市の黒塚古墳より、やや新しい時期が想定されている。[18] このような鏡による古墳築造の年代観は、墳形が箸墓古墳に近似していること、前期でも比較的新しい時期の古墳に埋納されている碧玉製腕飾類が出土していないこと、検出された土器が庄内式・布留1～2式の時期であることなどからみても、妥当性がある。それゆえ私もこの説を支持している。

この系列の首長墓を探ると、椿井大塚山古墳の造営後にも首長墓が築かれている。平良泰久による南山城の古墳編年によると、いちばん古い前方後円墳は椿井大塚山古墳である。[19] 私も賛成している。そしてその次は平尾城山《ひらおじょうやま》古墳である（図24）。この古墳は墳丘長一一〇メートル前後の

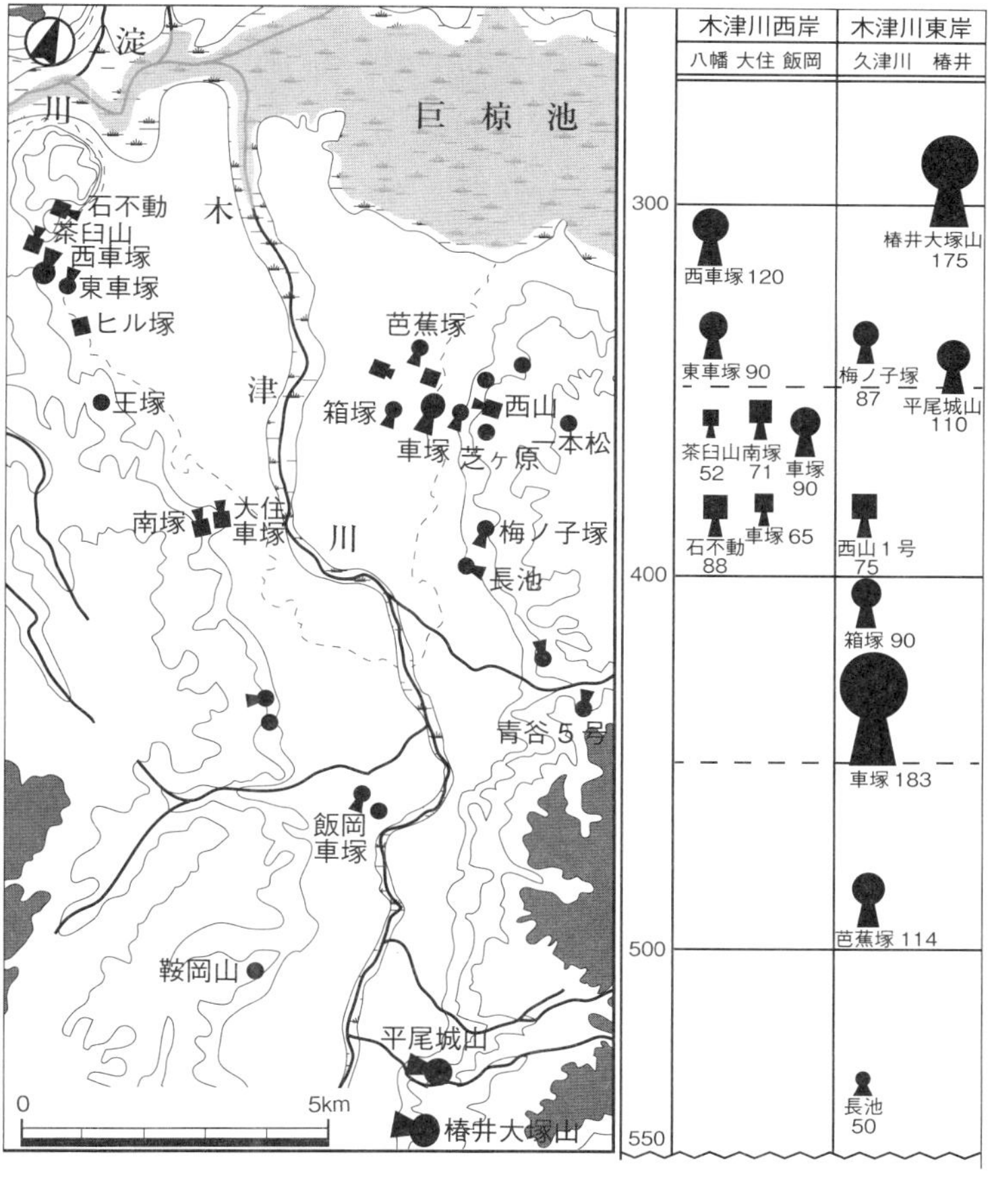

図24　南山城の首長墓(墳丘長は推定を含む)

前方後円墳で、後円部は三段、前方部は二段築成と推定されている。埋葬施設は三基確認され、竪穴式石室一基と粘土槨二基である。[20] 定型化した円筒埴輪を伴い、造営時期は四世紀中葉とされている。竪穴式石室は盗掘を受けていたが、三角縁神獣鏡の破片が残されていた。これが椿井大塚山古墳に続く南山城の首長墓と考えられる。そしてそのあと、やはり三角縁神獣鏡が副葬されていた径三〇メートルの円墳、平尾稲荷山古墳が続く。

椿井大塚山古墳の造営後、南山城の各地に首長墓が多数出現する。そして、その後の南山城の首長墓を探るうえで重要なことは、ある時期にかなり大規模な勢力の交替があったと考えられることだろう。これは南山城だけではなく、全国的規模で起こったと考えている。その時期は、四世紀末から五世紀初頭の時期である。私は、以前から四世紀末に内乱があり、首長系列に変動が起こったとする説を提起している。[21]

それはともかく、椿井大塚山古墳は、その規模と副葬品および後継の首長墓が存在していることからみて、敗者の墓とはとても考えられない。したがって、タケハニヤスビコ以外に、もっとふさわしい人物を探すべきであろう。

椿井大塚山古墳と日子坐王の伝承

日子《ひこ》坐王《いますのみこ》系譜《けいふ》と呼ばれる複雑な系譜がある（図25）。結論からさきにいうと、私は椿井大塚山古墳の被葬者としてふさわしいのは、『記』『紀』にみえる日子坐王以外にはいないと考えている。もっとも、日子坐王も、その実在性が確かめられているわけではないので、あくまでも日子

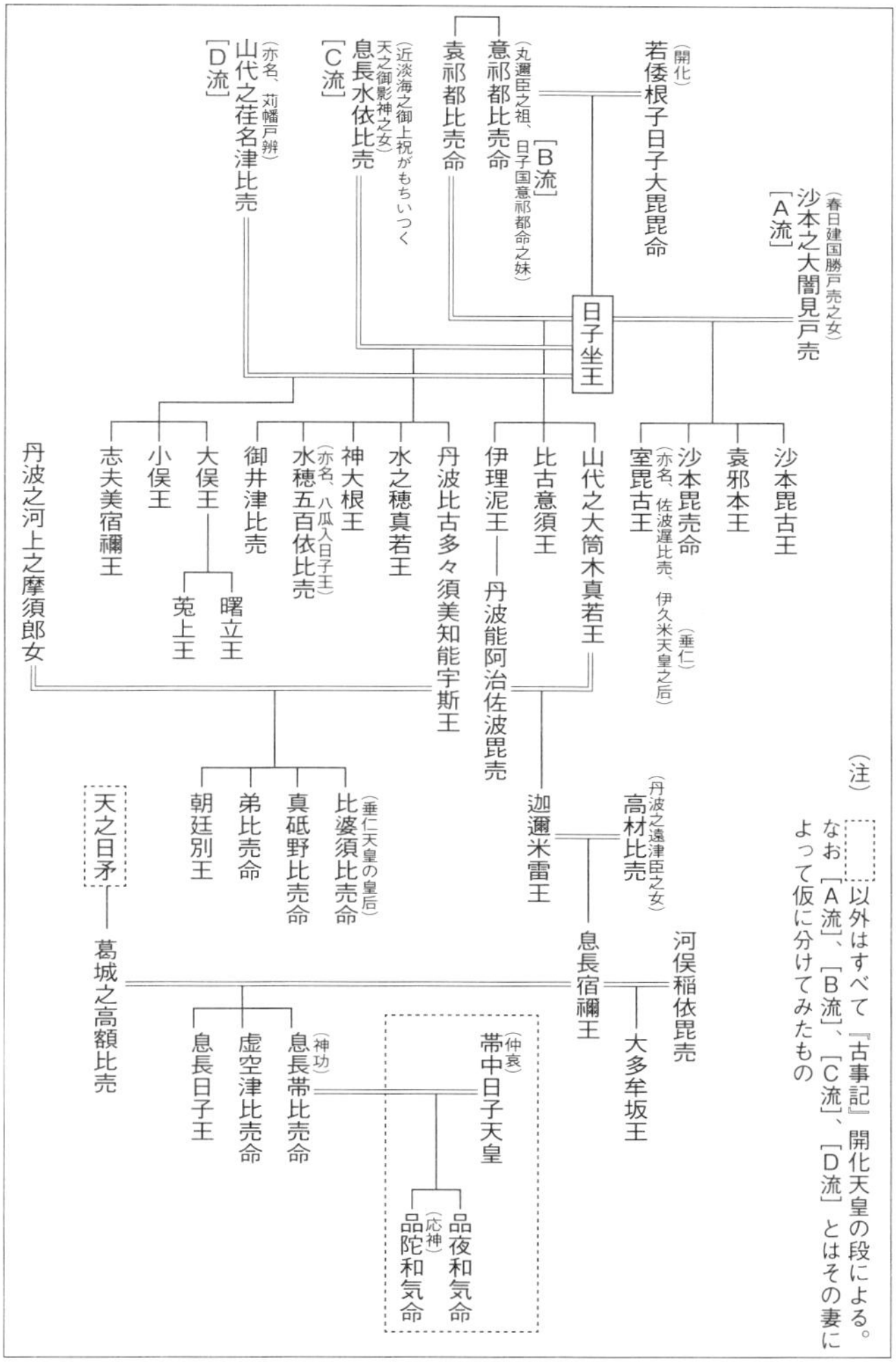

(開化)若倭根子日子大毘毘命
(丸邇臣之祖、日子国意祁都命之妹)意祁都比売命［B流］
袁祁都比売命
(春日建国勝戸売之女)沙本之大闇見戸売［A流］
(近淡海之御上祝がもちいつく天之御影神之女)息長水依比売［C流］
(亦名、苅幡戸辨)山代之荏名津比売［D流］
日子坐王
沙本毘古王
袁邪本王
沙本毘売命(亦名、佐波遅比売、伊久米天皇之后)(垂仁)
室毘古王
山代之大筒木真若王
比古意須王
伊理泥王
丹波能阿治佐波毘売
丹波比古多々須美知能宇斯王
水之穂真若王
神大根王
水穂五百依比売(亦名、八瓜入日子王)
御井津比売
大俣王
小俣王
志夫美宿禰王
曙立王
菟上王
丹波之河上之摩須郎女
(垂仁天皇の皇后)比婆須比売命
真砥野比売命
弟比売命
朝廷別王
迦邇米雷王
(丹波之遠津臣之女)高材比売
息長宿禰王
河俣稲依毘売
大多牟坂王
天之日矛
葛城之高額比売
(神功)息長帯比売命
虚空津比売命
息長日子王
(仲哀)帯中日子天皇
品夜和気命
(応神)品陀和気命
(注)　以外はすべて『古事記』開化天皇の段による。
なお［A流］、［B流］、［C流］、［D流］とはその妻によって仮に分けてみたもの

図25　日子坐王系譜

坐王的な人物が椿井大塚山古墳の被葬者ではないかという意味である。

日子坐王は四道将軍の一人である。『古事記』崇神天皇段に以下のように記されている。

「また、この御世に、大毘古命《おほびこのみこと》を北陸地方に派遣し、その子の建沼河別命《たけぬなかわけのみこと》を東方の十二国に派遣して、そこの服従しない人たちを平定させた。また、日子坐王《ひこいますのみこ》を丹波国《たにはのくに》に派遣して、玖賀耳之御笠《くがみみのみかさ》を殺させた」

このように、日子坐王は旦波《たには》（丹波）国を平定したと伝えられる。ところが、この王は山城南部と非常に深い関係をもち、さらに近隣の大和盆地北部や近江、丹波とも関わりをもっている。『記』『紀』の伝承のなかで、これほど山城南部と深い関係をもって語られている人物は他にはない。そこで日子坐王系譜を分析してみたい。

仮に、妻の系統により［A流］［B流］［C流］［D流］と分けてみる。系譜を読むにあたり、登場人物が実在か架空かという視点はいったん捨ててしまい、あくまでも一つの伝承として考えてみたい。日子坐王がどのような地域と深い関わりをもって語られているか、この点が重要であるからだ。実在か架空かという問題は結局のところ、同時代の金石文か、何か信頼しうる資料が出てこない限り、確定することが難しい。そうすると、『記』『紀』の説話研究もまた進展しなくなる。そこで、以上のような視点に立脚し、架空か実在かをぬきにして、系譜のもつ意味を考えてみたい。

まず、［A流］系譜は大和盆地北部と非常に深い関係をもつ系譜である。沙本之大闇見戸売《さほのおほくらみとめ》の「サホ」は、奈良北部にある佐保という地名に通じる。現在も佐保川が流れている。沙本毘古王《さほびこのみこ》・

袁邪本王《おざほのみこ》・沙本毘売命《さほびめのみこと》も同じで、すべてが大和盆地北部の「サホ」という地名に由来している。沙本毘売命のまたの名の佐波遅比売《さはぢひめ》も佐保路《さほじ》の意味と思われる。

沙本之大闇見戸売の父は、春日建国勝戸売《かすがのたけくにかつとめ》という。この名に冠されている春日は、佐保の東にある春日山・春日大社に通じる地名の春日である。このように大和盆地北部と非常に深い関係をもって、［A流］系譜は語られている。

次に［B流］は日子坐王が袁祁都比売命《おけつひめのみこと》を娶って、そこに三人の子供が生まれたとする系譜である。まず、袁祁都比売命《おけつひめのみこと》の出自は、丸邇臣《わにのおみ》の祖、日子国意祁都命《ひこくにおけつのみこと》の妹で、古代豪族丸邇氏の祖先とされている。

丸邇氏は、奈良県天理市和爾町《わに》のあたりが拠点とされる。山城では宇治《うじ》あたり、さらに近江にも拠点をもっていた。近江の琵琶湖西側の志賀町《しが》（今の大津市）に和邇《わに》という地名があり、和邇川、小野といった地名もある。小野氏は丸邇氏と同族で、のちに小野妹子が遣隋使として活躍したことでよく知られている。

次に、子供の山代《やましろ》之《の》大筒木《おほつつき》真若王《まわかのみこ》がいる。この名前は山城国の綴喜《つづき》に由来する。かつての京都府綴喜郡田辺町（今の京田辺市）に国宝の十一面観世音菩薩で有名な大御堂観音寺（普賢寺《ふげんじ》）がある。このあたりが綴喜郡の中心地で、綴喜郷に当たる。

それから、その子供に迦邇米《かにめ》雷王《いかづちのみこ》がいる。雷は文字通り雷《かみなり》のことであるが、迦邇米は山城南部の地名に由来する。元来は山城国相楽郡蟹幡郷《かむはた》（かんはた）の蟹幡に由来し、今の木津川市山城町綺田《かばた》附近とされる。蟹幡郷は古代ではカムハタ郷、あるいはカンハタ郷と呼ばれていた。この地名が訛

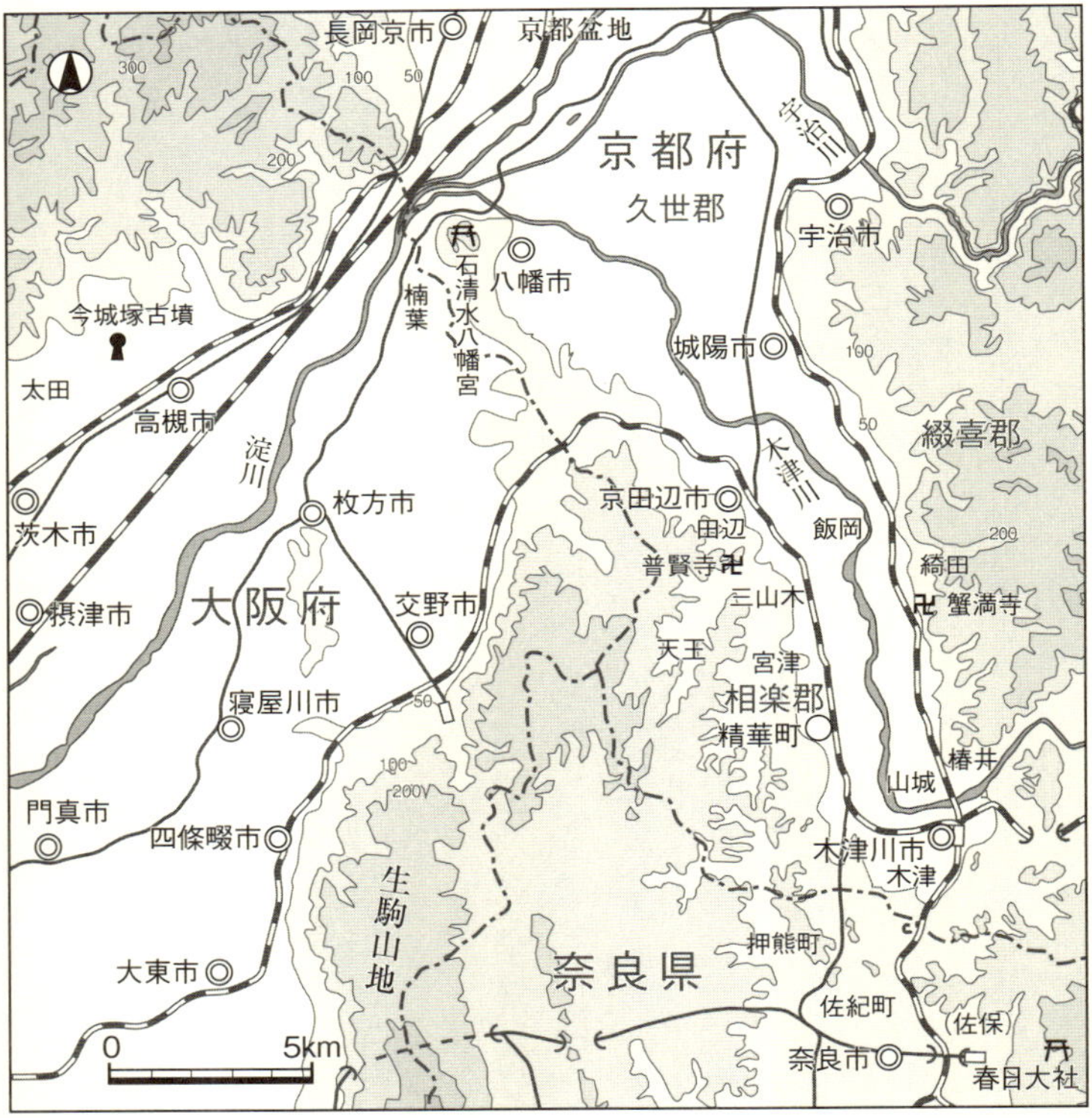

図26　日子坐王系譜関係地図

り、現在では綺田となっている。当地区に、蟹満寺《かにまんじ》がある。『日本霊異記《にほんりょういき》』『今昔物語《こんじゃくものがたり》』などに出てくる「蟹の恩返し」の話で有名な寺である。

蟹幡郷の「幡」は、八幡《やはた》を「はちまん」ともいうように、「まん」とも読む。ここから「かにまん」が出てきて、「かにまん」から「かにめ」に転訛したと考えられる。

次に、迦邇米《かにめ》雷王《いかづちのみこ》の妻に高材比売《たかきひめ》がいる。「たかき」は江戸時代から明治一〇年（一八七七）まで存続した高木村の地名に由来していると考えられる。明治一〇年に高木村・大谷村・山本村等計六ヶ村が合併して、三山木《みやまき》村が成立した。それがさらに明治二二年（一八八九）の町村合併により宮津村と合併し、新しい三山木村が成立した。現在は京田辺市三山木《みやまき》になっている。そしてタカキは、このあたりの小字名として残っている。

次に、迦邇米雷王の子は息長宿禰王《おきながすくねのみこ》、その子が息長帯《おきながたらし》比売命《ひめのみこと》である。この女性が有名な神功皇后である。その子供が応神天皇であり、この系譜は古代の天皇家にとって非常に重要な系譜であったといえる。つまり、応神天皇の出自を語る系譜なのである。

息長宿禰王や息長帯比売命の息長は、何に基づくのか。江戸時代以来、滋賀県坂田郡の息長《おきなが》の地名に基づいているとみる説が通説となっている。滋賀県北部に長浜市があり、姉川《あねがわ》が流れている。その南に天野川《あまのがわ》があり、かつて息長川《おきなががわ》と呼ばれていた。のちの滋賀県坂田郡近江町（今の米原市）近辺にあたる。本居宣長は『古事記伝』で、神功皇后の故郷は坂田郡息長村、すなわち近江町だと断定している。以来、つい最近にいたるまで、神功皇后伝説の故郷は、滋賀県坂田郡と考えられていた。

ところが、近江町あたりには、古い時期の前方後円墳がない。現在、もっとも古い首長墓とみられている前方後円墳は塚の越古墳（墳丘長約四六メートル・五世紀末～六世紀初頭）で、ほぼ同時期の帆立貝形古墳として狐塚五号墳（墳丘長約三〇メートル・六世紀初頭ないし前葉）があり、その後、山津照神《やまつてるじん》社《じゃ》古墳（前方後円墳・六世紀前半ないし中葉）などが築かれる。[22]

一方、神功皇后や応神天皇の時代に該当する時期は四世紀中葉～五世紀初頭前後とみられている。仮に、神功皇后的な人物がいたとすれば、四世紀後半前後の大前方後円墳が、故郷の近江町近辺にも構築されていて然るべきである。ところがそのような古墳はない。そこで、神功皇后伝説は後代に作られた架空の物語であり、神功皇后も架空の人物であるといった考え方が出てくることになる。

しかしながら私は、神功伝説を近江の坂田郡に結び付けるのは先入観であって、失当ではないかと考えている。なぜなら、近江の坂田郡の息長氏や息長系の大王・王族たちが神功伝説を伝えてきた、あるいは後代に創作したというのであれば、伝説のなかに坂田郡のことが何か語られていて然るべきであるのに、全く何も語られていないからである。

普通、〇〇伝説の故郷は△△であるという場合、必ずといってよいほど△△のことが伝説のなかで語られているものである。語り手や創作者は自分たちの思いを話のなかに織り込み、それによって自分たちの正当性を主張するとともに社会的・政治的地位の向上をもくろんでいる場合が少なくなかったからである。

そこで改めて神功伝説を読んでみると、後半部の香坂王《かごさかのみこ》・忍熊王《おしくまのみこ》の反乱伝承が注目される。

もちろん、ここでも近江の坂田郡のことは何ひとつ記されていない。それに対して、山城がこの伝承にとって重要な舞台の一つとして登場する。してみると、このことと、神功・応神の出自系譜に山城南部の地名に由来する名前が数多く出てくることとは整合するのであって、両者は不可分の関係にあるといえる。

したがって、［B］流系譜が山城南部の政治集団と深い関わりをもっていたことは、ほぼ誤りないと考えられる。[23]

次に、［D流］系譜について考えてみる。山代之荏名津比売《やましろのえなつひめ》の荏名津《えなつ》は地名で、現在の京田辺市宮津《みやづ》附近とみられる。宮津には、かつて江津《えっつ》村があり、この地名に関連する。また、この女性の「亦《また》の名」（別名）を苅幡戸辨《かりはたとべ》というが、戸辨とは女性につけられる原始的な称号であるから、この名前の核心的部分は、苅幡《かりはた》である。カリハタは「カムハタ」と同一である。したがって［D流］系譜もまた、山城南部と深い関わりをもっていることがわかる。

最後の［C流］系譜には、息長を冠した息長水依比売《おきながのみづよりひめ》がいる。出自は「近淡海《ちかつあふみ》の御上祝《みかみのはふり》がもちいつく天之御影神の女」とある。「御上《みかみ》」は滋賀県野洲《やす》市にある三上《みかみ》山のことで、近江富士ともいわれる。そこで祀られている天之御影神《あめのみかげのかみ》の女《むすめ》が、息長水依比売だという。そして、この女性と日子坐王との間に生まれた二人目の子供が水之穂真若王《みづのほまわかのみこ》で、『古事記』によると「近つ淡海の安直《やすのあたえ》」（野洲国造家）の始祖であると伝えられている。このように［C流］系譜だけは近江南部と非常に深い関係をもっている。

以上、日子坐王系譜の［A流］［B流］［D流］系譜は大和北部・山城南部、［C流］のみ近江南部と深い関わりをもっていることがわかる。さらに系譜のあちこちに、丹波の地名も見える。たとえば水之穂真若王の兄として、丹波比古多々須美知能宇斯王《たにはひこたたすみちのうしのみこ》がおり、そしてその妻の名は、丹後国熊野郡川上郷（京都府京丹後市）に由来する丹波之河上摩須郎女《たにはのかはかみのますのいらつめ》である。さらに迦邇米雷王の妻の高材比売《たかきひめ》も、丹波の遠津臣《とほつおみ》から出たと伝えられている。要するに、丹波の政治集団もこの系譜全体と深い関わりをもっているわけである。

ただし、この日子坐王系譜には、後代に改変されている部分がかなりあると考えられる。たとえば、山代之大筒木真若王《やましろのおほつつきのまわかのみこ》と丹波能阿治佐波毘売《たにはのあぢさはびめ》の婚姻があげられる。このような世代の異なる婚姻関係は異世代婚と呼ばれる。異世代婚はのちの時代にならなければ一般化しないとされる。そうすると、異世代婚を行っている舒明天皇（息長足日広額天皇《おきながたらしひひろぬか》）や皇極天皇（舒明天皇の皇后）などのいわゆる息長系の天皇が出てきた頃に、この系譜はかなり手が加えられているのではないかと思われる。また、息長宿禰王《おきながすくねのみこ》の名は息長田別王《おきながたわけのみこ》（『古事記』景行天皇の段）や息長真手王《おきながまてのみこ》（『古事記』継体天皇の段・敏達天皇の段）の名と同型である。前の二人が実在の確かな息長真手王と時代的に大きく隔たっていることを考えると、これらの名も後代に息長系の人たちによって創作あるいは、改変された可能性が強いとみられる。そして、この系譜が最終的に改変され、定着したのは『古事記』が撰修された七世紀後半から八世紀初頭であろう。

しかし、日子坐王系譜のすべてがその頃に机上で創作されたのかというと、決してそうではないだろう。なぜなら、丹波地域の古墳のあり方を見ると、四世紀後半から末にかけて、他地域では見られないような大古墳が多数築造されているからである。たとえば墳丘長約一四五メートルの蛭子山《えびすやま》一号墳や二〇〇メートル近い前方後円墳の網野《あみの》銚子山《ちょうしやま》古墳、約一九〇メートルの神明山《しんめいやま》古墳などが築かれている（図32・207頁参照）。そして、大和北部でもほぼ同じ時期にあたる四世紀中葉から佐紀盾列古墳群（西群）が築かれ始める。また、網野銚子山古墳は佐紀陵山古墳や神戸市垂水区の五色塚古墳と墳丘規格などでたがいに深い関係にあることが指摘されている。[24]

次に［C流］系譜に着目してみると、次のような興味深い事実もある。野洲川の右岸、三上山に近い平地に所在する古冨波《ことば》山古墳（野洲市、径約二六メートルの円墳で、三世紀の築造）から、椿井大塚山古墳と同笵の第一段階の三角縁神獣鏡が二面（陳氏作二獣鏡・三神五獣鏡、ただし後者は伝同古墳出土品）出土している。このことは、両古墳の被葬者ないし一族がたがいに深い関わりを有していたことを推測させる。

山城南部にも四世紀中葉から後半の古墳が多数存在する。ただし、山城南部で最も古く、最も大きな古墳は椿井大塚山古墳である。日子坐王系譜に古墳のあり方を重ね合わせてみると、椿井大塚山古墳の被葬者は日子坐王と二重写しのようにみえ、在地首長との関係性もおぼろげながら浮かび上がってくるのである。

椿井大塚山古墳の被葬者像

最後に、日子坐王の名で語られている人物の活動年代について考えてみたい。日子坐王は、崇神天皇の時代に四道将軍の一人として丹波に遣わされた人だとされる。では、崇神天皇の時代とは、いつ頃か。

『古事記』には、崇神天皇の崩年干支が記されている。これを根拠に、崇神天皇は「戊寅《つちのえとら》」年に亡くなったとする説がある。そして、この「戊寅」年説には二五八年説と三一八年説の二つがある。しかしながら残念なことに、この『古事記』の崩年干支を正しいとする保証が全くない。したがって、『古事記』の崩年干支を崇神の年代を推定する根拠として使うことはできないのである(表5・143頁参照)。

しかし、幸いにも私たちは、五世紀の後半に刻まれた埼玉県稲荷山古墳出土の鉄剣銘を知っている。鉄剣銘を刻んだのは乎獲居臣《をわけのおみ》という人物で、その最初の祖先(「上祖」)は意冨比垝《おほびこ》である。そして乎獲居臣の家系は、この意冨比垝以来代々、杖刀人の首長、つまり将軍のような地位について大王に奉事してきたのだという。

意冨比垝は、四道将軍の一人として活躍したと『記』『紀』が記すオホビコである(第七章参照)。とすると、意冨比垝の時代がおおよそいつ頃なのかがわかれば、崇神天皇や日子坐王の時代もわかることになる。ただし、この系譜は血縁系譜ではなく、杖刀人の首《じょうとうじん》という地位を継承してきたとされている人たちの系譜である可能性が強い。それは義江明子の研究で、ほぼ明らかになった。そうすると、あくまでも擬制的な関係と考えなければならない。[25]

さて、乎獲居臣が鉄剣に銘を刻ませたのはワカタケル大王(雄略天皇)時代の「辛亥年《しんがいのとし》」で、四七一年である。当時の一世代はおおよそ三〇年、少し幅をとって二五〜三〇年とみておきたい。この年数を乎獲居臣の四七一年から七世代遡らせると、意冨比垝の時代となる。計算してみると、意冨比垝の時代はおおよそ三世紀中葉を中心とした前後の時期になる。ただし『記』『紀』

によると、オオビコは崇神天皇より一世代うえの人物として伝えられているので、これを尊重すると、崇神天皇の時代はおおよそ三世紀後葉前後ということになる（第七章152頁参照）。この年代は椿井大塚山古墳の造営年代に甚だ近い。これを偶然とすることはできないであろう。

以上をまとめると、椿井大塚山古墳の被葬者は『記』『紀』に記されている日子坐王的な人物ではないかと考えられる。日子坐王が開化天皇の皇子であったかどうかはわからない。また、その名が三世紀後半代にあったかどうかも明らかではない。しかし私は、初期ヤマト政権の有力な構成メンバーで、大和北部から山城、そしてさらに近江・丹波と深い関係をもっていた大首長の伝承がこの伝説の核になっていると考える。そしてその大首長の活動年代はおおよそ三世紀後葉前後と推定される。したがって、椿井大塚山古墳の被葬者は、木津川・淀川水系を総《す》べる大首長で、初期ヤマト政権の有力構成メンバーであり、『記』『紀』の日子坐王伝承のもとになった人物であるともいえる。

このようにして山城南部の大首長が初期ヤマト政権の有力な構成メンバーであったとすれば、初期ヤマト政権というのは畿内政権（畿内連合政権）と言い換えてもよいような政権であったことがわかる。そしてこのような畿内のまとまりの動きは、畿内第V様式の弥生土器がのちの五畿内国全域に拡がる弥生時代後期にはすでに起こっていたと考えられるのである。

初期ヤマト政権の勢力基盤を大和、あるいは大和および河内と推測している研究者が少なくない。しかし、けっしてそうではないのである。繰り返していうが、初期ヤマト政権は、時期によって異なるものの、のちの畿内（大和・河内・和泉・摂津・山城）に匹敵するほどの範囲を基盤としていた巨大な政治集団であって、そしてその最高首長（大王）ははじめ、主に三輪山西麓に王宮と奥津城を築いていた、ということである。

第九章　初期ヤマト政権と磐余の勢力——桜井茶臼山古墳・メスリ山古墳の被葬者像

はじめに

桜井茶臼山古墳は、奈良盆地東南部に位置する鳥見山《とみやま》北麓の桜井市外山《とび》に営まれている巨大な前方後円墳である。南から北に延びる尾根の末端を切断して築造された、いわゆる丘尾切断《きゅうびせつだん》式の古墳で、切断部を前方部の先端とし、尾根の先端を後円部としている。墳丘長約二〇〇メートル、前方部幅約六一メートル、高さ約一三メートル、後円部の径約一一〇メートル、高さ二〇メートルの規模をもつ柄鏡《えかがみ》式の古墳である。前方部は二段、後円部は三段に築成されている。周囲の水田には濠跡らしきものが見いだされ、幅二〇メートルほどの空濠《からぼり》が存在していた可能性が指摘されている（図27）。

一九四九年から翌年にかけて実施された発掘調査により、後円部中央から、全長六・七五メートル、幅（中央部）一・一三メートル、高さ（平均）一・六〇メートルの竪穴式石室と、その周囲にならべられた一重の壷形土器列等が検出された。

出土遺物は表7のとおりであるが、なかでも鉄芯に碧玉《へきぎょく》をとりつけた玉杖《ぎょくじょう》は類例の少ない優品

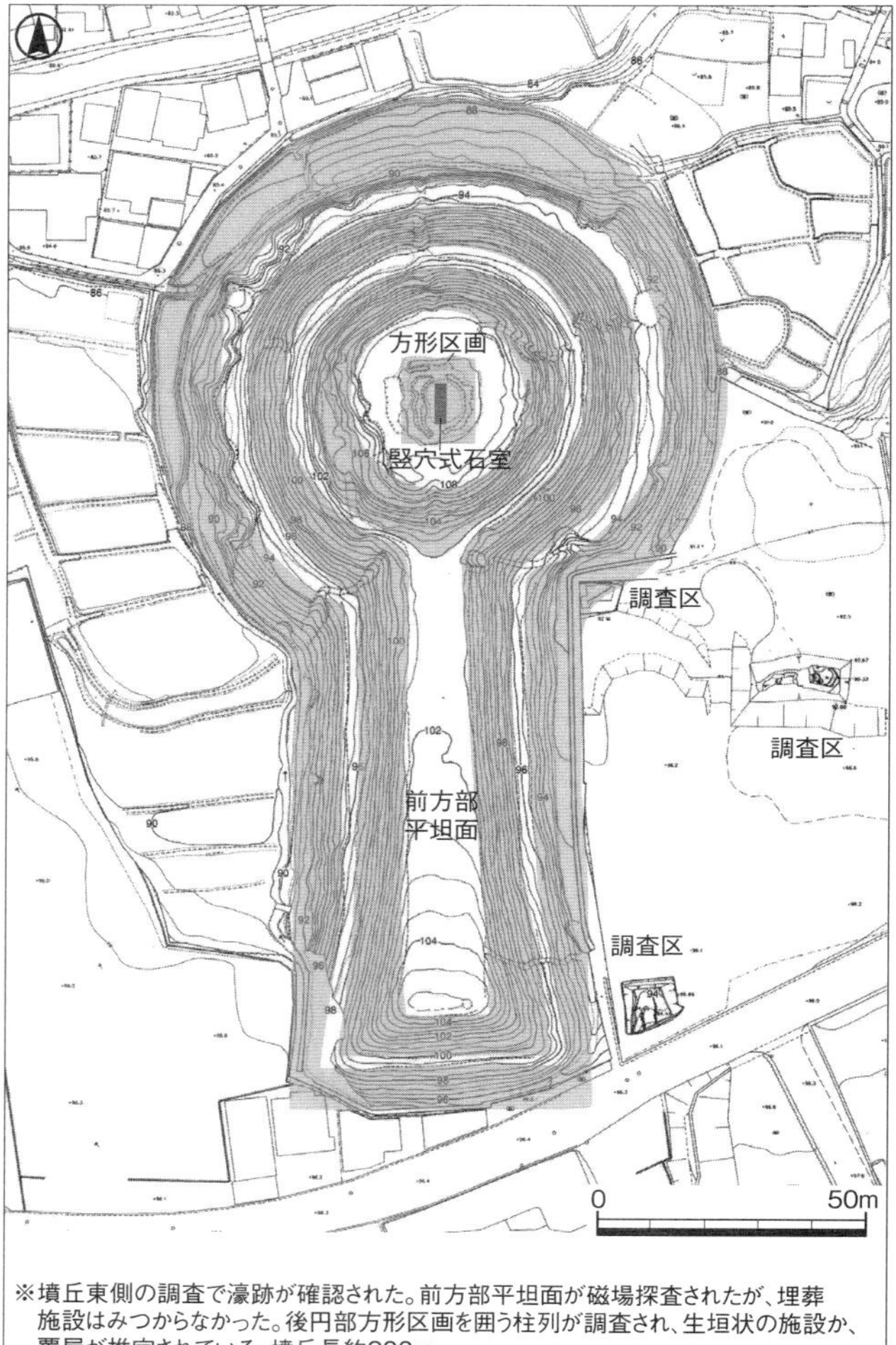

※墳丘東側の調査で濠跡が確認された。前方部平坦面が磁場探査されたが、埋葬施設はみつからなかった。後円部方形区画を囲う柱列が調査され、生垣状の施設か、覆屋が推定されている。墳丘長約200m。

図27　桜井茶臼山古墳

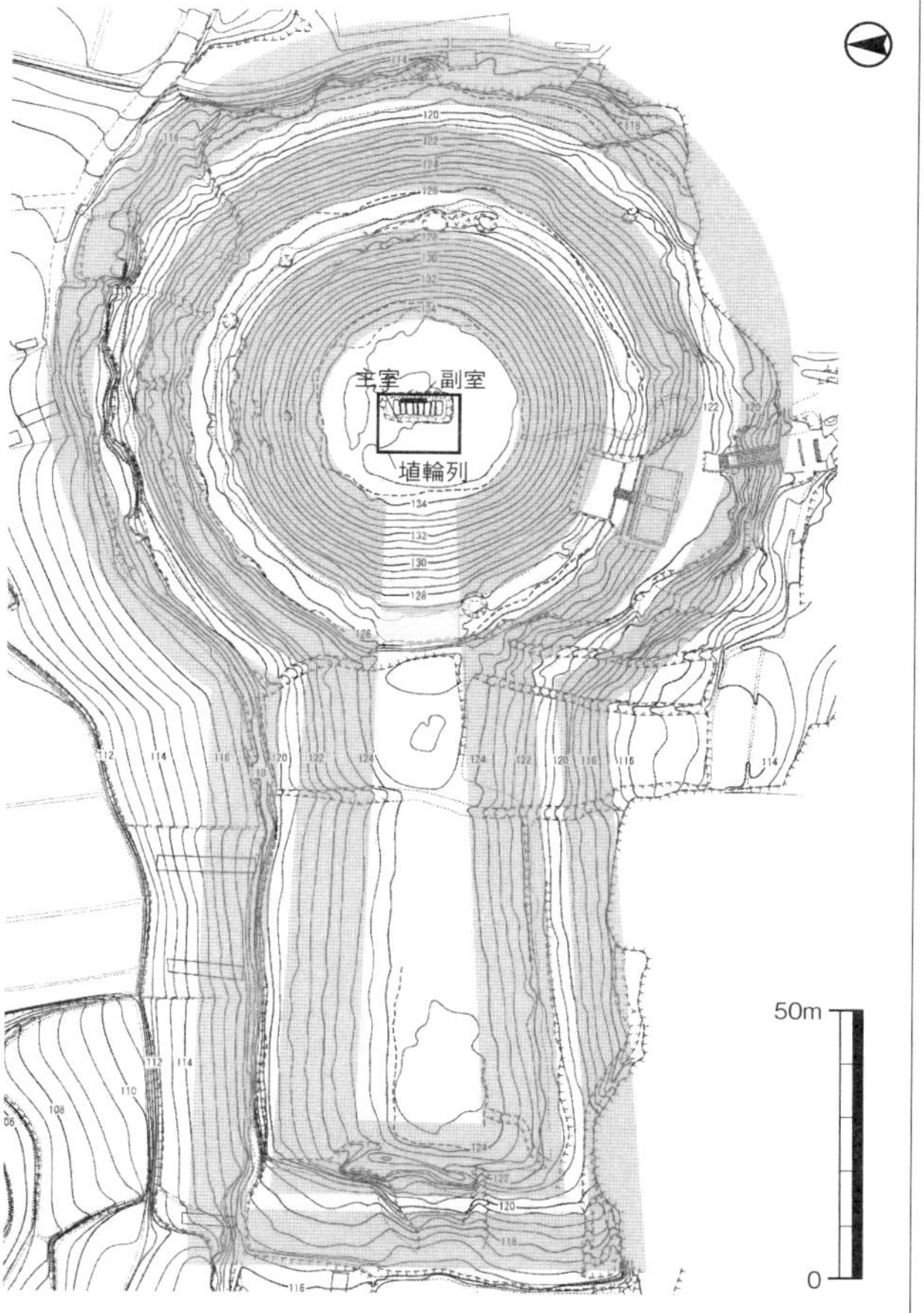

※主室は激しい盗掘をうけていたが、北側の副室から大量の鉄製武器が発見された。墳丘長約235m。

図28　メスリ山古墳

で、多くの人々を魅惑し、かつ驚嘆させた。この古墳が一部で〝玉杖古墳〟の別称で呼ばれているのも、そのためである。なお、この古墳は一九七三年、国の史跡に指定されている。[1]

二〇〇九年、竪穴式石室と盗掘時の排出土が再調査された。その結果、鮮やかな朱を全面に塗った石室に長大な割竹形木棺が確認された。また、粉々になった鏡片などもみつかった。鏡の破断面は新しく、盗掘時に粉砕された可能性が大きいといわれている。一九四九年の鏡片と合わせて三八四点の破片、八一面分が確認された。しかし、一八〇点以上の破片は種類が特定できていない。当初の副葬鏡の総数は一〇〇面を越えていたかもしれない。そのなかに魏の「正始元年」銘をもつ三角縁神獣鏡が含まれていたことも特筆できる。

また、石製品には玉杖《ぎょくじょう》六四片、石釧《いしくしろ》三、碧玉製管玉《へきぎょくせいくだたま》七、ヒスイ製棗玉《なつめだま》一、ガラス玉七などがある。ガラス製の管玉は鉛バリウムガラスで、素材は舶載《はくさい》だろう。八センチを超える大型もあった。鉄製品は板状鉄斧《てっぷ》二、鉄鏃《てつぞく》多数、形態不明の鉄製品が五一破片である。加えて、竪穴式石室の天井石上面にも鉄さびの痕跡が多数確認され、石室上に配置された槍《やり》などが想定される。[2]

一方、メスリ山古墳は、桜井市高田《たかた》の丘陵尾根上に築かれている。小字名によりメスリ山古墳と命名されたが、重要なのは高田に所在している点である。高田がなぜ重要なのかということについては後述する。墳丘長二三五メートル、前方部幅八〇メートル、高さ八メートル、後円部径一二八メートル、高さ一九メートルほどの西向きの前方後円墳で、周濠はみとめられていない（図28）。一九五九年から一九六一年にかけて調査され、三段築成（後円部）の墳丘であること、埋葬施設は偏平な割石を小口積みにした全長八・二メートル、幅約一・三メートル、高さ一・六メートルの竪穴式石室で、後円部中央に墳丘主軸と直交するかたちで築かれていること、および、この竪穴式石室の東側にも全長六メートル、幅・高さともに七〇センチメートルほどの副室ともいうべき竪穴式石室が築かれていることなどが確認された。[3] なお、前方部は二段築成と推定され、墳形が柄鏡式であることなど、桜井茶臼山古墳と共通する要素をもっている。

　西側埋葬施設の竪穴式石室が激しく盗掘されており、出土遺物の全容はわからない。しかし、鏡だけで二〇面以上はあったと伝わる。発掘調査では三角縁神獣鏡の小片が残されていたのみである。副室は未盗掘で発見された。表7のような遺物が検出されたが、なかでも眼をひくのは、大量の銅鏃・鉄製武器類である。銅鏃が二三六点、石製の鏃が五〇点、鉄製のヤリ先が二一二点以上出土している。さらに鉄製の弓と矢も出土している。こうした遺物から考えると、メスリ山古墳の被葬者は非常に武人的性格の強い人物であり、『日本書紀』の言葉でいえば、「将軍」のような人がイメージされる。また、高さ二四二センチの日本最大の埴輪をはじめとする超大型の円筒埴輪類が、石室上に樹《た》てられていた。

　なお、この古墳は一九八〇年、国の史跡に指定された。また、二〇〇五年には出土遺物が一括して重要文化財指定を受けている。

ヤマト政権の大王墓

　桜井茶臼山・メスリ山両古墳は、ともに古墳時代前期に築造された古墳であり、しかも両者の距離は、直線距離にして一・七キロメートルぐらいしか離れていない。したがってこれらの古墳の

表7 桜井茶臼山古墳・メスリ山古墳の副葬品

		桜井茶臼山古墳	メスリ山古墳	
武器			主室	副室
	鉄製	大刀3 剣 鏃多数 不明鉄器50以上	大刀5以上 剣4以上 鏃	大刀1 剣1 槍212以上 儀器 弓1・弭1・矢5
	銅製	鏃2		銅鏃236
	石製			石製鏃50
	革製			漆塗り革盾
石製品			主室	副室
	碧玉	玉杖複数 玉葉3 鍬形石1 車輪石2 石釧3 管玉7 異形5	鍬形石3 車輪石1 石釧29 管玉55 合子形6 椅子形3 櫛形3 棒状1	杖形1 筒形5 紡錘車形2 石突形1 管玉形13 など
	硬玉	勾玉1・棗玉1	勾玉6	
	ガラス	管玉1・小玉7	管玉・小玉	
工具			主室	副室
	鉄製	ヤリガンナ 斧2 刀子	なし	斧14 鎌19 鑿3 鋸51 刀子45 ヤリガンナ1 不明19
銅鏡			主室	副室
		三角縁神獣鏡26 連弧紋鏡 9 神獣鏡類 25 (同向式神獣鏡・斜縁二神二獣鏡・環状乳神獣鏡など) 方格規矩鏡 2 線彫獣帯鏡 3 単虁鏡 1 龍虎鏡 1 仿製環状乳神獣鏡 4 仿製連弧紋鏡 10 ※計81面・鏡式不明多数あり。	三角縁神獣鏡1 連弧紋鏡 1 ※20面以上出土したという伝えあり。	なし

被葬者は、ともに桜井市中央部の地域を勢力基盤として古墳時代前期に活躍した、初期ヤマト政権（畿内政権）の中枢に位置する大首長であったことが推測される（図29）。

ただ、古墳時代前期の築造といっても、研究者によって、その編年は微妙に異なる。白石太一郎は、桜井茶臼山（外山《とび》茶臼山）古墳を四世紀初頭、メスリ山古墳を四世紀前半と位置づけ、以下のように考えている。[4]

「箸墓古墳にはじまる初期ヤマト政権の盟主墓は、箸墓から大和古墳群の西殿塚（現手白香《たしらか》皇女衾《ふすま》田陵《だりょう》・墳丘長約二三四メートル）へ、さらに鳥見山周辺の外山茶臼山・メスリ山をへて柳本古墳群の渋谷向山（現景行陵・同約三〇〇メートル）・行燈山（現崇神陵・同約二四二メートル）へと〝やまと〟の地域を転々と移動する」（カッコ内筆者）

これに対して、石野博信は、桜井茶臼山古墳は西殿塚古墳（纒向三式期後半）と、またメスリ山古墳は渋谷向山古墳（纒向四式期）と、それぞれ並行する時期に築造されたと考えている。そして二つの巨大古墳が時期的に並行することについて、次のように述べている。[5]

「二つの解釈は、土器様式にあらわれない年代差を考え、両者を縦に並べ、連続する大王墓とみる考えであり、他は両者が同時に存在し、大王としての機能を分担したとする考えである。前者の考えに立てば、大和平野東南部の大王権はおそらく萱生から桜井・安倍へと移行したこととなるし、後者では茶臼山古墳出土の玉杖・玉葉等が分担した機能を考える上で参考になる。……（中略）……ほぼ同時期の渋谷向山古墳とメスリ山古墳の関係については、両古墳の墳丘規模の差を考慮して大王と王権内有力層という第二の考えが成立しうるようにも思われるけれども、メスリ山古墳出土の多量の武器を考慮して現段階では西殿塚古墳と桜井茶臼山古墳の関係と同様に考えておきたい。仮に、二つの考え方のうち大王の機能を分担した場合をとると、二代つづいて同じ事例が行なわれたこととなり、大和平野東南部における初期王権のあり方を考える上できわめて興味深い。あるいは、次期の行燈山古墳と東殿塚古墳の間にも同様の関係を想定しうるかもしれない」

この考え方は、古代のある時期には「政事《まつりごと》」を行う男子族長と「祭祀」を行う巫女とによる共同統治形態、すなわち「ヒコ・ヒメ制」が存在していたのではないかとする文献史学・民俗学・文化人類学者が提起している考え方とも符合し、すこぶる興味深い。[6]

以上のほかにも、箸墓古墳→桜井茶臼山古墳→西殿塚古墳→メスリ山古墳→行燈山古墳の築造順序を想定する藤田和尊説をはじめ、さまざまな見解が存在する。[7]

いずれにもせよ、三世紀後半から四世紀前半にかけてのある時期に、まず桜井茶臼山古墳が築かれ、次いでメスリ山古墳が築かれたということだけは、ほぼ一致しているといってよい。

ところで、これらの古墳は先ほどの白石の見解にもみられるごとく、初期ヤマト政権の「盟主墓」（以下、小論では「大王墓」と仮称する）として位置づけられている場合が少なくない。こうした考え方に批判的な研究者がいないわけではないが、今日では多くの研究者の賛同するところとなっており、半ば学界の通説として定着しているといっても過言ではない。

小論の目的は、文献史学の立場から、桜井茶臼山古墳およびメスリ山古墳の被葬者を初期ヤマト政権の「大王」（最高首長）として位置づけることが可能かどうか、という点を検討すること

	古墳名
1	箸墓古墳
2	西殿塚古墳
3	桜井茶臼山古墳
4	メスリ山古墳
5	行燈山古墳
6	渋谷向山古墳
7	ヒエ塚古墳
8	波多子塚古墳
9	馬口山古墳
10	西山塚古墳
11	フサギ塚古墳
12	矢矧塚古墳
13	行燈塚古墳
14	下池山古墳
15	中山大塚古墳
16	東殿塚古墳
17	アンド山古墳
18	黒塚古墳
19	櫛山古墳
20	上の山古墳
21	シウロウ塚古墳
22	柳本大塚古墳
23	纒向勝山
24	纒向石塚
25	纒向矢塚
26	東田大塚
27	箸中ビハクビ古墳
28	ホケノ山
29	箸中イヅカ古墳
30	茅原大塚古墳

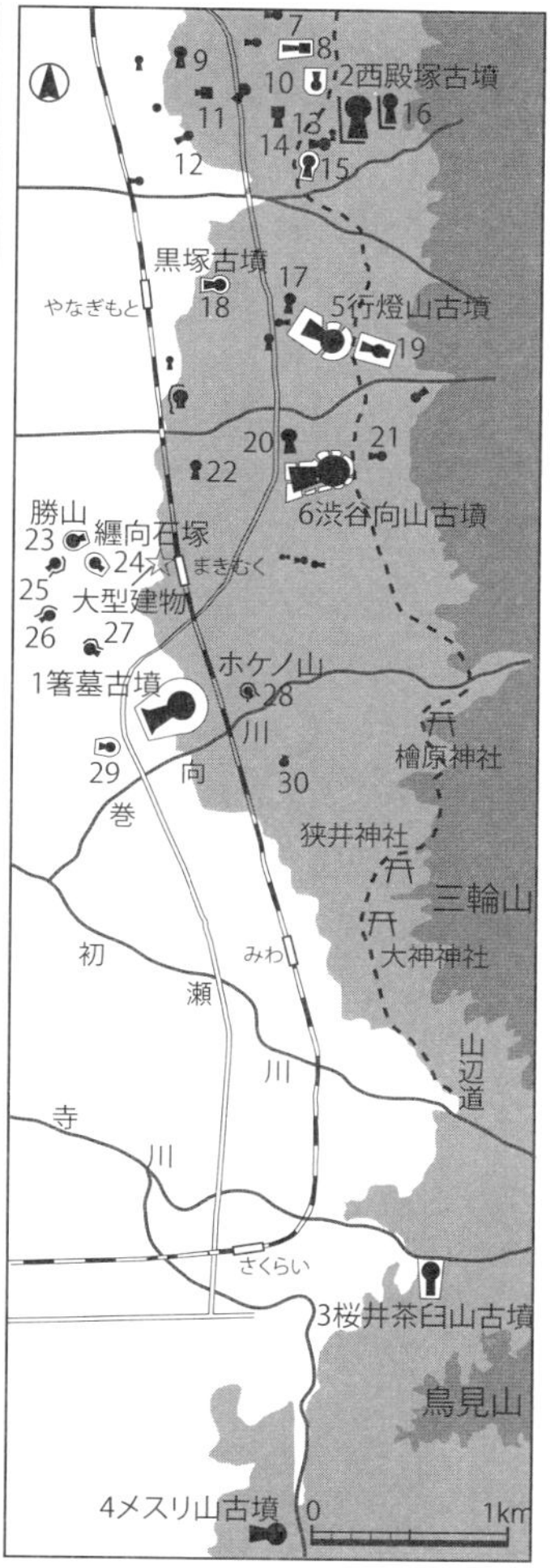

図29　オオヤマト古墳群

にある。もちろん、文献史学からのアプローチには史料的に限界があるといわざるを得ないのだが、しかし全く何の手がかりもないわけではない。以下、考え得たところを開陳して、ご批正を乞いたいと思う。

両古墳の被葬者の特徴

桜井茶臼山古墳・メスリ山古墳の被葬者を初期ヤマト政権の大王と見なした場合、いくつか気がかりなことがある。その一つは、六世紀以前の当地域に、天皇陵が営まれたとする伝承が全く語られていないことである。

①箸墓古墳や②西殿塚古墳、③行燈山古墳、④渋谷向山古墳、⑤五社神《ごさし》古墳（神功陵古墳・墳丘長約二七五メートル）、⑥誉田御廟山《こんだごびょうやま》古墳（応神陵古墳・墳丘長約四二五メートル）、⑦大山《だいせん》古墳（仁徳陵古墳・墳丘長約四八六メートル）、⑧今城塚古墳（墳丘長約一九〇メートル）などを大王墓と考えることについては、おそらく異論あるまいと思うが、これらの古墳が存在する地域には、すべて天皇陵造営の伝承が語られているのである。すなわち『記』『紀』によると、①②③④の地域には崇神・景行、⑤の地域には成務、⑥の地域には仲哀・応神・允恭、⑦の地域には仁徳・履中・反正、⑧の地域には継体の各陵墓が営まれたと伝えられている（表8）。また、オオヤマト古墳群や佐紀盾列古墳群の場合、巫女的性格の濃厚な倭迹迹日百襲姫命《やまとととびももそひめのみこと》や神功皇后の奥津城《おくつき》が営まれたと伝えられていることも注意されてよい。

念のために申し添えるが、ここでは個々の古墳をどの天皇の陵墓に比定しうるかということを

表8　『古事記』『日本書紀』による陵墓一覧表

代	漢風諡号	『古事記』	『日本書紀』
1	神武	畝火山之北方自檮尾上	畝傍山東北陵
2	綏靖	衝田崗	倭桃花鳥田丘上陵
3	安寧	畝火山之美富登	畝傍山南御陰井上陵
4	懿徳	畝火山之真名子谷上	畝傍山南纖沙谿上陵
5	孝昭	掖上博多山上	掖上博多山上陵
6	孝安	玉手岡上	玉手丘上陵
7	孝霊	片岡馬坂上	片丘馬坂陵
8	孝元	剣池之中崗上	剣池嶋上陵
9	開化	伊耶河之坂上	春日率川坂本陵
10	崇神	山辺道勾之崗上	山辺道上陵
11	垂仁	菅原之御立野中	菅原伏見陵
12	景行	山辺之道上	倭国之山辺道上陵
13	成務	沙紀之多他那美	倭国狭城盾列陵
14	仲哀	河内恵賀之長江	河内国長野陵
15	応神	川内恵賀之裳伏崗	(蓬蔂丘誉回陵一雄略紀九年七月の条)
16	仁徳	毛受之耳原	百舌鳥野陵
17	履中	毛受	百舌鳥耳原陵
18	反正	毛受野	耳原陵
19	允恭	河内之恵賀長枝	河内長野原陵
20	安康	菅原之伏見岡	菅原伏見陵
21	雄略	河内之多治比高鸇	丹比高鷲原陵
22	清寧		河内坂門原陵
23	顕宗	片崗之石坏崗上	傍丘磐杯丘陵
24	仁賢		埴生坂本陵
25	武烈	片崗之石坏崗	傍丘磐杯丘陵
26	継体	三島之藍陵	藍野陵
27	安閑	河内之古市高屋村	河内旧市高屋丘陵
28	宣化		大倭国身狭桃花鳥坂上陵
29	欽明		檜隈坂合陵
30	敏達	川内科長	磯長陵
31	用明	石寸掖上、のち科長中陵	磐余池上陵、のち河内磯長陵
32	崇峻	倉椅崗上	倉梯岡陵
33	推古	大野崗上、のち科長大陵	竹田皇子之陵に合葬

問題としているのではない。考古学的見地から大王墓と推定されている古墳の存在する地域に、天皇陵の伝承が存在しているかどうかを問題としているのである。もちろん、これらの陵墓伝承をそのままうのみにすることはすこぶる危険であり、『記』『紀』の編述者が史料として用いた「帝紀」のもととなった書物、すなわち「原帝紀」が成書化された六世紀中葉（欽明朝）に、造作もしくは改作されたものも少なからず含まれているに違いない。また、それ以降にも、造作もしくは改作された可能性がある。[8]

　しかしながら、「原帝紀」編纂の時代に、大王の陵墓に関する伝承が全く伝わっていなかったとみることも不自然である。大王墓と推測されている古墳が存在する地域に、きまったように天皇陵造営の伝承が語られているのは、「原帝紀」編述者の手もとに大王墓に関する古伝承が存在し、編述者はそれに依拠して、ときには私見を交えつつ、陵墓記事をしるしたからではないだろうか。

　このようにみてくると、桜井茶臼山古墳・メスリ山古墳の所在する桜井市中央部の地域に、天皇陵造営の伝承が一つも語られていないことは、やはり問題とされねばならないであろう。もっとも、天皇陵の伝承は存在していたのだが、それが後世に伝わらなかったとか、なんらかの事情で「原帝紀」や『記』『紀』に採用されなかった、といった可能性もないわけではない。しかし、それも結局、単なる一つの想像にすぎないから、この場合は、天皇陵の伝承が全く存在していないという事実のほうを重視すべきであろう。

　それと、いま一つ気がかりなのは、天皇陵の存在が伝えられている桜井市北部から天理市にかけての地域には、王権の祭祀に関わったとされる巫女の伝承が数多く語られているのに対して、桜井市中央部の地域には、そうした伝承がほとんど語られていないことである。

大王の機能の一部を分担していた可能性があるといわれているキサキや皇女の陵墓伝承も、この地域には全く存在していない。なお、この地域を舞台として語られている伝承にイハレビコ（神武天皇）の伝承があるが、私見によれば、この伝承が成立したのは五世紀代以降のことと考えられる。[9]

『日本書紀』崇神天皇六年条および同七年条、垂仁天皇二十五年条などによると、天照大神を祭ったという豊鍬入姫命《とよすきいりびめのみこと》（崇神の皇女）は倭《やまと》の笠縫邑《かさぬいむら》（三輪山北西部の檜原附近か）と、また大倭大《やまとのおお》神《かみ》（倭大国魂）を祭ろうとしたが、体がやせ衰えて祭ることができなかったという渟名城稚姫《ぬなきわかひめの》命《みこと》（渟名城入姫命・崇神の皇女）は「穴磯《あなし》」（桜井市穴師附近）・「大市《おおち》の長岡岬《ながおかのさき》」（城上郡大市郷・桜井市北部）と、前述した倭迹迹日百襲姫命は「神浅茅原《かむあさじはら》」（桜井市茅原附近か笠の浅茅原附近）・「大市」（前述参照）と、それぞれ密接な関わりをもって語られているが、これらの比定地はすべて桜井市北部より以北である。

もちろん、これらの伝承も簡単には信じがたいが、しかし桜井市北部の地域が王権祭祀と深く関わっていたとする認識がなければ、このような話も生まれてこないであろう。垂仁・景行の宮居（垂仁の宮居は『古事記』に師木玉垣宮、『日本書紀』に纏向珠城宮、景行のそれは『記』『紀』ともに纏向日代宮とする）が纏向の地域に営まれたと伝えられているのも、けっして偶然ではないのである。

以上のようにみてくると、桜井市北部から天理市にかけての地域であれば、王権の体現者であった大王や巫女の奥津城が営まれていたとしても、少しも不思議なことではない。しかしながら、桜井市中央部の地域にはそうした伝承がほとんど語られていないのであるから、桜井茶臼山古墳・メスリ山古墳を「大王墓」とみることについては、躊躇せざるを得ないのである。

もちろん、右記の疑問は、いずれも両古墳の被葬者を大王ではないと断言するだけの決定的な根拠とはなりがたいけれども、しかし「大王墓」説にとって、不利な材料であることだけは間違いない。再考を要するゆえんである。では、これらの古墳は、どのような人たちの奥津城であったと考えられるであろうか。

ここで、私見を披瀝《ひれき》すると、これらは大王に次ぐ地位にあって、『魏志』倭人伝に「佐《たす》けて国を治《おさ》む」とされているような、初期ヤマト政権内最高の重臣たちの奥津城であったと考える余地はないであろうか。これは、先ほど引用した石野の論考にみられる「王権内有力層」とみる考え方に当たる。以下、具体的に論じてみよう。

オホビコとタケヌナカハワケ

文献史料によると、桜井市中央部の地域と深い関わりをもち、初期ヤマト政権の時代に政権内最高の重臣として活躍したとされている人物が、実は二人存在する。それは、オホビコ（『古事記』に大毘古命、『日本書紀』に大彦命）とタケヌナカハワケ（『古事記』に建沼河別、『日本書紀』に武渟川別）である。

『記』『紀』によると、オホビコは孝元天皇と内色許売命《うつしこめのみこと》（『紀』に欝色謎命）との間に生まれた皇子で、崇神の叔父に当たり、タケヌナカハワケはその子息と伝えられる（図30）。二人はいわゆる〝王族将軍〟で、『日本書紀』崇神天皇十年および十一年の条に次のようにある。

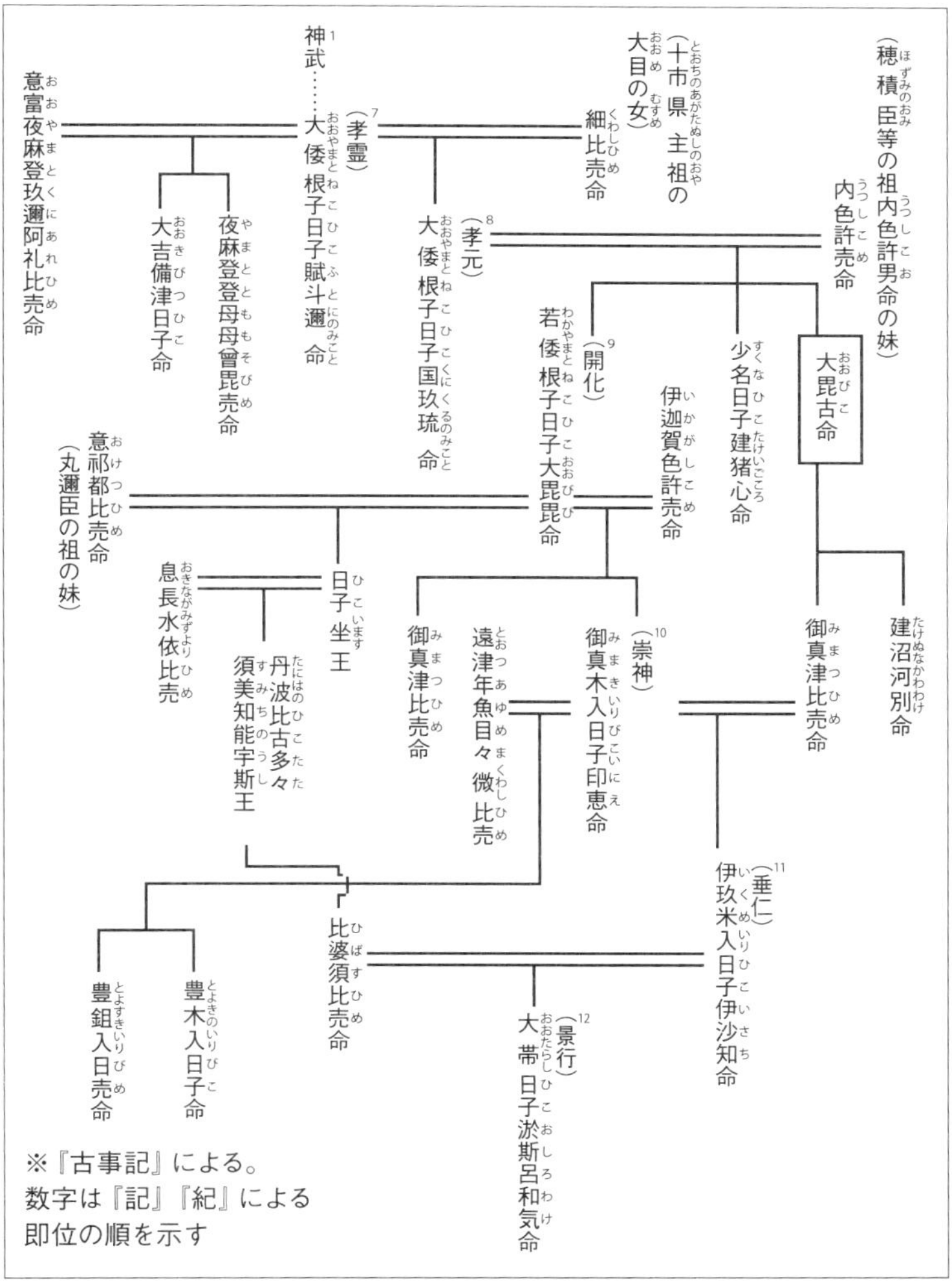

図30　崇神天皇・大毘古命関係系図

「九月の丙戌朔の甲午（九日）に、大彦命《おおびこのみこと》を北陸道に遣わし、武渟川別《たけぬなかわわけ》を東海道に遣わし、吉備津彦を西道（山陽道）に遣わし、丹波道主命《たにはのみちぬしのみこと》を丹波（山陰道）に遣わされた。そして詔して、『もし教えを受けいれない者があれば、ただちに兵を差し向けて討伐せよ』と仰せられた。こうして、四人の者にそれぞれ印綬を授けて、将軍に任命された。……（中略）……

冬十月の乙卯朔《いつぼうついたち》（一日）に、天皇は群臣に詔して、『今や反逆した者はことごとく誅《つみ》に伏し、我が畿内は安寧である。ただし、畿外の王化に浴さない乱暴者だけは、まだ騒動が止まない。そこで四道将軍たちは、今ただちに発向せよ』と仰せられた。丙子《へいし》（二十二日）に、将軍たちは揃《そろ》って出発した。

十一年夏四月の壬子朔《じんし》の己卯《きぼう》（二十八日）に、四道将軍は、夷夷《ひな》を平定した状況を奏上した」

『古事記』の伝承も、これとほぼ同じで、崇神天皇の段に以下のようにある。

「また、この御代《みよ》に、大毘古命《おおびこのみこと》を北陸地方に派遣し、その子の建沼河別命《たけぬなかわわけのみこと》を東方の十二国に派遣して、そこの服従しない人たちを平定させた。また、日子坐王《ひこいますのみこ》を丹波国《たにはのくに》に派遣して、玖賀耳《くがみみ》之御笠《のみかさ》を殺させた。……（中略）……さて、大毘古命《おおびこのみこと》は、初めの命令どおりに、高志《こし》国のに下って行った。そうして、東の方から派遣された建沼河別《たけぬなかわわけ》とその父の大毘古命《おおびこのみこと》とは、会津《あいづ》で行き会った。それで、その地を会津というのである。こうして、それぞれ派遣された国を平定する任務を終えて、天皇に復命申し上げた。そうして、天下は大いに安らぎ、人民は富み栄えた。ここに、初めて男の狩猟の獲物と女の手仕事の糸や織物を税として献上させた。そこで、その御代をたたえて、『初国知《はつくにし》らす御真木天皇《みまきのすめらみこと》』というのである」

これらの記事の信憑性を見極めることはきわめて難しいが、少なくともそれらが、「初国知らし御真木天皇」（初めてできた国を統《す》べられた御真木天皇、の意）とほめたたえられた崇神天皇に象徴される初期ヤマト政権草創期に活躍した重臣たちの姿を類型化し、理想化した古伝承に基づいて記されていることだけは、ほぼ確かである。

さて、ここで重要なことは、彼らがともに阿倍氏の祖先とされていることである。すなわち、『古事記』孝元天皇の段に以下の記事がある。

「その（開化天皇の）兄大毘古命《おほびこのみこと》の子、建沼河別命《たけぬなかわわけのみこと》は、阿倍臣《あへのおみ》らの祖先である」

また『日本書紀』孝元天皇七年春二月丙寅《へいいん》朔の丁卯《ていぼう》条にも、次のようにある。

「第一子を大彦命と申し、……兄の大彦命は、阿倍臣《あへのおみ》・膳臣《かしわでのおみ》・阿閉臣《あへのおみ》・狭狭城山君《ささやまのきみ》・筑紫国《つくしのくにの》造《みやつこ》・越国造《こしのくにのみやつこ》・伊賀臣《いがのおみ》らすべて七族の始祖である」

彼らが実際に阿倍氏の祖先であったかどうかは疑わしいが、全く何の根拠もなく、このような所伝がつくられるわけがない。おそらく阿倍氏は古くからオホビコ・タケヌナカハワケの伝承を知っていたと考えられるが、それは彼らの伝承が、阿倍氏が本拠とする桜井市中央部の地域と深い関係をもって語られていたからに相違ない。すなわち阿倍氏は、ヤマト政権草創期に活躍したと伝えられていた郷土の英雄を自分たちの祖とし、これによって家柄・門地をよく見せ、ヤマト政権内における勢力の安定・拡大をはかったものと考えられる。このようにみてくると、オホビコ・タケヌナカハワケ伝承は、桜井市中央部の地域ときわめて深い関係にあったことが推察されるであろう。

『日本書紀』景行天皇四年春二月甲寅朔甲子《きのえとらのついたちのひきのえのねのひ》の条に、「次の妃である阿倍氏《あへのうじの》木事《こごと》の娘高《たか》田媛《たひめ》は武国凝別皇子《たけくにこりわけのみこ》を生んだ」とある。この高田媛の名は桜井市大字高田（旧高田村・高田庄）の地名に基づくものと考えられる。してみると、メスリ山古墳はまさしくこの高田の地に所在しているのであるから、阿倍氏はこの古墳を阿倍氏の祖先の奥津城と考えていた可能性が大きいと思われる。

では、ヤマト政権の版図をいちじるしく拡大したという伝説上の英雄、オホビコ・タケヌナカハワケは、いつごろの人たちであったと認識されていたのであろうか。

第七章で、埼玉県稲荷山古墳出土の鉄剣（刀）銘文にみえる「意富比垝」（オホビコ）を手がかりに、彼が「杖刀人《じょうとうじん》の首」（将軍）として仕えていたという初期ヤマト政権の最高首長（崇神的大王）の年代を推測した。それによると、おおよそ三世紀後葉を中心とした前後の時期が考えられる。してみると、タケヌナカハワケは、オホビコの息子とされている人物であるから、三世紀後葉から四世紀前半前後の時期に位置づけることが可能である。

このようにして、三世紀後葉から四世紀前半にかけての時期に活躍した初期ヤマト政権の重臣（「将軍」）たちを理想化した古伝承を核にもつオホビコ・タケヌナカハワケの伝承が、桜井市中央部の地域ときわめて深い関わりをもって語られていたとすると、この地域にそのことを示す、なんらかの証跡がなければならない。そこで注目されるのが、桜井茶臼山古墳・メスリ山古墳である。

第一に、これらの古墳はともに、阿倍氏が勢力基盤としていた桜井市の中央部に所在している。

第二に、古墳の築造年代が三世紀後葉から四世紀前半の時期におさまる。

第三に、両古墳の築造年代に一世代ほどのひらきがある。

第四に、古墳の規模や副葬品からみて、ともに初期ヤマト政権の中枢部で活躍した実力者の奥津城であったと考えられる。特にこの場合、メスリ山古墳から儀仗《ぎじょう》用と推測される鉄製弓・矢、鉄製弣、銅鏃（二三六）、石製鏃（五〇）、鉄製ヤリ先（二一二以上）などをはじめとする大量の武器類の出土していることが、あらためて注意される（表7・図31）。つまり、メスリ山古墳の被葬者はその副葬品の性格からみて、きわめて武人的性格の濃厚な人物であったことが推察されるのである。[10]

図31　メスリ古墳武器出土状況

以上の諸点は、右の考察から得たオホビコ・タケヌナカハワケの年代や人物像と、ぴったり一致する。これははたして偶然の一致であろうか。私にはとうてい、偶然の一致であるとは思えないのである。

桜井茶臼山古墳の北方、指呼のところに、古墳時代前期（四世紀初頭）の集落跡として知られる城島《しきしま》遺跡（外山《とび》下田地区）がある。長柄鋤約四〇本、鋤約二〇本、天秤棒九本などの木製土木用具と、東海、河内、山陰、近江、などの土師器甕などが出土している。清水真一は、これらの出土遺物から、この遺跡を桜井茶臼山古墳の築造に関連する土木工事の飯場と推定した。[11]

そうだとすると、搬入土器でもっとも多いのは東海系土器であるから、東海の人たちが中心となって、桜井茶臼山古墳を築造した可能性がきわめて大きい。このことは、オホビコの息子とされるタケヌナカハワケが東海に遣われてこの地方を平定し、多数の人たちがヤマト王権に帰順したと伝える『日本書紀』の記事(崇神紀十年冬十月乙卯朔《きのとのうついたちのひ》・同十一年四月壬子《みずのえね》朔己卯《つちのとのうのひ》の各条)と、奇しくも整合する。オホビコの没後、後継の大首長タケヌナカハワケによって桜井茶臼山古墳が築造されたとみる私見の、有力な証左とすることができるであろう。

おわりに

以上の考察によって私は、桜井茶臼山古墳・メスリ山古墳は「大王墓」ではなく、のちの史料にオホビコ・タケヌナカハワケの名で登場するところの、初期ヤマト政権時代に活躍した政権内最高の重臣たちの奥津城ではなかったかと推測するものである。

もちろん、単なる重臣ではなく、大王の血脈につながる人物であった可能性もあるが、この点は今後の研究課題としておきたい。

また、「大王墓」と考えられている箸墓古墳・西殿塚古墳・行燈山古墳・渋谷向山古墳などの諸古墳とこれらの古墳との相違点や、これらの古墳と北陸・東海地方との関係の有無などについても検討しなければならないところであるが、これらの点も今後の研究課題としておきたい。はたして以上のような私見が成り立つかどうか、ご叱正を賜わることができれば幸いである。

附記

二〇〇九年に行われた奈良県立橿原考古学研究所の発掘調査により、桜井茶臼山古墳には正始元年（二四〇年）銘を含む、少なくとも八一面以上の鏡が副葬されていたことが判明した。これにより新聞各紙は、あたかも桜井茶臼山古墳の被葬者が大王（倭王・倭国王）であることが確定したかのような論調の記事を掲載した。しかしながら、こうした考え方には問題が多い。

第一に、大王墓であることがほぼ共通の認識となっている箸墓古墳・西殿塚古墳・行燈山古墳・渋谷向山古墳などの副葬品が不明で、これらの古墳との比較研究がほとんど行われていないことが挙げられる。考古学は〝遺物や遺跡に基づく実証〟を重んずる学問であるから、そうした基礎的研究すら行われていない状況（実は行えない状況）で、はたして鏡の面数を拠りどころに桜井茶臼山古墳の被葬者を短絡的に大王ときめつけてしまってよいものかどうか、私にはかなり疑問に思われる。

第二に、そもそも副葬されていた鏡の面数の多さが大王墓説を保証するものとなり得るかどうか、という根本的な問題がある。多数の鏡が副葬されていた理由についてはほかにも解釈が可能であって、たとえばヤマト政権の最高首長である大王とさほど格差のない地位の、大王を「佐治」（『魏志』倭人伝）していた政権内最高の権臣、すなわち岸本直文のいわゆる「執政王」[12]が鏡の分与や鋳造等に深く関与していたことに因由する、とみることも十分可能である。このような考え方に立てば、多数の鏡が副葬されていたからといつて直ちにそれが大王墓説を裏づけることにはならない、と反論することができる。

　要するに、鏡の面数ももちろん重要だが、それだけではなく、鏡の種類や他の遺物、古墳の規模・形・段築・築造年代・埋葬施設の構造、「天皇陵」の伝承の有無、地域の伝承等々を総合的に研究することによってはじめて、被葬者の真の姿に近づくことができるのではないかということである。

　本書に収録した拙稿はそうした作業の一端を試みたものにすぎないが、その後、自説を補強しうる新知見をいくつか得ている。それらについては後日、改めて披瀝したいと思う。[13]

第十章　初期ヤマト政権と丹波《たには》の勢力

――丹波の首長層の動向とヤマト政権の内部抗争

丹波の大首長と四世紀末の内乱

　四世紀の丹後《たんご》半島には、丹後の三大古墳といわれる蛭子山《えびすやま》古墳（京都府与謝郡与謝野町、墳丘長約一四五メートル）、網野銚子山《あみのちょうしやま》古墳（同京丹後市網野町、約二〇〇メートル）、神明山《しんめいやま》古墳（京丹後市丹後町、約一九〇メートル）などの前方後円墳が相次いで築造されていた（図32）。これらの古墳は丹後半島のみならず、丹波（七一三年に丹後国と丹波国に分割される）全域を見渡してもその規模の巨大さは際立っており、これらの被葬者たちが丹波の広域首長連合の大首長であったことはほとんど疑う余地がない。では、これらの大首長はヤマト政権（畿内政権）とどのような関わりをもっていたのか。

　岸本直文らの研究によれば、網野銚子山古墳は奈良盆地北部に所在する佐紀《さき》古墳群西群の佐紀陵山《みささぎやま》古墳（日葉酢媛陵古墳・約二一〇メートル・四世紀中葉～後半）や神戸市垂水区の五色塚《ごしきづか》古墳（墳丘長約一九四メートル・四世紀末）とその墳形が酷似しており、たがいに深い関わりを有していたという[1]。佐紀陵山古墳は大王墓級の巨大古墳で、四世紀後半におけるヤマト政権の主導勢力であった佐紀政権の礎《いしずえ》を築いた人物の奥津城《おくつき》と推定され、五色塚古墳は県下最大の前方後円墳である（図33）。

ここで留意されるのは、扇状台地の西に偏して築造され、東半を将来の墓域として残していたらしい五色塚古墳群が、五世紀代になると大古墳の築造を停止してしまうことと、五色塚古墳が仲哀天皇の皇子の香坂王《かごさか》・忍熊王《おしくま》によって築かれたとされている（『日本書紀』神功皇后摂政元年二月条）ことである。これらはいったい何を意味しているのであろうか。これらの疑問を解くヒントは、四世紀末に勃発したヤマト政権の内乱にあるように思われる。

私見によれば、三九一年前後に、佐紀政権主流派の政治集団（香坂王・忍熊王の名で語られている政治集団）と反主流派の政治集団（神功・応神の名で語られている政治集団）との間に朝鮮半島問題をめぐって確執が生じ、内乱に発展した。その結果、後者が勝利してヤマト政権の中枢勢力が入れ替わり、応神をリーダーとする河内政権（主に古市・百舌鳥古墳群に大王墓を築いた政治勢力）が成立した。新政権の始祖王となった応神はもともと佐紀政権を最高首長とともに一体となって支えていた山城南部の政治集団の出身で、のちに古市古墳群の所在する河内誉田地方の一族（品陀真若王の名で伝えられている一族）のもとに入り婿のかたちで入っていった人物と考えられるから、この争いの本質は、佐紀政権内部の争いであったといってよい。それゆえ私はこの争いを〝四世紀末の内乱〟と称している。[2]

してみると、五色塚古墳の被葬者は前記の三つの留意点、すなわち①佐紀陵山古墳と墳形が酷似していること、②後続する大古墳がないこと、③争いに敗れた香坂王・忍熊王によって築かれたとする伝承をもっていることなどから判断して、佐紀西群の主流派に属する大首長であって、四世紀末の内乱の結果、主流派の政治集団とともに没落していった可能性がきわめて大きいと考

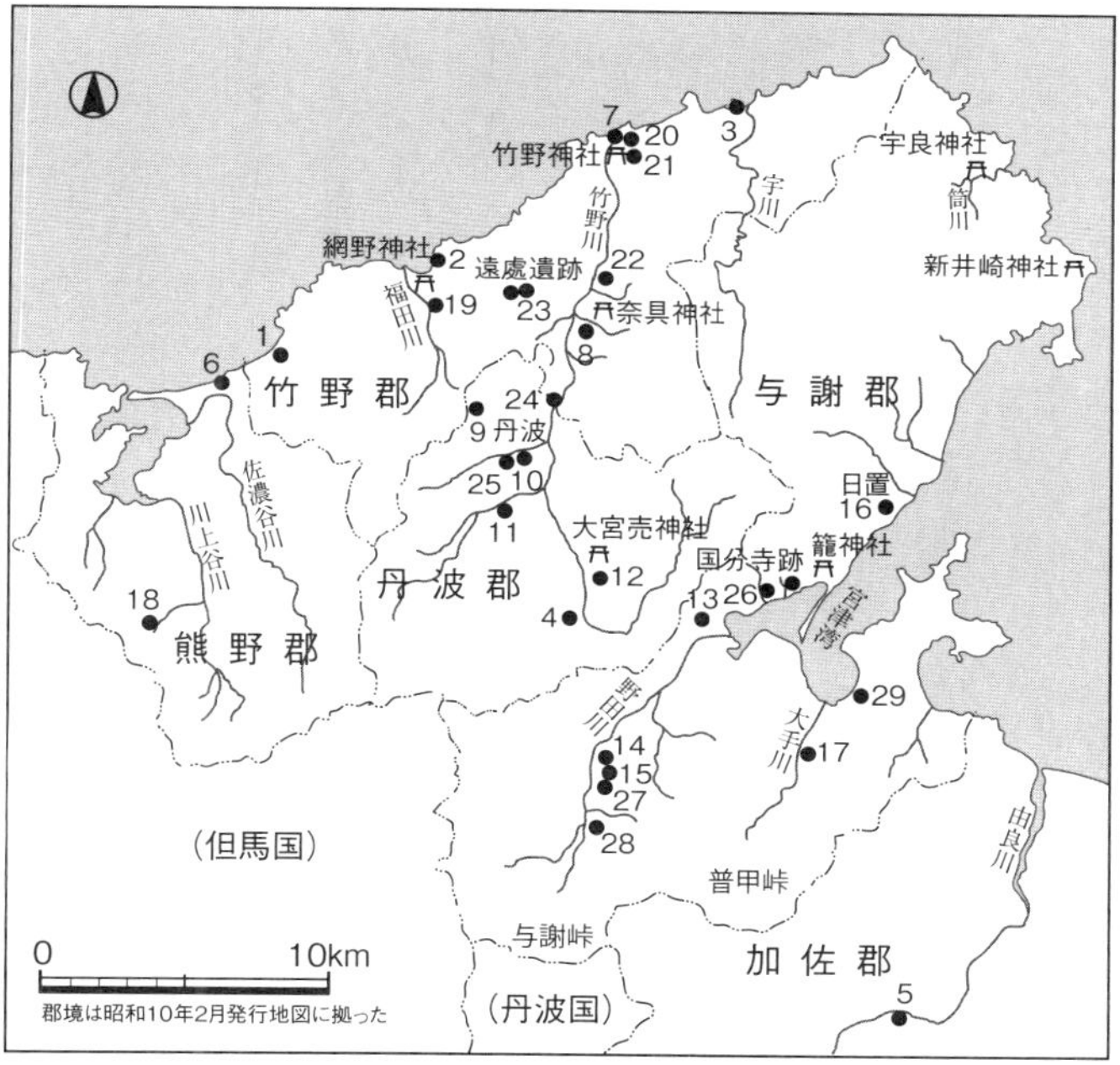

◆縄文時代

1 浜詰遺跡　2 宮の下遺跡　3 平遺跡　4 裏陰遺跡　5 桑飼下遺跡

◆弥生時代

6 函石浜遺跡　7 竹野遺跡　8 奈具岡遺跡　9 赤坂今井墳丘墓
10 扇谷遺跡　11 途中ヶ丘遺跡　12 三坂神社墳墓群　13 大風呂南墳墓群
14 蔵ヶ崎遺跡　15 日吉ヶ丘遺跡　16 日置遺跡　17 桑原口遺跡

◆古墳時代

18 湯舟坂2号墳　19 網野銚子山古墳　20 産土山古墳　21 神明山古墳
22 黒部銚子山古墳　23 ニゴレ古墳　24 大田南古墳群　25 カジヤ古墳
26 法王寺古噴　27 蛭子山古墳　28 白米山古墳　29 波路古墳

図32　丹波半島の古代遺跡

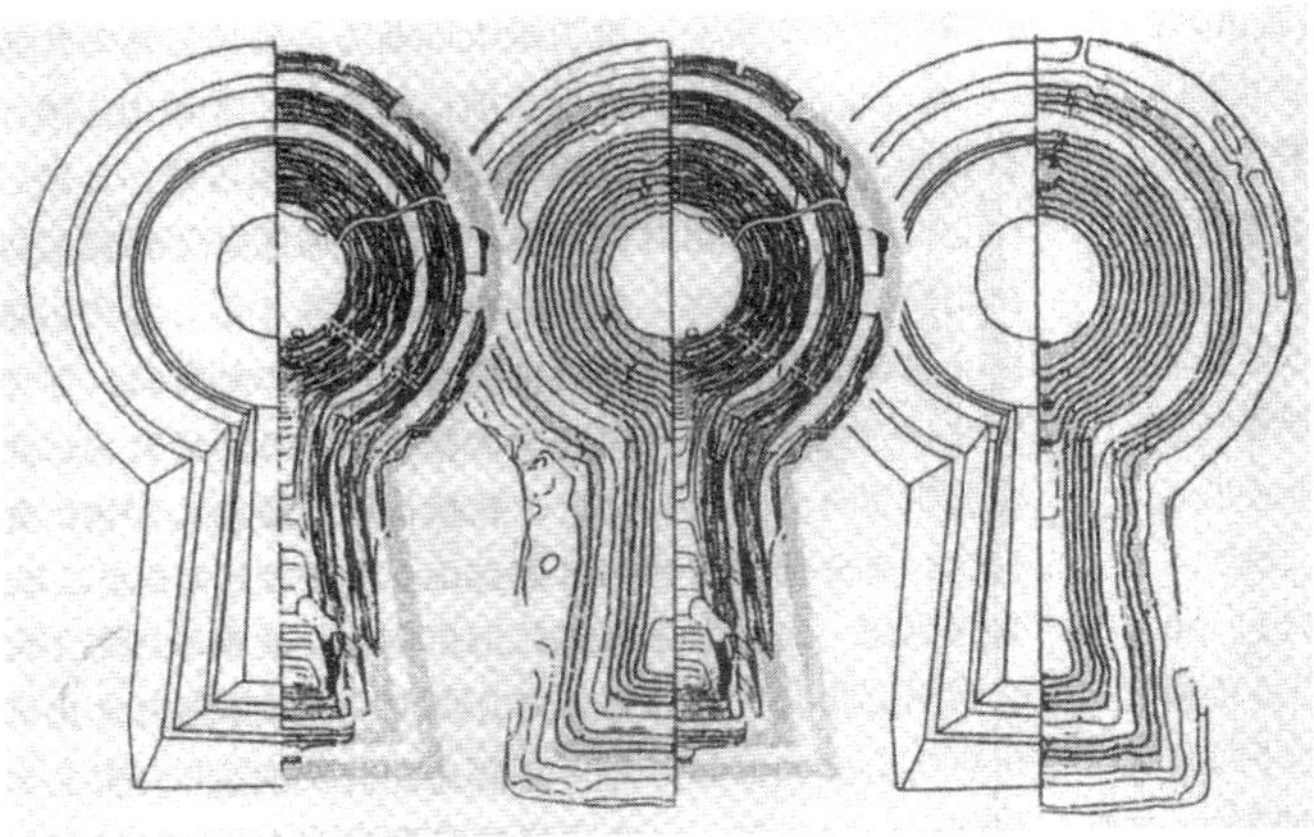

五色塚　銚子山　　佐紀陵山　銚子山　　五色塚　佐紀陵山

図33　三古墳の墳丘比較

えられるのである。

このようにみてくると、四世紀代の丹後の大首長たちについても同様の事情を想定し得るのではなかろうか。

①網野銚子山古墳が佐紀陵山古墳および五色塚古墳とその墳形が酷似していること

②丹後半島の地名を負う竹野媛《たかのひめ》の姉で丹波出身の日葉酢媛《ひばすひめ》が垂仁の大后《おおきさき》（皇后）となり、没後、佐紀古墳群が所在する「狭木《さき》の寺間《てらま》陵」（『記』垂仁の段）に葬られたと伝えられていること

③四世紀後半に丹後の大首長と従属的な関係にあった丹波の地域首長の奥津城と推定される園部垣内《そのべかいち》古墳（京都府南丹市、前方後円墳・墳丘長約八四メートル）から、刃部両面に樋（二本の溝）の入ったきわめて類例の少ない鉄製の刀が出土している。一方、佐紀陵山古墳の近くに四世紀後半の築造とみられる佐紀丸塚古墳（衛門戸《よもんど》丸塚古墳、円墳?・径約五〇メートル?）があるが、ここか

らも同様の鉄製刀剣が出土している[3]

④五世紀代になると丹後の古墳の規模が急に縮小すること（五世紀代前半の首長墓は京丹後市の黒部銚子山古墳で、墳丘長約一〇〇メートル）

以上のような点から見て、四世紀代の丹後の大首長は佐紀政権ときわめて親密な関係を結んでいたが、主流派の系列に属していたため、四世紀末の内乱の結果、その勢力が弱体化したことが考えられる。全国的に古墳が巨大化する五世紀代前半にあって、丹後の首長墓は前代の二分の一の規模となり、丹後政権の独自性を可視的に主張してきた丹後型円筒（無頸壺形《むけいつぼがた》）埴輪もなくなっている。そして次の大首長墓はもはや丹後半島にはなく、篠山《ささやま》盆地東部に移っている。篠山市東本荘に所在する雲部《くもべ》車塚《くるまづか》古墳（墳丘長約一五八メートル）がそれで、しかもこの古墳は畿内型の精美な前方後円墳として知られているのである。こうした情況は、やはり劇的な変化というべきであろう[4]。

海部集団とヤマト政権

四世紀末の内乱ののち、丹後半島ではどのような政治集団が台頭してきたのであろうか。この問題を考える場合に手がかりとなるのが、宮津市の籠《この》神社（丹後国一宮）に伝わる海部《あまべ》氏系図（籠《この》名神社祝部氏係図《みょうじんしゃはふりべしけいず》・国宝）である（図34）。

この系図でまず注目されるのは、建振熊宿禰《たけふるくまのすくね》以前と次の海部直都比以後とで、記載の形式に大きな違いがみられることである。都比以下はすべて「児…——児…」の記載形式になっているの

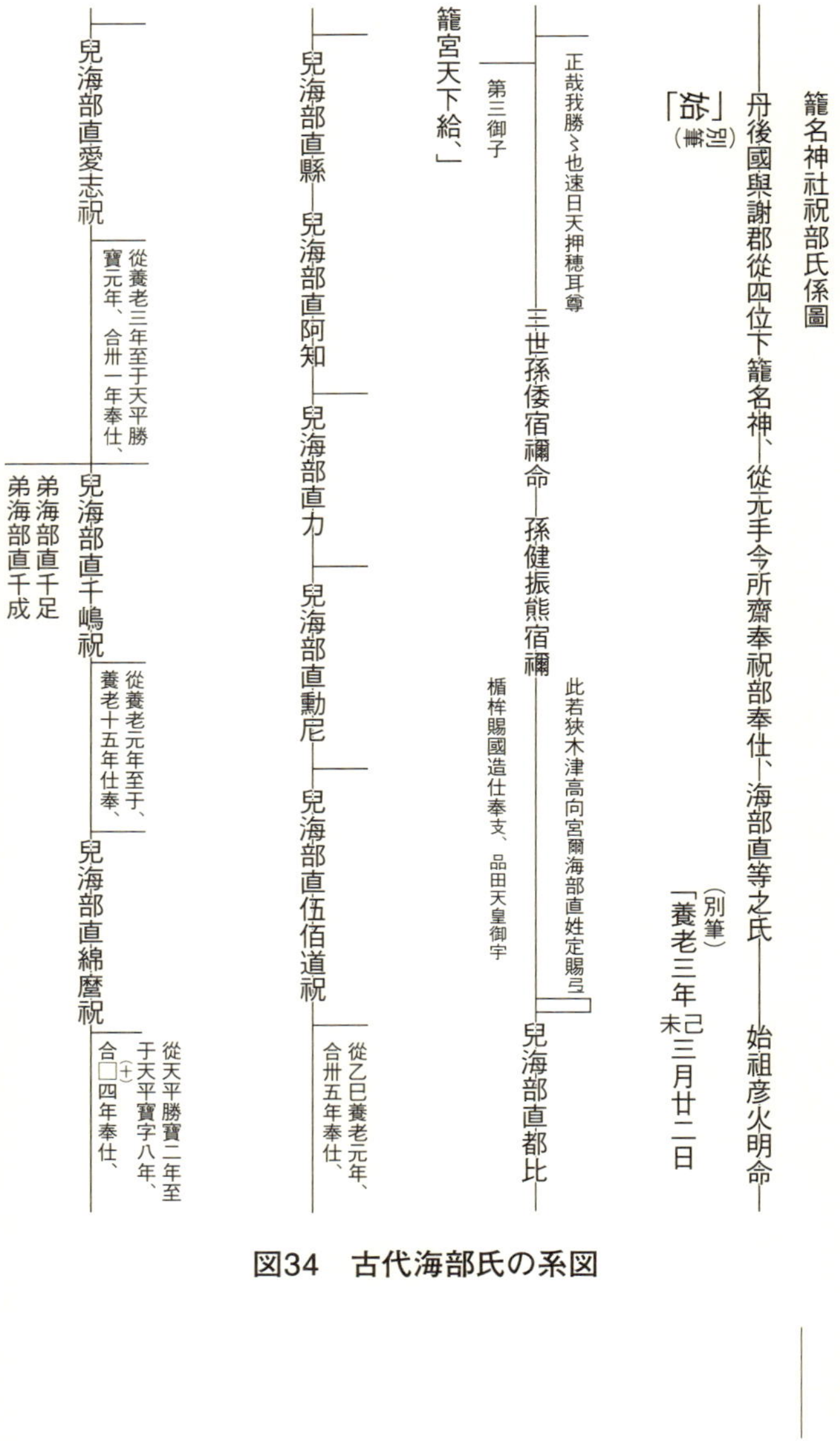

図34　古代海部氏の系図

に対して、建振熊宿禰以前は「三世孫倭宿禰命」「孫健振熊宿禰」などとあって、何代かが省略されている。これはすでに指摘されているように、ほかの系図からの援用あるいは省略を意味する「巳」の記号と関連している。すなわち都比以下は海部直氏の伝承に依拠して書かれたものだが、それ以前は他氏（大和直氏と尾張連氏）の伝承に基づいて書かれたものと考えられる。

こうした性格をもつ海部氏系図であるが、私がもっとも注目したいのは、海部直氏の事実上の始祖とされている都比の父が建振熊宿禰とされていることである。しかもこの人物には古くから同氏に伝えられていたとみられる独自の伝承が特記されており、そこには「品田天皇《ほむだ》」（応神）の世に「海部直姓」を賜り、「国造」として仕えたことが記されている。どこまで信じられるか疑わしい点もあるが、ここで重要なのは、海部直氏が自氏の歴史上、応神の時代をエポックメイキングな時代と位置づけていたことと、そこに和珥臣《わにのおみ》氏の祖先の建振熊宿禰の名をもち出していることである。これは何を意味しているのであろうか。

『記』『紀』によると、建振熊（『日本書紀』では武振熊）は神功・応神方の将軍として、忍熊王の乱を鎮圧したとされている人物である。そうすると、海部直一族は四世紀末の内乱のときに、実際に和珥氏の前身の一族とともに応神方に荷担していたことが考えられるのである。ただし、籠神社を奉斎する海部氏の台頭が応神の時代から始まるのか、はたまたそれ以前から絶大なる権力をもっていた海部氏が四世紀末にヤマト政権の派閥抗争によって分裂し、応神方に荷担した集団がその後の丹後政権の主導勢力となったのか、この点については今後なお慎重に検討する必要がある。しかし、いずれにせよ、丹後の政治集団が四世紀末にヤマト政権との関わりで内部に不和が生じ、その結果、首長層に変動が起こったことだけは確かであろう。

丹後の政治集団と佐紀政権

上述したように、丹後の政治集団は佐紀政権ときわめて親密な関係を有していた。そしてその関係は、網野銚子山古墳が佐紀陵山古墳とほとんど変わらない規模をもっていたり、丹波の女性がヤマト政権の最高首長の大后《おおきさき》になったという伝承を『記』『紀』に残していることからみて、単なる連合関係といった言葉ではすまされないような親密な関係にあったように思われる。おそらく丹後の政治集団は佐紀政権の一翼を担う有力な勢力として存在していたであろう。では、そうした両者の関係はどのようにして形成されたのか。

そこで私が着目したいのは、三六九年に倭（倭政権＝ヤマト政権の最高首長を中心とした全国的規模の首長連合体）と百済《くだら》との間に、軍事同盟ともいうべき誓盟が成立していることである。この誓盟は、高句麗《こうくり》の南下政策に対して倭の軍事力に期待した百済の要請に倭が応じたものであり、以後の緊密な倭・済関係の出発点となった。なお、このときに成立した誓盟を記念して百済王から倭王へ贈られたのが「泰和《たいわ》四年」（三六九年、泰和は太和で東晋の年号）の銘をもつ石上《いそのかみ》神宮所蔵の七支刀であったと考えられる。[5]

ところが、軍事同盟が成立する少し前から、ヤマト政権では佐紀の地域を中心に宝来山《ほうらいさん》古墳（墳丘長約二二七メートル）・佐紀陵山古墳・佐紀石塚山古墳（墳丘長約二二〇メートル）・五社《ごさ》神古墳（墳丘長約二七五メートル）などの大王墓ないし大王墓級の巨大前方後円墳が次々と築造され、一方、丹後地方にもこれらに準ずるような規模の三大古墳が相次いで築造されている。これはけっして偶然ではなく、佐紀政権の成立に朝鮮半島問題と丹後の政治集団が深く関わっていたことを示しているであろう。では、ここから何を推測し得るであろうか。

一つ目は、半島問題が契機となって三輪政権から佐紀政権への政権交替が行われたのではないかということである。とすれば、四世紀半ば前後のヤマト政権の内部には、朝鮮諸国に対する外交政策をめぐって、対立する二つのグループが存在していた可能性が大きい。そしてこの対立は、倭・済軍事同盟の成立を契機として積極的に半島に乗り出し、弁辰（朝鮮半島南部の弁韓と辰韓）で産出する鉄や大陸系の新しい文物の一元的な獲得を目指すグループの勝利に帰したのではなかろうか。これが佐紀政権誕生のいきさつであると、私はかねてより推察している。

二つ目は、その佐紀政権が朝鮮半島へ行くときのルートとして重視したのが、天然の良港（潟《せき》湖《こ》）をもつ丹後半島であったということである。[6] したがって佐紀政権は、成立当初から丹後の政治集団と深い関わりがあり、両者は依存し合う関係にあったといってよい。

丹後半島から朝鮮半島へ行くルートは、河内政権の時代になっても、もちろんよく利用されていた。しかし、河内政権がもっとも重視していたのは、瀬戸内海ルートであったと推察される。五世紀代になると、百舌鳥古墳群をはじめ、兵庫県の壇場山《だんじょうざん》古墳（姫路市、墳丘長約一四六メートル）や岡山県の造山《つくりやま》古墳（同上、墳丘長約三六〇メートル）・作山《つくりやま》古墳（総社市、墳丘長約二八六メートル）、香川県の富田茶臼山古墳（さぬき市、約一三六メートル）、宮崎県の女狭穂塚《めさほづか》古墳（西都市、墳丘長約一七六メートル）・男狭穂塚《おさほづか》古墳（同、同）などの巨大な前方後円墳や帆立貝形（式）古墳が続々と築造されるが、これらはいずれも瀬戸内海ルートと深い関わりをもっている。河内政権がこのルートをいかに重視していたかが知られるであろう。[7]

これを要するに、佐紀政権が瀬戸内海ルートとともに日本海ルートを重視し、とりわけ丹後の政治集団と深い関わりを有していたのに対して、河内政権は摂津・河内の要津を起点とした瀬戸内海ルートを重視してその沿岸諸地域の政治集団と深い関わりを有していたのである。ここに両者の政権の支持基盤の違いを容易に見て取ることができるであろう。

むすび

以上、四世紀後半から五世紀にかけての丹波の首長層の動向をみてきたが、そこにみられる首長層の盛衰は四世紀末の内乱に起因するヤマト政権の政権担当集団の交替（政権交替）と深く関わっていた。在地の大古墳およびその被葬者たる首長層の在り方をヤマト政権との関わりで捉えようとする試みは従来からあるが、「ヤマト政権内の派閥抗争と政権交替」との関わりで考察している論考はそれほど多くない（その結論には従えない点もあるが、最近の研究として中村修『海民と古代国家形成史論』和泉書院、二〇一三年、があり、有益である）。しかし今後、こうした視点に基づく研究も大いに推進されるべきであろう。

むすびにかえて

第Ⅰ部では『魏志』倭人伝の検討を中心に、邪馬台国大和説や三世紀の政治集団の動向を述べた。第Ⅱ部では三～四世紀の初期ヤマト政権について、金石文や『宋書』『古事記』『日本書紀』などの史書を参考にして、巨大古墳の被葬者像などを中心に考察した。

このようにして成立・展開していったわが国の政治集団が、四世紀末から五世紀を通じ、どのように変質・継承されていったのか、本書の紙幅では語りつくすことができない。ただし、著者はこの問題について、様々な機会に論文発表などで意見を表明してきた。詳しくはそれらを参照していただければ幸いである。

最後に、三～五世紀におけるヤマト政権の主導勢力の推移を概観してむすびにかえたい。

初期ヤマト政権における主導勢力の交替――三～四世紀における政権交替

わが国でもっとも早く大型古墳が集中的に築造された地域は、大和盆地東南部の三輪山周辺である。ここには大物主神《おおものぬしのかみ》の妻となった倭《やまと》迹《と》迹《と》日《び》百《もも》襲《そ》姫《ひめ》命の墓と伝える箸墓古墳（箸中山古墳・墳丘長約二八〇メートル）や碧玉《へきぎょく》製の玉杖《ぎょくじょう》を出土したことで有名な桜井茶臼山古墳（墳丘長約二〇〇メートル）をはじめ、西殿塚《にしとのづか》古墳（手白香《たしらか》皇女陵古墳・墳丘長約二三四メートル）、メスリ山古墳（墳丘長約二三五メートル）、行燈山《あんどんやま》古墳（崇神天皇陵古墳・墳丘長約二四二メートル）、渋谷向山《しぶたにむかいやま》古墳（景行天皇陵古墳・墳丘長約三〇〇メートル）などの巨大な前方後円墳が存在する（図29・191頁）。個々の古墳の編年については研究者によって若干の差があるものの、これらの古墳が築かれていた時期にはこれを上回るほどの有力な古墳群は他の地域には存在しない。このことは、古墳時代前期前半（三世紀〜四世紀前半）におけるヤマト政権（畿内政権）の中心勢力が、三輪山の周辺にあったことを示している。

この時期のヤマト政権が日本のどの地域までその勢力を伸張させていたかは不明だが、おそらくその傘下にあった地域的政治集団とヤマト政権との関係は専制的なものではなく、概していえば連合関係、もしくは同盟関係に近いものであったと推測される。しかし、古墳の数とその規模の点において後者は圧倒的に前者を上回っており、ヤマト政権の首長がそれら首長間の盟主的存在であったことはほとんど疑う余地がない。三輪山周辺に群在する巨大古墳の被葬者たちは、当時における最大の政治集団すなわちヤマト政権の最高首長たちであり、まさしく〝三輪の王者〟というにふさわしい人たちであった。では、この〝三輪の王者〟はどのようにして生まれたのか。

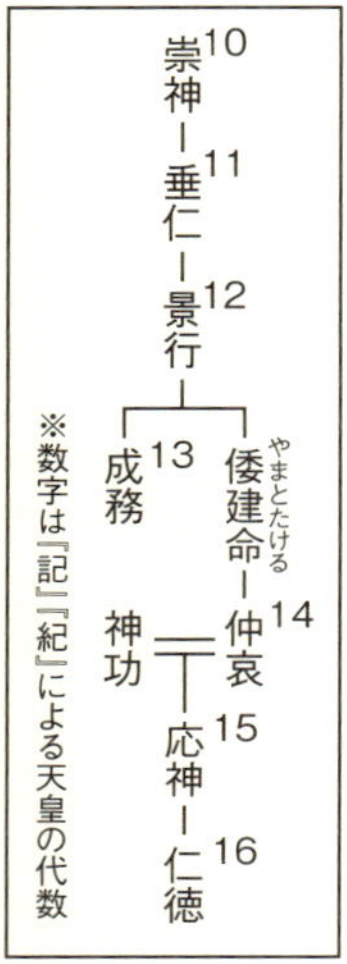

図35『記』『紀』による皇統図

『記』『紀』によると、日本の初代天皇は次のようにして誕生したという。すな

表9　宮都および陵墓一覧表

諡号	宮号	陵墓
崇神	師木水垣宮《しきのみずがきのみや》(『記』)	山辺道勾岡上《やまのべのみちのまがりのおかのへ》(『記』)
	磯城瑞籬宮《しきのみずかきのみや》(『紀』)	山辺道上陵《やまべのみちのうえ》(『紀』)
垂仁	師木玉垣宮《しきのたまがきのみや》(『記』)	菅原之御立野中《すがわらのみたちののなか》(『記』)
	纏向珠城宮《まきむくのたまきのみや》(『紀』	菅原伏見陵《すがわらのふしみのみささぎ》(『紀』)
景行	纏向之日代宮《まきむくのひしろのみや》(『記』)	山辺之道上《やまのべのみちのへ》(『記』)
	纏向日代宮《まきむくのひしろのみや》(『紀』)	山辺道上陵《やまのべのみちのへのみささぎ》(『紀』)

わち、天孫火瓊瓊杵尊《ほのににぎのみこと》が高天の原から九州高千穂《たかちほ》の峰に降臨し、そこに長くとどまったのち、神日本磐余彦《かむやまといわれびこ》の代に至って日向から大和への東征が行われた。やがて磐余彦は大和を平定し、橿原宮《かしはらのみや》で初代の天皇（神武《じんむ》）として即位した、と。さらに『日本書紀』によると、その年は紀元前六六〇年の辛酉《しんゆう》の年であったという。しかし、こうした物語をとうていそのまま史実として信ずるわけにはゆかない。断片的には史実が含まれているとしても、神話的であるうえに、政治的色彩がきわめて濃厚であって、虚構の物語であることは明らかである。神武の即位年にしても、後代に史家によって作為されたものであることが、すでに先学によって指摘されている。

けれどもここに、看過しえないことが一つある。それは神武より数えて十代目の崇神天皇が「初国知《はつくにし》らしし御真木天《みまきのすめら》皇《みこと》」（『古事記』）、「御肇国天皇《はつくにしらすすめらみこと》」（『日本書紀』）、「初国知《はつくにし》らしし美麻貴天皇《みまきのすめらみこと》」（『常陸国風土記《ひたちのくにふどき》』）などと、ほめたたえられていることである。崇神はなぜこのように称讃されたのか。それは崇神の代に、北陸・東海・西道（山陽道・吉備）・丹波の各方面に四道将軍《しどうしょうぐん》（『古事記』では西道「吉備」を欠く）が派遣さ

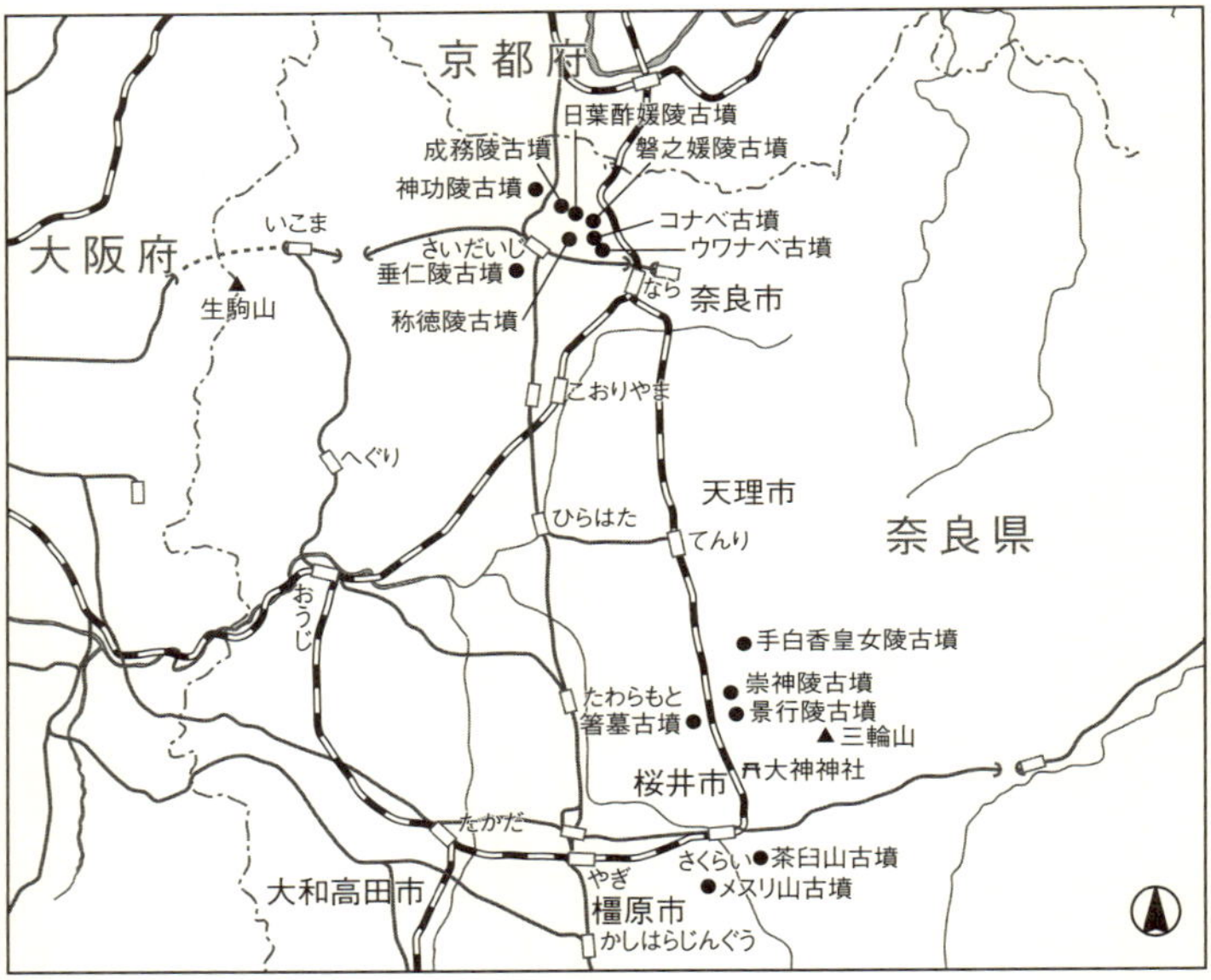

図36　三輪山周辺の古墳群と佐紀古墳群

れて各地が平定され、その結果、税の制度も整ったとされているからにほかならない。このあたりの『記』『紀』の記事には後代の潤色の跡が著しいが、それにしても後代の人々が、崇神を「初めてできた国を統《す》べられた天皇」と認識していたことだけは確かである。この記事は、単なる後代の創作ではなく、崇神に関する古い伝承に基づくものではなかろうか。

　というのは、崇神は三輪山周辺の地と深い関係をもっているからである。『記』『紀』によると、その宮居は磯城《しき》にあり、また陵墓は山辺《やまのべ》の道の上にあるというが、これらはともに三輪山の周辺で、前述した〝三輪の王者〟たちの居住地にほかならない。のみならず、垂仁《すいにん》や景行もまた三輪山周辺と深い関係をもっているのである（表9・図35）。

　これらの宮居・陵墓伝承がどれだけ事実を正確に伝えているかは問題だが、しかし崇神・垂仁・景行の原像は、ヤマト政権草創期に活躍した〝三輪の王者〟的な人物であったのではなかろうか。してみると、崇神朝のこととして語られている四道将軍派遣伝承の核となったものもやはり、三世紀後半から四世紀ごろの史実を類型化し、理想化したものであったとみてよかろう。

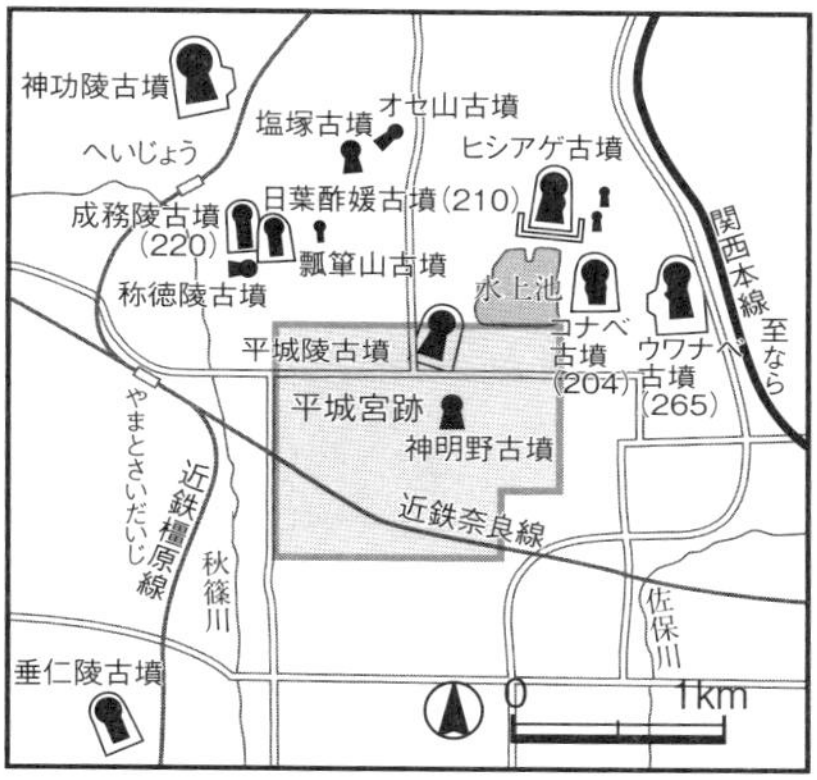

図37　佐紀古墳群分布図

　そしてこれらの伝承や古墳の規模からうかがえるように、この頃のヤマト政権は邪馬台国時代のルーズな連合政権的性格から脱皮し、大和の最高首長（のちの治天下大王）を軸とした全国的規模の首長連合体の構築を目指して活動していたことが推測される。

　ところが、古墳時代前期後半（四世紀後半）の時期になると、この〝三輪の王者〟の勢力は急速に衰退し、巨大古墳の中心地も盆地北部に移動する。すなわち、佐紀《さき》陵山《みささぎやま》古墳（日葉酢媛陵古墳・墳丘長約二一〇メートル）、佐紀《さき》石塚山《いしづかやま》古墳（成務天皇陵古墳・墳丘長約二二〇メートル）、佐紀高塚古墳（称徳天皇陵古墳・墳丘長約一二七メートル）、五社神《ごさし》古墳（神功皇后陵古墳・墳丘長約二七五メートル）などの前方後

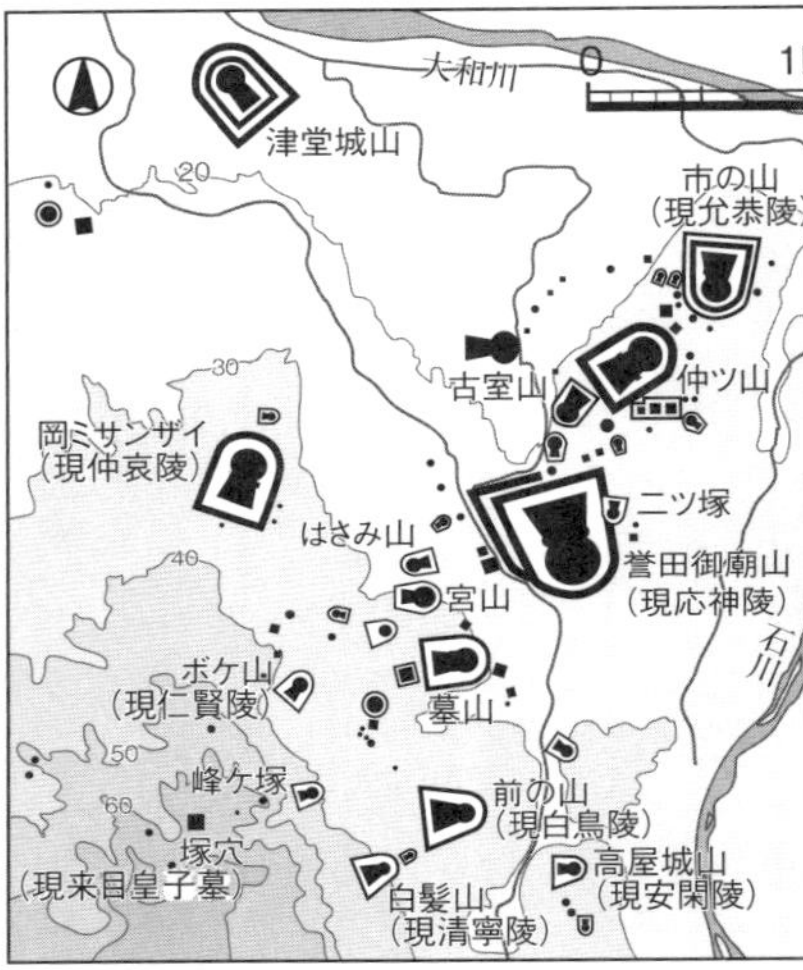

図38　古市古墳群分布図

円墳から成る、佐紀古墳群西群の出現である（図37）。

この時代は『記』『紀』でいえば成務《せいむ》・仲《ちゅう》哀《あい》・神功の時代に相当するが、残念なことに、このあたりの『記』『紀』の記載はほとんど当てにならず、天皇や皇后の実在性すら疑わしいとみる説が有力である。ただ、そうしたなかにあって、神功・応神に謀反を企てたという香坂王《かごさかおう》・忍熊王《おしくまおう》の伝承だけは、簡単に後代の創作としてこれを捨て去ってしまうわけにはゆかないのである。なぜなら、佐紀古墳群西群の西北に接して古くから「忍熊里」（奈良市押熊町）が存在するが、反乱軍の総指揮者たる忍熊王の名は、まさしくこの地名に由来すると考えられるからである（図26・174頁参照）。そればかりではない。応神の後裔を称する息長系の大王や息長氏などによって改変されている香坂王・忍熊王の出自系譜と、応神のそれとを比べてみると、二王の方が上位にあるとされているのである。[1] また、忍熊王方の敗北はおおよそ四世紀末前後の時期に設定されているが、まさしくその頃を境にして、佐紀古墳群西群には巨大古墳が築造されなくなるのである。そして、この現象は、勝利した応神方の政治集団が五世紀代に入ると

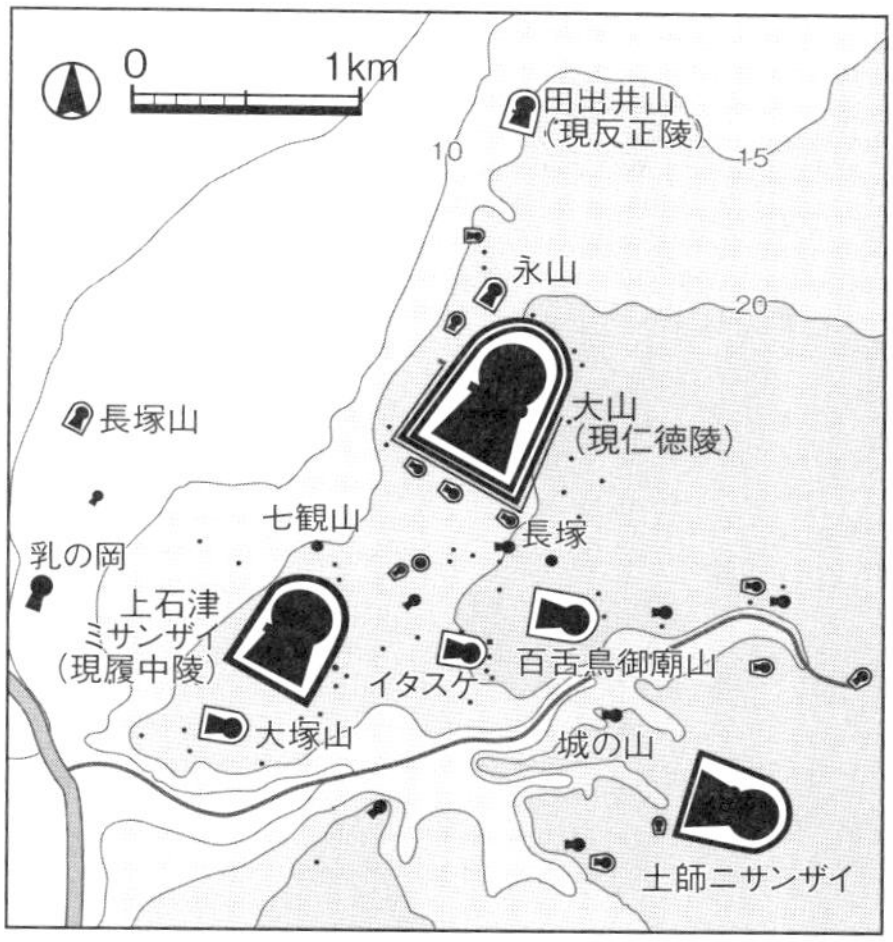

図39　百舌鳥古墳群分布図

その東方に、コナベ古墳（墳丘長約二〇四メートル）、市庭古墳（平城《へいぜい》天皇陵古墳・墳丘復元長二五〇メートル）、ウワナベ古墳（墳丘長約二六五メートル）、ヒシアゲ古墳（磐之媛陵古墳・墳丘長約二一八メートル）などの巨大前方後円墳を築くのと対照的である。

このようにみてくると、忍熊王は佐紀古墳群西群の被葬者たち、つまり佐紀の王者たちの後継者であったと認識されていた可能性が強く、『記』『紀』が描いている神功・応神に対する反逆者としてのイメージは、後代の作為であるとしなければならない。神功・応神は七、八世紀の天皇たちの間では始祖的人物と認識されていたから、古代天皇制の王統思想によって両者の立場が逆転させられてしまったと考えられるのである。応神は〝佐紀の王者〟から武力でもって王権を奪った（四世紀末の内乱）、というのが歴史の実相により近いであろう。

要するに、ヤマト政権の最高首長権は〝三輪の王者〟（三輪政権）から、〝佐紀の王者〟（佐紀政権）へ、そしてそこからさらに古市古墳群や百舌鳥古墳群を築いた応神・仁徳系の政治集団（河内政権）へと移動していったのである（図38・39）。

ただし、この移動はあくまでもヤマト政権を主導する中枢勢力の交替によるものであるから、「王朝交替」ではなく、「政権交替」として捉えられるべきであろう。

注

第一章 『魏志』倭人伝を読むにあたって

1 小島憲之・直木孝次郎・西宮一民・蔵中進・毛利正守校注・訳『日本書紀』①、新編日本古典文学全集2、小学館、一九九四年、による

2 松下見林の論は、近藤瓶城『改訂史籍集覧』二〇、新加通記類、臨川書店、一九八四年、に収録

3 嵊県文管会「浙江嵊県大塘岭東呉墓」『考古』一九九一年三期

第二章 『魏志』倭人伝の原史料

1 後藤守一「上古時代の弓」『民族学研究』三―二、一九三七年

2 水野祐『評釈魏志倭人伝』雄山閣出版、一九八七年

3 雲南省博物館『雲南石塞山古墓群発掘報告』一九五九年

4 南京博物院「江蘇邗江甘泉二号漢墓」『文物』一九八一年十一期

5 関和彦『邪馬台国論』校倉書房、一九八三年

6 末松保和『任那興亡史』大洲出版、一九四九年、のち『末松保和著作集』四、吉川弘文館、一九九六年、に収録

7 日野開三郎「北岸――三国志・東夷伝用語解の一」『東洋史学』五、一九五二年、のち佐伯有清編『邪馬台国基本論文集』Ⅱ、創元社、一九八一年、『日野開三郎　東洋史学論集』九、三一書房、一九八四年、などに収録

8 『新唐書』巻四三下、志第三三下、地理七下

第三章　邪馬台国への道程

1 橋本増吉『東洋史上より観たる日本上古史研究一』邪馬臺國論考、五五頁、大岡山書店、一九三二年、三品彰英編著『邪馬台国研究総覧』八三頁、創元社、一九七〇年、山尾幸久『新版・魏志倭人伝』一〇六～一〇七頁、講談社、一九八六年、栄原永遠男『奈良時代流通経済史の研究』二七五～二八四頁、塙書房、一九九二年、ほか

2 田名網宏『古代の交通』〔新装版〕二一八～二五三頁、吉川弘文館、一九九五年、虎尾俊哉『訳注日本史料 延喜式』中、八七五頁、集英社、二〇〇七年、荊木美行「多賀城碑覚書」『金石文と古代史料の研究』所収、二七〇頁、燃焼社、二〇一四年、ほか

3 たとえば豊田伊三美「邪馬臺国を読みて」『考古学雑誌』一三－一、一九二二年、のち佐伯有清編『邪馬台国基本論文集Ⅰ』創元社、一九八一年、に収録、など

4 榎一雄「魏志倭人伝の里程記事について」『学芸』三三、一九四七年、のち佐伯有清編『邪馬台国基本論文集』Ⅱ、創元社、一九八一年、に収録、「邪馬台国の方位について」『オリエンタリカ』一、一九四八年、のち同上に収録

5 榎一雄「邪馬台国の方位について」前掲
6 牧健二『日本の原始国家』有斐閣、一九六八年
7 水野正好「倭国国制と出雲郷と」『大美和』一〇九、二〇〇五年
8 西嶋定生「倭国連合の形成と構造」白石太一郎・吉村武彦編『新視点 日本の歴史』二・古代編Ⅰ、所収、新人物往来社、一九九三年。のち『西嶋定生 東アジア史論集』四、岩波書店、二〇〇二年、に収録
9 西嶋定生『邪馬台国と倭国 古代日本と東アジア』二〜三・一二頁、吉川弘文館、一九九四年
10 白鳥庫吉「倭女王卑弥呼考」『東亜之光』五-六・七、一九一〇年、のち佐伯有清編『邪馬台国基本論文集』Ⅰ、創元社、一九八一年、に収録
11 佐伯有清「卑弥呼の王権と倭国」『東アジアの古代文化』八七、一九九六年
12 三木太郎『魏志倭人伝の世界』吉川弘文館、一九七九年
13 山尾幸久『新版・魏志倭人伝』一二二〜一二三頁、前掲
14 松本清張『邪馬台国』講談社、一九七六年

第四章　邪馬台国所在地論研究小史

1 塚口義信「『日本書紀』と『日本紀』の関係について」『続日本紀研究』三九二、二〇一一年
2 宮崎道生『新井白石の研究』吉川弘文館、一九五八年、同『新井白石の史学と地理学』吉川弘文館、一九八八年

第五章　邪馬台国はどこか

1　室賀信夫「魏志倭人伝に描かれた日本の地理像」『神道学』一〇、一九五六年
2　和歌森太郎「私観邪馬臺国」『社会経済史学』一八‐三、一九五二年、松本賢一編著『欧洲古版日本地図集』十一組出版部、一九四三年、所載の地図による
3　室賀信夫「魏志倭人伝に描かれた日本の地理像」前掲。最近では、杉山正明『世界史を変貌させたモンゴル』角川書店、二〇〇〇年、でも指摘している
4　一五六一年に編纂された羅洪先著『広輿図』に所収
5　室賀信夫「魏志倭人伝に描かれた日本の地理像」前掲。最近では、千田稔「邪馬台国はどこにあったか・中国人が描いた日本列島」大庭脩編著『卑弥呼は大和に眠るか』所収、文英堂、一九九九年、でも指摘している
6　白鳥庫吉「卑弥呼問題の解決」『オリエンタリカ』一・二、一九四八・一九四九年、橋本増吉『改訂増補　東洋史上より見たる日本上古史研究』東洋文庫、一九五六年、一九八二年に東洋書林より復刻
7　本居宣長『馭戎慨言』『本居宣長全集』八、所収、筑摩書房、一九七二年、菅政友「漢籍倭人考」『史学会雑誌』三―二七・二八・二九・三二・三三・三四・三六、一八九二年、三宅米吉「邪馬台国について」『考古学雑誌』一二―一一、一九二二年、などを参照されたい
8　鈴木俊「倭人伝の史料的研究」『東亜論叢』六、一九四八年、のち佐伯有清編『邪馬台国基本論文集』Ⅱ、前掲、に収録
9　山尾幸久『日本古代王権形成史論』岩波書店、一九八三年
10　橋本増吉『改訂増補　東洋史上より見たる日本上古史研究』前掲、榎一雄『邪馬台国』至文堂、

一九八〇年、三木太郎『邪馬台国研究事典』Ⅰ文献史料、新人物往来社、一九八八年、など
11 藤間生大『埋もれた金印』岩波書店、一九五〇年、西本昌弘「邪馬台国位置論争の学史的総括」横田健一編『日本書紀研究』一七、所収、塙書房、一九九〇年、など
12 榎一雄『邪馬台国』『榎一雄著作集』八、二五四〜二六二頁、汲古書院、一九九二年
13 竹内理三校訂・解説『翰苑』吉川弘文館、一九七七年、による

第六章　卑弥呼の鬼道と三角縁神獣鏡

1 重松明久『邪馬台国の研究』白陵社、一九六九年、同『古墳と古代宗教』学生社、一九七八年、など
2 福永光司「道教における鏡と剣」『東方学報』四五、一九七三年、同『道教と日本思想』徳間書店、一九八五年、など
3 上田正昭「王権と祭儀」上田正昭著作集1『古代国家論』所収、角川書店、一九九八年、大和岩雄『新邪馬台国論』大和書房、二〇〇〇年。本章の論述は、この大和の研究に負うところが多い
4 岡本健一『「日本」誕生の謎』大日本図書、二〇〇一年
5 辰巳和弘『古墳の思想』白水社、二〇〇二年
6 大阪府立近つ飛鳥博物館編『鏡の時代――銅鏡百枚――』同博物館図録5、一九九五年
7 奥野正男『邪馬台国の鏡』新人物往来社、一九八二年
8 安本美典「邪馬台国九州説からみた鉛同位体比研究」『季刊邪馬台国』六〇、一九九六年
9 岡村秀典『三角縁神獣鏡の時代』吉川弘文館、一九九九年
10 寺沢薫『王権誕生』日本の歴史2、講談社、二〇〇〇年、ほか

11　大阪府立近つ飛鳥博物館編『鏡の時代――銅鏡百枚――』前掲
12　高橋健自「考古学上より観たる邪馬台国」『考古学雑誌』一二―五、一九二二年、小林行雄『古墳時代の研究』青木書店、一九六一年、ほか

第七章　初期ヤマト政権とオホビコの伝承

1　以下、小林行雄『古墳時代の研究』青木書店、一九六一年、甘粕健「古墳の形成と技術の発達」岩波講座『日本歴史』1原始および古代1、所収、岩波書店、一九七五年、川西宏幸「前期畿内政権論」『史林』六四―五、一九八一年、白石太一郎「日本古墳文化論」『講座日本歴史』原始・古代1、所収、東京大学出版会、一九八四年、などの研究に負うところが多い
2　吉田晶『日本古代国家成立史論』東京大学出版会、一九七三年、長山泰孝「前期大和政権の支配体制」『日本歴史』四三二、一九八四年、など
3　塚口義信「四世紀後半における王権の所在」『末永先生米壽記念獻呈論文集』坤、所収、奈良明新社、一九八五年
4　小島憲之ほか校注・訳『日本書紀』①新編日本古典文学全集2、小学館、一九九四年、以下も同じ
5　山口佳紀・神野志隆光校注・訳『古事記』新編日本古典文学全集1、小学館、一九九七年、による。以下も同じ
6　津田左右吉『日本古典の研究』上『津田左右吉全集』一、所収、岩波書店、一九六三年、二五七頁。以下、抜粋の部分の常用外漢字は新字に変換
7　井上光貞「古代の東国」『万葉集大成』歴史社会篇、所収、平凡社、一九五四年
8　上田正昭「大和国家と皇族将軍」『京大国史論集』一、所収、のち同『日本古代国家論究』塙書

房、一九六八年、に収録。本稿は後者の論考による。なお、同『大和朝廷』角川書店、一九六七年、八四〜一二〇頁参照

9 米沢康「四道将軍派遣伝説の一考察」『軍事史学』一二、一九六八年

10 井上光貞ほか『シンポジウム鉄剣の謎と古代日本』、新潮社、一九七九年、一九四〜一九五頁、東京本社版、井上光貞「鉄剣の銘文——五世紀の日本を読む」『諸君！』一九七八年一二月号、などを参照

11 塚口義信「古事記中巻の意味「毎日新聞」一九八一年十二月二四日号の夕刊、同「『古事記』の三巻区分について」『日本書紀研究』一二、所収、塙書房、一九八二年、など

12 上田正昭「大和国家と皇族将軍」前掲

13 井上光貞ほか『シンポジウム鉄剣の謎と古代日本』前掲、一九四頁

14 井上光貞「帝紀からみた葛城氏」『日本古代国家の研究』所収、岩波書店、一九六五年

15 塚口義信「〃原帝紀〃成立の思想的背景」『ヒストリア』一三三、一九九一年、同「帝紀・旧辞とは何か」白石太一郎・吉村武彦編『新視点　日本の歴史』二・古代編1、所収、新人物往来社、一九九三年

16 古田武彦「銘文通釈に挑戦する」『歴史と人物』八九、一九七九年、同「九州王朝の証明」『東アジアの古代文化』一九、一九七九年

17 大野晋「鉄剣の銘文　私はこう読む」『諸君！』一九七九年一二月号

18 島辻義徳「稲荷山鉄剣は何を証明したか」『東アジアの古代文化』一九、一九七九年

19 津田左右吉『日本古典の研究』上、前掲、四九〜五〇・八五頁、井上光貞『神話から歴史へ』中央公論社、一九六五年、二八三〜二八四頁、など

20 横田健一「国史の編纂と神武紀元」『歴史公論』二―二、一九七六年
21 井上光貞「古代の皇太子」『日本古代国家の研究』所収、岩波書店、一九六五年、塚口義信「四世紀後半における王権の所在」前掲
22 井上光貞ほか『シンポジウム鉄剣の謎と古代日本』前掲、一七七頁　田中卓『古代天皇の秘密』太陽企画出版、一九七九年、一二三頁
23 有坂隆道「埼玉稲荷山古墳出土鉄剣銘試論」『古代史の研究』創刊号、一九七八年
24 平野邦雄『大化前代政治過程の研究』吉川弘文館、一九八五年、一〇九～一一二頁
25 有坂隆道「埼玉稲荷山古墳出土鉄剣銘試論」前掲、直木孝次郎「古代ヤマト政権と鉄剣銘」『歴史と人物』八九、一九七九年、原島礼二「鉄剣銘文の問題点」『鉄剣を出した国』所収、学生社、一九八〇年、吉田晶「稲荷山古墳出土鉄剣銘に関する一考察」『日本古代の国家と宗教』下、所収、一九八三年、など
26 山尾幸久『日本古代王権形成史論』岩波書店、一九八三年、三六七頁
27 直木孝次郎「古代ヤマト政権と鉄剣銘」前掲、吉田晶「稲荷山古墳出土鉄剣銘に関する一考察」前掲、原島礼二「銘文の語る武蔵」『歴史と人物』八九、一九七九年、同「埼玉稲荷山古墳出土の鉄剣銘文について」『歴史評論』三四六、一九七九年、黛弘道「埼玉稲荷山古墳の鉄剣」『古代学入門』所収、筑摩書房、一九八三年、阿部武彦「古代族長継承の問題について」『日本古代の氏族と祭祀』所収、吉川弘文館、一九八四年、ほか
28 前川明久「鉄剣銘文にみえる称号と姓」『歴史公論』五―五、一九七九年、「足尼（宿禰）小考」『法政史学』三三、一九八一年、など
29 毎日新聞社編『古事記の証明』一九七九年、一七二～一七五頁、平野邦雄『大化前代政治過程の

研究』前掲、一〇三頁、など
30 田中卓『古代天皇の秘密』前掲、一六〇〜一六一頁
31 たとえば、井上光貞『神話から歴史へ』中央公論社、一九六五年、二八三頁、原島礼二「鉄剣銘文の問題点」前掲
32 渡邊義浩『魏志倭人伝の謎を解く』中公新書、二〇一二年

第八章　初期ヤマト政権と山城南部の勢力

1 山城町教育委員会『椿井大塚山古墳』一九八六年
2 中島正「椿井大塚山古墳の築造過程」『東アジアの古代文化』九九、一九九九年
3 山城町教育委員会『椿井大塚山古墳』前掲
4 高橋健自「六朝以前紀年鏡資料の増加」『考古学雑誌』一八―六　一九二八年
5 富岡謙蔵『古鏡の研究』丸善、一九二〇年
6 森浩一編『日本古文化の探求　鏡』社会思想社、一九七八年
7 王仲殊「関于日本三角縁神獣鏡的問題」『考古』一九八一年四期、同「日本の三角縁神獣鏡について」『三角縁神獣鏡の謎』所収、角川書店、一九八五年
8 松本清張『遊古疑考』新潮社、一九七三年
9 福永伸哉『三角縁神獣鏡の研究』大阪大学出版会、二〇〇五年、ほか
10 田中琢『日本の歴史』二、集英社、一九九一年、岡村秀典『三角縁神獣鏡の時代』吉川弘文館、一九九九年、など
11 西川寿勝「洛陽発見三角縁神獣鏡の実見報告」二〇一五年一二月二四日の日本書紀研究会例会資

料
12 小林行雄『古墳時代の研究』青木書店、一九六一年
13 網干善教「三角縁神獣鏡に就いての二、三の問題」『橿原考古学研究所創立三五年記念論文集』吉川弘文館、一九七五年
14 近藤喬一「三角縁神獣鏡製作の契機について」『考古学雑誌』六九—二、一九八三年
15 水野敏典代表『考古資料における三次元デジタルアーカイブの活用と展開』奈良県立橿原考古学研究所、二〇〇〇年
16 小林行雄『古墳時代の研究』前掲、同『女王国の出現』文英堂、一九六七年
17 田中琢『日本の歴史』二、前掲
18 福永伸哉『三角縁神獣鏡の研究』前掲
19 平良泰久『日本の古代遺跡27　京都Ⅰ』保育社、一九八六年
20 平安博物館『平尾城山古墳第一次調査概報』一九七七年
21 塚口義信「大和平定伝承の形成」『日本書紀研究』二九、所収、塙書房、二〇一三年、同「佐紀政権から河内政権へ」『塚口義信博士古稀記念　日本古代学論叢』所収、和泉書院、二〇一六年、ほか
22 中司照世「継体伝承地域における首長墳の動向」財団法人枚方市文化財研究調査会編『継体大王とその時代』所収、和泉書院、二〇〇〇年、および同「古墳研究の進展と停滞」『つどい』三三八、豊中歴史同好会、二〇一六年、『息長古墳群3』滋賀県坂田郡近江町教育委員会、二〇〇三年、『定納古墳群』大手前大学史学研究所オープン・リサーチ・センター、近江町教育委員会、二〇〇五年

23 この系譜についての最近の研究として水谷千秋「継体天皇に連なる謎の豪族『息長氏』の実像」『古代史研究の最前線　古代豪族』所収、洋泉社、二〇一五年、があり、有益である
24 岸本直文「前方後円墳築造規格の系列」『考古学研究』三九―二、考古学研究会、一九九二年
25 義江明子『日本古代の氏の構造』吉川弘文館、一九九六年、同『日本古代系譜様式論』吉川弘文館二〇〇〇年

第九章　初期ヤマト政権と磐余の勢力

1 奈良県教育委員会『桜井茶臼山古墳　附櫛山古墳』奈良県史跡名勝天然記念物調査報告、吉川弘文館、一九六一年、『奈良県の地名』日本歴史地名大系三〇、平凡社、一九八一年、桜井市史編纂委員会編『桜井市史』上　桜井市役所、一九七九年
2 寺沢薫編『東アジアにおける初期都宮および王墓の考古学的研究』科学研究費補助金研究成果報告書、二〇一一年
3 伊達宗泰・小島俊次『メスリ山古墳』奈良県教育委員会、一九七七年、『巨大埴輪とイワレの王墓』奈良県立橿原考古学研究所附属博物館、二〇〇五年
4 白石太一郎「巨大古墳の造営」同編『古代を考える　古墳』所収、吉川弘文館、一九八九年
5 石野博信『古墳文化出現期の研究』学生社、一九八五年、六二六～六四九頁
6 洞富雄『天皇不親政の起源』校倉書房、一九七九年、山尾幸久『日本古代王権形成史論』岩波書店、一九八三年、塚口義信「神武天皇とイスケヨリヒメ」『ヤマト王権の謎をとく』所収、学生社、一九九三年、など

7　藤田和尊「奈良県の前期古墳の編年と鏡」第三六回埋蔵文化財研究集会『倭人と鏡』その2　発表要旨資料、埋蔵文化財研究会、一九九四年
8　塚口義信「〝原帝紀〟成立の思想的背景」『ヒストリア』一三三、一九九一年
9　塚口義信「大和平定伝承の形成」『日本書紀研究』二九、所収、塙書房、二〇一三年
10　伊達宗泰「メスリ山古墳」森浩一編『探訪日本の古墳』西日本編、所収、有斐閣、一九八一年
11　清水真一ほか『桜井市城島遺跡外山下田地区発掘調査報告書』桜井市教育委員会、一九九一年、『巨大埴輪とイワレの王墓』前掲
12　『メスリ山古墳の研究』大阪市立大学考古学研究報告三、大阪市立大学日本史研究室、二〇〇八年
13　塚口義信「桜井茶臼山古墳・メスリ古墳の被葬者について」『季刊邪馬台国』一〇八、二〇一一年［再録］

第十章　初期ヤマト政権と丹波の勢力

1　岸本直文「前方後円墳築造規格の系列」『考古学研究』三九－二、一九九二年
2　塚口義信「四世紀後半における王権の所在」『末永先生米壽記念獻呈論文集』坤、所収、奈良明新社、一九八五年、同「佐紀盾列古墳群とその被葬者たち」『ヤマト王権の謎をとく』所収、学生社、一九九三年、同「百済王家の内紛とヤマト政権」『堺女子短期大学紀要』四四、二〇〇九年、など
3　大阪府立近つ飛鳥博物館編『百舌鳥・古市古墳群出現前夜』同図録60、二〇一三年

4　塚口義信「四・五世紀における丹波の政治集団とヤマト政権」『古代学研究』一八六、二〇一〇年

5　吉田晶『倭王権の時代』新日本出版社、一九九八年

6　三浦到「丹後の古墳と古代の港」『考古学と古代史』所収、同志社大学考古学シリーズI、一九八二年、杉浦和雄「丹後地域の古墳の出現と展開」『北近畿の考古学』所収、二〇〇一年、広島大学大学院文学研究科考古学研究室『舞鶴市千歳下遺跡発掘調査報告書』二〇一二年、宇野愼敏「沖ノ島国家型祭祀開始の契機とその背景」『東アジア古文化論攷』所収、高倉洋彰先生退職記念論集刊行会、中国書店、二〇一四年、など

7　塚口義信「佐紀政権から河内政権へ」『塚口義信博士古稀記念　日本古代学論叢』所収、和泉書院、二〇一六年

むすびにかえて

1　塚口義信「佐紀政権から河内政権へ」『塚口義信博士古稀記念　日本古代学論叢』所収、和泉書院、二〇一六年

挿図表出典一覧

※この出典一覧に記載されていないものは塚口が作成。

図1　大阪府立近つ飛鳥博物館編『鏡の時代』同博物館図録5、一九九五年、をもとに作成。
図2　竹内理三校訂『翰苑』太宰府天満宮文化研究所、一九七七年、をもとに作成。
図4　京都大学人文科学研究所「毌丘倹紀功碑」『京都大学人文科学研究所所蔵石刻拓本資料』、をもとに作成（現物は中国遼寧省博物館蔵）。
図5　大阪府立近つ飛鳥博物館編『倭人と文字の出会い』同博物館図録54、二〇一一年、をもとに作成。
図6　嵊県文管会「浙江省嵊県大塘岭東呉墓」『考古』一九九一年三期。
図7　図1と同じ。
図8　図9・図10をもとに作成。
図9・10
　a　広州市博物館『廣州漢墓』文物出版社、一九八一年。
　b・d　魏堅編『内蒙古中南部漢代墓葬』内蒙古文物考古研究所、中国大百科全書出版社、

一九九八年
c　広西壮族自治区博物館編『広西貴県羅泊湾漢墓』文物出版社、一九八八年。
e　中国社会科学院考古研究所『満城漢墓発掘報告』文物出版社、一九八〇年。
f・g　大阪市立美術館編『よみがえる漢王朝』読売新聞大阪本社、一九九九年。
h・i　甘粛省文物隊『嘉峪関壁画墓発掘報告』文物出版社、一九八五年。
j　大阪市立美術館『漢代の美術』一九七四年。
k　余本愛「潛山県発現東漢銅尺」『文物』一九九六年四期、文物出版社。
l　山東鄆城市文物局「山東鄆城西晋劉宝墓」『文物』二〇〇五年一期、文物出版社。
m　梧州市博物館「広西壮族自治区梧州市富民坊南朝墓」『考古』一九八三年九期、科学出版社。
n　南京市博物館「江蘇南京仙鶴観東晋墓」『文物』二〇〇一年三期、文物出版社。
o　河南省文物工作隊「洛陽晋墓的発掘」『考古学報』一九五七年一期、科学出版社。
p　徐良玉主編『揚州館蔵文物精華』江蘇古籍出版社、二〇〇一年。
q　奈良国立博物館「緑牙撥鏤尺」『正倉院展』一九八四年。
r　奈良国立博物館「斑犀尺」『正倉院展』一九八九年。
図15　箭内亙編・和田清補『東洋読史地図』冨山房、一九四一年、大和岩雄『新邪馬台国論』大和書房、二〇〇〇年、などをもとに作成。
図16　杉山正明『世界史を変貌させたモンゴル』角川書店、二〇〇〇年（一部改変）。
図17　『仏祖統記』所載「東震旦地理図」は海野一隆『地図にみる日本』大修館書店、一九九五年（一部改変）、他はすべて天理図書館編『西欧古版　日本地図集』天理大学附属図書館蔵、天理大

学出版部、一九五四年（一部改変）による。

図20　春日市教育委員会編『奴国の首都　須玖岡本遺跡　奴国から邪馬台国へ』吉川弘文館、一九九四年、をもとに作成。

図21　加茂町教育委員会編『神原神社古墳』二〇〇二年。

図22　埼玉県教育委員会編『稲荷山古墳出土鉄剣金象嵌銘概報』一九七九年、をもとに作成。

図23　山城町教育委員会編「椿井大塚山古墳第十次発掘調査概報」『京都府山城町埋蔵文化財調査報告書』三五、二〇〇六年、をもとに作成。

図24　城陽市歴史民俗資料館『古墳のまつり』一九九五年、和田晴吾「南山城の古墳」『京都地域研究』四、一九八八年、をもとに作成。

図27　水野正好・白石太一郎・西川寿勝『邪馬台国《ヤマト》〈増補版〉』雄山閣、二〇一五年。

図28　図27と同じ。

図29　オオヤマト古墳群シンポジウム実行委員会編『オオヤマト古墳群と古代王権』青木書店、二〇〇四年、をもとに作成。

図31　図27と同じ。

図32　宮津市史編さん委員会編『宮津市史』通史編上、宮津市役所、二〇〇二年。

図33　図32と同じ。

図34　金子与一『古代海部氏の系図〈新版〉』学生社、一九九九年。

図38　大阪府立近つ飛鳥博物館編『応神大王の時代』同博物館図録42、二〇〇六年（一部改変）。

図39　図38と同じ。

表1　山尾幸久『新版・魏志倭人伝』講談社、一九八六年、を参考にして作成。
表2　大庭脩「魏は邪馬台国をどうみたか」同編著『卑弥呼は大和に眠るか』所収、文英堂、一九九九年（一部改変）。
表7　桜井市史編纂委員会編『桜井市史』上、桜井市役所、一九七九年、をもとに作成。

刊行のことば

荊木　美行
水谷　千秋
西川　寿勝
生田　敦司

本書には塚口義信先生の数多い論考のうち、三・四世紀を取り扱ったものが選ばれ、収録されている。第I部は『魏志』倭人伝の読み解きと、塚口先生の邪馬台国畿内大和説の論拠である。第II部は、『古事記』『日本書紀』から初期ヤマト政権の構造や出現期古墳の被葬者像に迫ったものである。

三・四世紀の古代史を考える上でもっとも注目されるのは、邪馬台国問題である。塚口先生は、膨大な量に及ぶ『魏志』倭人伝の研究をきめ細かく検証され、論文・著作の問題点や成果を整理してこられた。そして、古くからあたためておられた自説を磨かれている。したがって、本書は塚口先生の『魏志』倭人伝研究の一部でしかない。しかし、邪馬台国畿内大和説を導き、箸墓古墳を卑弥呼の墓と位置づけられた論拠などがよくわかる内容となっている。しかも、塚口先生の

『魏志』倭人伝研究がまとまって刊行される機会は本書が初めてである。

近年の邪馬台国畿内大和説による研究は、発掘成果や理化学年代の是非といった考古学的検討が目立つ。考古学の場合、新たな資料が加わればそれを組み込んで歴史観を微調整する柔軟な姿勢が要求される。柔軟な姿勢によって、発掘成果や出土資料を正しく評価し、もらすことなく受け入れることが出来るのである。ただし、このような姿勢は次々に湧き出る新資料によって史料に対する新しい解釈が行われ、これまでの蓄積が見失われがちにもなる。

その一方、旧知の文献の比較検討や、『魏志』倭人伝の字句の検討に、大幅な進展はほとんど見込めない。その結果、ややもすればこの基本的作業が等閑視されがちになる。その意味において、『魏志』倭人伝の字句に立ち返り、読み解くべき指針が示されている本書は、時流に影響されない価値を持つといえよう。

さて、塚口先生は四世紀末、わが国の有力者たちに大規模な内乱があったとする。五世紀になると、結果として河内に巨大古墳を築造し、南朝に遣使を派遣するような政権となる。塚口先生はこの変動について、「香坂《かごさか》王・忍熊《おしくま》王の反乱伝承」「神功皇后の外征と外交伝承」「神武天皇の即位と治天下伝承」などをカギに、多くの論文で仔細にその推移を論証されている。

当初のヤマト政権（畿内政権）の主導勢力（三輪政権）は、三輪山西麓に拠点があり、箸墓古墳をはじめとするオオヤマト古墳群を形成した。その後半は奈良盆地北部にあって、佐紀盾列古墳群の西群を形成した（佐紀政権）。塚口先生は、三・四世紀の政権を「初期ヤマト政権」と呼び、内乱の後に交替した五世紀の政権を「ヤマト政権」、その主導勢力を河内政権と呼びわけておられる。

ところが、三輪山西麓に拠点をおいた初期ヤマト政権とは、畿内大和を拠点とする邪馬台国連合とも重なる。そして、箸墓古墳こそ女王卑弥呼の墓とする。さらに、考古学的には大王墓という説もある桜井茶臼山古墳・メスリ山古墳・椿井大塚山古墳などの被葬者像について、連合的政権の中枢にあって大王を支えた有力首長であり、重臣ではなかったかと説く。それは『古事記』『日本書紀』でオホビコとその息子タケヌナカハワケ、ヒコイマス王の名前で伝承され、五世紀の政権においても政権伸長の始祖的英雄として語り継がれてきたという。論理明快にして説得力があり、支持者も多い。

塚口先生は、『古事記』『日本書紀』の伝承を、検証しないで安易に史実とするのは慎むべきとされる。伝承はのちに改変・誇張されたり、別の伝承と合成されることもある。このような改作部分を排除し、史実を見極める史料批判は大変難しい。研究者間で統一的な見解となりにくい。それで、古い伝承を研究対象にすることを避ける研究者は多い。

このような研究姿勢が大勢を占めるなか、塚口先生は若い頃より四・五世紀のわが国の実像を読み解く取り組みを精力的に続けられている。発掘成果や出土資料などの考古学研究をも取り入れ、論を展開される。

古代史研究において、文献史学研究と考古学研究を両輪として論を構築することは常道かもしれない。しかし、意外にも大学で古代史を専攻する段階から史学と考古学はコースが分かれ、研究方法や用語も区別されている。学会もそれぞれ違い、研究者の交流は少ない。

概して、考古学者は『古事記』『日本書紀』の古い伝承を頼りにしないで弥生時代・古墳時代の社会を復元しがちである。また、多くの史料研究者は日々刷新され、膨大な情報量の発掘成果や考古学研究の成果を咀嚼《そしゃく》・吸収しきれず、自らの研究テーマに見合った資料のみに興味を示しがちである。

このように情報共有が不完全な文献史学と考古学の懸け橋となる活動を、塚口先生は長年にわたり続けてこられた。若い研究者にもこころやすく語りかけられる。史学・考古学を問わず、塚口先生の交友関係の幅の広さには驚かされる。日本書紀研究会では後進を指導され、論文集『日本書紀研究』（塙書房）の編集にも力を注ぎ、自らの研究発表では余念がない。

ところで、塚口先生は、ふるくから邪馬台国の中枢を大和、なかでも三輪山西麓に求められている。近年、邪馬台国近畿説をとなえる研究者はにわかに、黒塚古墳の三角縁神獣鏡の大量出土、纒向遺跡大型建物の発掘成果などを踏まえ、大和説、なかでも三輪山西麓説を強く主張するようになってきた。

次に問題となるのが、邪馬台国の体制が、『古事記』『日本書紀』に記された古い天皇の伝承と、どう結びつくのかである。つまり、邪馬台国の体制から初期ヤマト政権の体制への継承・移行である。『古事記』『日本書紀』は崇神天皇・垂仁天皇・景行天皇が三輪山西麓に宮をおいて政治の中心とする他、この地域にヤマトトトビモモソヒメの伝承や陵墓の伝承なども記載する。ところが、このような伝承の形成過程を解明する研究は案外少ない。

また、三輪山西麓とその周辺には、古墳時代前期前半の大型古墳が六基もある。箸墓古墳に先行するとされる纒向石塚・ホケノ山などの墳丘墓《ふんきゅうぼ》や中小の古墳を合わせると、ここから得られる考古学的資料の価値はきわめて大きい。これについても、考古学者の大半は『古事記』『日本書紀』の人物像との対比、『魏志』倭人伝にある人物像との対比を避けがちである。

その意味において、第Ⅱ部にある塚口先生の論考は、この地域の重要な考古学的資料を精査し、巨大古墳の被葬者像を史料や皇統譜の伝承から導こうとするきわめて興味深い取り組みである。このような非常に難しい作業を丹念にすすめられる塚口先生の研究姿勢が本書の読みどころの一つといえよう。

たとえば、本書第Ⅱ部第一章「初期ヤマト政権とオホビコの伝承」は一九八五年に投稿され、一九八七年に発表された論文がもとになっている。塚口先生の三〇代の研究成果である。その後の発掘成果などの進展をみると、初期ヤマト政権は多くの点で具体的に解明された。しかし、『古事記』『日本書紀』から初期ヤマト政権に関わる史実を抽出する作業として、この論文は少しも新鮮さを失っておらず、今でも学界に大きな影響を与えている。また、その後の塚口先生の論文にも、このときの論証法が貫かれていることがわかる。わたくしたちは学史的にも見過ごすことが出来ない重要な成果の一つとみている。

本書の各章は、豊中歴史同好会（大阪府豊中市）・歴史を楽しもうかい（大阪府堺市）をはじめ、各地の博物館・資料館・公民館・カルチャー教室などを通して、古代史ファンの方々に講演され、語りかけられてきたものでもある。また、日本書紀研究会などの研究会でも発表され、そのいくつかは論文にもなっている。それで、本書をまとめるにあたり、できるだけ講演での語り口調が伝わるような、平易な言葉・言い回しへの修正をこころがけていただいた。また、章をまたいで重複する内容もある。それは重要な論点でもあるから、あえてそのまま掲載されている。論文での史料引用は原文・読み下し文であるが、その部分は必要最小限の読み下し文か現代語訳にかえて、ルビも多用されている。

それは本書が、二〇一六年一二月三日に古稀を迎えられる塚口先生へのお祝いを込めて提案されたものでもあり、広く多方面の、また若い世代の方々にも先生の説を知っていただきたいという企画だったからである。よく知られることとして、塚口先生は講演や遺跡見学などを通じ、ますます一般の古代史ファンの方々と交流を深められておられる。大変な人気でもある。

最後に。本書のテーマに後続する、四世紀末の内乱から五世紀へと続くヤマト政権の研究について、塚口先生は塙書房から二〇一七年に論文集を刊行される予定である。また、塚口先生のご指導を受けた研究者による献呈論文集『塚口義信博士古稀記念日本古代学論叢』(和泉書院)が二〇一六年一一月に刊行される。いずれも、文献史学・考古学の両輪で古代史を新体験できる内容である。あわせてご一読いただきたい。

今後も塚口義信先生がお元気で、末永く研究を深化されることを祈念して、刊行のことばとしたい。

【ら】

【わ】

【ま】

【や】

【な】

【は】

【た】

【さ】

索　引

【あ】

【著者】塚口義信（つかぐち・よしのぶ）

1946（昭和 21）年、大阪府生まれ。関西大学大学院修士課程文学研究科修了。博士（文学）。現在、堺女子短期大学名誉学長・名誉教授。専攻・日本古代史。

［著書・論文］
『神功皇后伝説の研究』（創元社、1980 年）
『ヤマト王権の謎をとく』（学生社、1993 年）
『三輪山の神々』（共著、学生社、2003 年）
『三輪山と卑弥呼・神武天皇』（共著、学生社、2008 年）
「『古事記』における雄略天皇像をめぐって」（『日本書紀研究』第 30 冊、塙書房、2014 年）
「東大寺の盧舎那仏と河内国大県郡の智識寺」（『河内古文化研究論集』第 2 集、和泉書院、2015 年）

邪馬台国《やまとこく》と初期《しょき》ヤマト政権《せいけん》の謎《なぞ》を探《さぐ》る

●

2016年11月18日　第1刷

著者…………塚口義信《つかぐちよしのぶ》

装幀…………伊藤滋章

発行者…………成瀬雅人
発行所…………株式会社原書房

〒160-0022 東京都新宿区新宿1-25-13
電話・代表03（3354）0685
http://www.harashobo.co.jp
振替・00150-6-151594

印刷…………新灯印刷株式会社
製本…………東京美術紙工協業組合

ISBN978-4-562-05354-4, Printed in Japan